Annelie Keil/Henning Scherf

Das letzte Tabu

Annelie Keil/Henning Scherf

Das letzte Tabu

Über das Sterben reden
und den Abschied leben lernen

Mitarbeit Uta von Schrenk

FREIBURG · BASEL · WIEN

2. Auflage 2017

© Verlag Herder GmbH, Freiburg im Breisgau 2016
www.herder.de
Alle Rechte vorbehalten

Satz: de·te·pe, Aalen
Herstellung: CPI books GmbH, Leck

Printed in Germany

ISBN 978-3-451-34926-3

Inhalt

Vorwort 7

1 Ein Dialog über die Kunst des Abschiednehmens
   (A. Keil und H. Scherf) 9

2 Dem Tod begegnen und das Leben erfahren
   (A. Keil) 34

3 Das verdrängte Sterben (H. Scherf) 65

4 Der Abschied vom Leben als biografische
   Herausforderung (A. Keil) 91

5 Das Sterben »machen« (H. Scherf) 123

6 An der Seite der Sterbenden bleiben (A. Keil) ... 147

7 Das persönliche Umgehen mit dem Tod
   (H. Scherf) 180

8 Selbstbestimmt bis zum Ende (A. Keil) 204

9 Trauern und Bewältigen (H. Scherf) 231

Dank 253

Vorwort

»Etwas Besseres als den Tod findest Du überall«, sagen sich im bekannten Märchen die vier alten Tiere, deren Besitzer meinen, dass sie im Alter nicht mehr nützlich seien, und hauen ab. Recht hatten sie! Mit ihrem Aufbruch, Zusammenhalt und Lebensmut schaffen sie, was unmöglich schien. Seit über 40 Jahren leben und arbeiten wir in diesem Sinn als Bremer Stadtmusikanten, sind als gute Freunde zusammen alt geworden, wollen weiter nützlich sein, keine Ruhe geben und nun in einem Buch zusammen musizieren. Auch der Tod braucht etwas Besseres, finden wir, nämlich Menschen, die sich am Lebensende auf ihn einstellen und ihren Abschied leben lernen. Wir wollen von unseren ganz unterschiedlichen biografischen Erfahrungen und Einsichten erzählen, als Mann und Frau, als Politiker und Wissenschaftlerin, als Menschen mit ganz verschiedenen Familienhintergründen und jeweils eigenen Erfahrungen mit Gesundheit und Krankheiten. Gemeinsam möchten wir allen Mut machen, nicht erst am Lebensende Abschied gemeinsam zu leben, um erträglicher zu machen und menschlicher zu gestalten, was wir zuletzt alle durchleben müssen.

Annelie Keil   Henning Scherf

1 Ein Dialog über die Kunst des Abschiednehmens

Uta von Schrenk: Warum ist es immer noch tabu, über das eigene Sterben und den eigenen Tod zu reden?

Annelie Keil: Wir sind ja schon dabei, dieser Verdrängung entgegenzuwirken. Dazu tragen etwa die Kriegsberichterstattung in den Medien bei, die öffentliche Diskussion über Krankheiten, die zum Tod führen, aber vor allem die Arbeit der Hospizbewegung, die sich aktiv um die Verbesserung der Situation Sterbender und ihrer Angehörigen und um die Integration von Sterben und Tod ins Leben bemüht. Dennoch wird das Tabu vor allem durch zwei Faktoren immer noch gestützt: Der eine ist die Angst aller Menschen vor dem Ende des Lebens und die Schwierigkeit, hierüber schon mitten im Leben einen offenen und freien Dialog zu führen. Das hat zu einer großen Einsamkeit und Isolation der Menschen am Lebensende geführt und das Leiden verstärkt. Der andere Grund ist das, was Ivan Illich die »Medikalisierung der Gesellschaft« und die »Nemesis der Medizin« genannt hat. Der Wahn der Machbarkeit haben Gesundheit und Krankheit zu einer medizinischen Ware und den Tod »manipulierbar« gemacht. Der natürliche Tod erscheint wie ein Phantom, das sich dem technischen Eingriff entzieht. Alter wird zur behandlungsnotwendigen Krankheit, und Gesundheit ist der Enteignung durch »Experten« zum Opfer gefallen.

U.v.S.: Warum ist es so wichtig, dass wir über das Sterben reden?

Henning Scherf: Das Sterben gehört zum Leben. Darum ist das Reden darüber ein Teil unseres Lebens. Wenn ich selbst über mein Sterben reden kann, trage ich dazu bei, dieses Thema wieder in die Mitte unserer Gesellschaft zurückzuholen. So haben wir die Chance, bewusst und ohne Verdrängung der Endlichkeit unseres Lebens die uns bleibende Zeit zu erleben.

U.v.S.: Sind die Abschiede im Leben, die jeder von uns meistern muss, eine kleine Vorbereitung auf den letzten Abschied, den Tod?

A.K.: Ich glaube, dass man das Sterben nicht lernen kann, aber den Umgang mit der Tatsache, dass wir sterblich sind, schon. Abschiednehmen ist die Grundstruktur allen Lebens. Unser Leben beginnt mit einer Entbindung, wir müssen uns nach neun Monaten von der ersten Heimat verabschieden. Kindergarten, Schule, der Auszug aus dem Elternhaus, das Ende der Erwerbsarbeit – alles Abschiede. So lange wir leben, müssen wir uns immer wieder einbinden, uns neu verorten – so wie die vielen Flüchtlinge, die jetzt zu uns kommen. Das Sterben selbst können wir sicher nicht lernen, aber es gibt wie bei großen Verlusten auch unterschiedliche Annäherungen, denn all diese Abschiede im Leben sind Teile des letzten Abschieds, in dem es um das Loslassen von allem geht, was einmal war.

H.S.: Mir hat bei meinen Abschieden im Leben immer geholfen, mich auf das, was mir verblieben ist, zu konzentrieren. Man kann zwar nicht mehr alles haben, aber das was verblieben ist, ist noch so reich und spannend, dass es sich lohnt, damit zu leben. Eine solche Haltung gibt auch dem Sterben eine neue Qualität. Im Grunde müssen wir im Prozess des Sterbens die Perspektive wechseln: Es geht nicht mehr darum, sich auf immer wieder Neues einzustellen und weiterzumachen. Nun geht es darum, etwas zu beenden, Bilanz zu ziehen, sich auf das zu konzentrieren, was war und auf das, was noch ist. Ich denke zunehmend über das nach, was war. Was mir gelungen ist und was nicht. Wo ich etwas bewirkt habe und wo nicht. Ich denke nicht mehr daran in der Hoffnung, dass ich noch etwas korrigieren kann – das Geschehene ist nicht mehr zu ändern. Aber mir das noch einmal bewusst zu machen, mir das noch einmal zu vergegenwärtigen, finde ich kostbar und wichtig, darin übe ich mich.

U.v.S.: Das Christentum des Mittelalters übte sich in der ars moriendi, der Kunst des Sterbens – mit Blick auf das Paradies als Faustpfand. Geht es für uns heute darum, eine moderne oder sogar postreligiöse ars moriendi zu finden?

H.S.: Wir beide wollen die Mutlosigkeit und die Sinnlosigkeit, die viele in unserem Kulturkreis mit dem Sterben verbinden, aufbrechen und sagen: Es gibt ein Leben im Sterben und es gibt ein Sterben im Leben. Beides gehört untrennbar zusammen. Es geht uns darum, nicht vor dem Sterben und den Sterbenden wegzulaufen, kein Tabu darüber zu legen und zu sagen, wir juxen jeden Tag, so gut wir können, und dann fallen wir plötzlich wie vom Blitz getroffen um. Denn so wird es nicht sein. Uns geht es darum, dass Menschen, die mit dem Sterben befasst sind, um sich herum Menschen finden, die sagen: Wir sind bei dir und wir bleiben bei dir. Eine solche Haltung würde ich nicht unbedingt postreligiös nennen, sondern human. Eine Haltung, die von der Hoffnung auf den Menschen geprägt ist.

U.v.S.: Also eine ars moriendi, die man auch dem aufgeklärten Menschen anbieten kann, der davon überzeugt ist, dass das Leben mit dem Tod zu Ende ist.

A.K.: Ja. Die *ars moriendi* zieht sich durch die gesamte Geschichte der Philosophie und Ideengeschichte – zu der für mich auch die Religionen gehören. Schon immer war die Kunst des Sterbens auch mit der Kunst des Lebens verbunden. Das Geheimnis des Lebens ist, dass es höchst Unterschiedliches für jeden von uns bereithält. Insofern sind Menschen wie wir, die sich mit ihrem Lebenswerk identifizieren können, in einem sehr privilegierten Zustand. Ich erlebe aber sehr viele Menschen, denen der Stolz auf ihre Lebensleistung abhandengekommen ist.

U.v.S.: Wie meistert man die Erkenntnis, nicht alles zu können, was von einem erwartet wird?

A.K.: Zur Lebenskunst gehört so etwas wie Schicksalsergebenheit. Das ist etwas sehr Spirituelles oder auch Religiöses für mich, und etwas tief Menschliches. Schicksalsergebenheit ist die Kunst, das, was im Leben nicht gelaufen ist, was nach einem Abschied nicht weiter ging, mit Schmerz- und Trauerarbeit anzunehmen und dann bereit zu sein, bei Null oder besser: wieder bei Eins zu beginnen. Ohne zwischendurch im Leben aufzuräumen geht es nicht – damit man Klarheit darüber gewinnt, was noch geht und was nicht mehr geht. Das betrifft auch die kleinen Gemeinheiten des Alters: Man kann nicht mehr richtig hören, man kann nicht mehr richtig gehen. Aber es braucht diesen Moment, zu akzeptieren, dass ein Hörgerät es richten kann, dass ein Rollator über die Straße hilft, sogar den Einkauf schleppt oder auch mal dem blöden Nachbarn in die Hacken fährt. Diese Potenzialität öffnet sich aber nur dann, wenn du den Blick auf das wendest, was bleibt.

H.S.: Die Frustrationstoleranz, die wir Kindern und Heranwachsenden beizubringen versuchen, ist eine Voraussetzung dafür, mit den Abschieden des Lebens klarzukommen.

A.K.: Was man in der Lebenskunst nicht gelernt hat, lernt man auch nur schwer in der Sterbekunst. Eine der ganz großen Fähigkeiten, um leben und sterben zu können, ist Geduld. Als Kindern wird uns diese Fähigkeit zur Geduld oft genommen – etwa wenn wir aus unserem Spiel herausgerissen werden. Unser Erwachsenenleben ist nicht von Geduld gekennzeichnet, in dieser Zeit, in der alles effektiv und sofort sein muss. So effektiv übrigens, dass man heute oft ungeduldig auf die Sterbenden schaut und sich fragt, wie viele Sterbende die Gesellschaft sich leisten kann, die auf ihre Weise und im eigenen Rhythmus zu Hause oder in unseren Hospizen sterben dürfen. Eine Debatte, die uns dahin bringt, über aktive Sterbehilfe nachzudenken.

H.S.: Ich habe mir den Begriff Demut angeeignet. Demütig werden heißt ja nicht, resignativ zu sein und aufzugeben. Demut meint, ich werde bescheiden in meinen Ansprüchen und versuche aus dem, was mir geblieben ist, im

Respekt vor dem, was ich noch kann, etwas Gutes zu machen.

A.K.: Geduld und Demut gehören zusammen. Demut ist eine tief geistige, spirituelle Haltung. Denn in der Demut kommt noch die Dankbarkeit dazu. Gute Politik muss meiner Meinung nach spirituell ausgerichtet sein, sich um das Gemeinwohl kümmern, die Würde des Menschen achten und »Ehrfrucht vor dem Leben« zum Kern ihres Handelns machen. Und auch eine menschlichere Kultur am Lebensende braucht eine solche Ausrichtung. Als Sterbender gehöre ich zu jener Minderheit gegenüber der Masse der Lebenden, für deren Rechte jemand eintreten muss. Die Würde des Menschen endet nicht an seinem Sterbebett.

H.S.: Es ist existentiell, dass ich das Sterben nicht allein erlebe, sondern dass ich jemanden bei mir habe, der mir nahe ist und mir hilft. Es ist eine große Not, dass ganz viele inzwischen alleine sterben, dass sie niemanden haben, der sich an ihre Seite setzt, mit ihnen redet, mit ihnen nachdenkt und auf ihre Wünsche reagiert. Darum ist es so wichtig, sich aus seiner Einsamkeit herauszuarbeiten und sich umzusehen, ob es nicht Menschen gibt, mit denen man sein Leben, aber auch seine letzten Monate und Wochen teilen kann.

A.K.: Das Problem der Einsamkeit, des Nichtberührtwerdens, die Erfahrung, ausgeschlossen zu sein und keinen Zugriff auf das Notwendige mehr zu haben, ist ein zentrales Problem des Lebens. Es verschärft sich in dem Moment, in dem ein Mensch zunehmend unbeweglich wird, das

Haus nicht mehr verlassen und sich nur schwer Beistand holen kann – sei es beim Arzt, bei der Pflegerin oder Freunden.

Einsam kann der Mensch aber auch mitten unter Menschen sein. Das Gefühl, dass niemand mehr da ist, wenn es darauf ankommt, wenn ein Mensch in großer Not ist, ängstigt vor allem alte Menschen. Oft geht es dabei um »seelische Abwesenheit«, um das Gefühl, vergessen zu werden. In der Sterbebegleitung kann man das immer wieder beobachten. Das Schlafzimmer, sowieso immer ungeheizt, kein Wohnraum im eigentlichen Sinne, ein leeres Bett, in der früher der längst verstorbene Ehepartner schlief. Jetzt stirbt der andere im gleichen Zimmer. Nur ab und zu kommt mal jemand herein. Sicher, diese Sterbenden sind versorgt. Das Leben aber spielt sich woanders ab. Familien, die auch sonst nicht viel miteinander gesprochen haben, die kleine und große Kriege miteinander gespielt haben, die sich als Angehörige überfordert fühlen, werden in der Regel auch nicht zu liebevollen Sterbebegleitern, die mit dem Sterbenden Hand in Hand dem Ende entgegengehen.

H.S.: Dennoch, nicht allein zu sein, ist für mich die Basis. Wenn ich als Sterbender in der Wohnung bleibe, mit den anderen zusammen, und vielleicht die Tür offen steht und ich noch höre, was die anderen machen – das ist immerhin noch etwas. Aber die, die völlig allein sind, bei denen sich niemand mehr meldet und die nicht wissen, wer links oder rechts von ihnen wohnt, die haben es wirklich schwer.

A.K.: Das stimmt auch. Was ich sagen will, ist: Man muss genau hinsehen. Anonymität und Einsamkeit kann es überall geben, das muss nicht im Hochhaus sein. Deshalb gibt es in Bremen und anderswo übrigens so etwas wie Wohlfühl-anrufe. Ein oder zwei Anrufe die Woche machen einen großen Unterschied für jemanden, der nur noch sich selbst und vielleicht den Pflegedienst hat. Neben der Hospizbewegung haben sich viele Menschen in Kirchengemeinden, Nachbarschaften, Vereinen aufgemacht, dem Prozess der Vereinsamung entgegenzutreten. Auch Familien brauchen Hilfe, wenn im Sterben alle Familienkonflikte noch einmal hochkochen. Was ist, wenn die Frauen nach jahrelanger aufopfernder Pflege zunehmend einen Horror vor dem Sterben bekommen und sich fragen, wer für sie da sein wird? Wir müssen nicht nur dafür sorgen, dass Leute um uns sind, sondern auch dafür, dass wir uns fremder Hilfe öffnen. Wir sind nicht so schlecht aufgestellt, auch in den palliativen Diensten, die auf medizinische und pflegerische Betreuung bzw. Versorgung sterbenskranker Menschen auch im häuslichen Umfeld spezialisiert sind. Doch wir müssen sie auch anfordern. Da ist es egal, ob die Wohnung unaufgeräumt ist und das Geschirr nicht abgewaschen. Leben ist Koexistenz. Wir sind immer verbunden mit anderen, warum sollte das im Sterben anders sein? Aber es läuft nicht von selbst.

H.S.: Das war auch so bei einem guten Bekannten, der kürzlich gestorben ist. Lange Zeit wollte ihn die Familie zu Hause behalten, aber zum Schluss ist er doch wegen seiner Gebrechlichkeit in eine Pflegewohngemeinschaft um die Ecke gezogen. Seine Frau konnte dann, wann immer sie wollte, ihn besuchen. Es hatte Jahre gebraucht, bis sie sich auf diese Situation einlassen konnten.

A.K.: Ohne einen Abschied vom alten Leben geht es nicht. Durch eine solche Entscheidung muss man erst einmal hindurchgehen – mit allen Lebensmustern, Eigenheiten und Schuldgefühlen, auch dem Sterbenden gegenüber. Denn auch der Sterbende ist ja noch am Leben, das heißt, dass er möglicherweise etwas akzeptieren muss, was ihm nicht so angenehm ist. Hilfe brauchen, Gepflegt werden müssen, sterben ist nie Friede, Freude, Eierkuchen. Wenn Angehörige ihre Sterbenden ins Hospiz bringen, sagen sie oft: Ich wollte das doch bis zum Ende machen, ich will meine Mutter doch hier nicht abgeben. Ich sage dann: Wir sind ja auch keine Postannahmestelle, sondern wir nehmen ihre Mutter als Gast hier auf, wir sorgen für sie, und Sie selbst können sich jetzt erst einmal ein, zwei Tage erholen und sich dann auch wirklich liebevoll und in aller Ruhe, einigermaßen sorgenfrei von ihrer Mutter verabschieden. Das kann man nämlich nicht, wenn man von morgens bis abends damit beschäftigt ist, ob man die Mutter früh genug gedreht hat oder nicht und ob sie die Suppe jetzt ausspuckt oder nicht oder ob sie jetzt eine Sonde braucht oder nicht. Auch im Sterben brauchen wir Geduld, Demut, Dankbarkeit und Hilfe, aber eben manchmal auch die Erkenntnis: Wat mut, dat mut!

U.v.S.: Sie sind als Wissenschaftlerin nicht distanziert im Elfenbeinturm sitzen geblieben. Und Sie sind als Politiker nicht abgehoben nur im Hohen Haus unterwegs gewesen. Sie beide engagieren sich für Alters- und Gesundheitsthemen, für Bildung und Hospize, für Flüchtlinge und Obdachlose.

A.K.: Unser Engagement kommt nicht von ungefähr. Es speist sich aus unseren Biografien. Die Tatsache, dass mein ganzes Leben ein ungeschütztes Leben war, als Halbwaise, als Heimkind, als Flüchtlingskind, als Kind einer überforderten, auch gewalttätigen Mutter, hat Einfluss auf meine Arbeit genommen. Meine Projekte, zum Beispiel die Suppenküche, sind unbewusst der Erfahrung geschuldet: Hunger hast du auch erlebt. Ich habe schon als Kind organisieren gelernt. Man braucht ein Dach über dem Kopf, man braucht etwas zum Essen, zum Anziehen. Ich bin also sehr schnell bei den Bedürfnissen. All mein Wissen, das ich mir zur Psychosomatik angelesen habe, hat die Ergänzung durch die Praxis gefunden, zum Beispiel durch die Tatsache, dass ich selbst so oft krank gewesen bin. Alles, was ich zum Thema Brustkrebs oder zu den Herzkrankheiten geschrieben habe, hatte auch mit meiner eigenen Erfahrung zu tun. Das muss man sich nicht wünschen. Aber daher kommt meine Nähe zu den Dingen und zu den Menschen. Ich bin durch tiefe Einsamkeit gegangen, als Kind, als Jugendliche, als Frau. Alle meine Wünsche, Familie und Kinder zu haben, haben sich nicht erfüllt. Aber da waren eben immer auch meine Freunde, wie Henning und seine Frau Luise und andere, die dann im Krankenhaus für mich da waren, die mir Aufmerksamkeit und Anerkennung geschenkt haben. Ohne all diese Menschen wäre mein Leben nicht so gut ausgegangen. Insoweit bin ich davon überzeugt, dass jeder für sich herausfinden muss, wie es ihm möglich ist, eine Kultur der Menschlichkeit sich selbst und anderen gegenüber zu leben.

U.v.S.: Wie hat Ihre Biografie Sie zum handelnden Menschen gemacht, Henning Scherf?

H.S.: Ich bin, ganz anders als Annelie, in eine große Familie hineingeboren, die in der Nazi-Zeit, als Mitglieder der Bekennenden Kirche, extrem unter Druck war. Wir sechs Geschwister und unsere Oma haben zusammengehalten, als mein Vater im Gefängnis war und meine Mutter schwer krank wurde. Mich hat geprägt, dass ich nicht allein war. Hinzu kam, dass mein Vater sehr fromm war und uns Kinder davon überzeugt hat, dass wir gehalten werden, dass wir unter göttlichem Schutz stehen. Das Grundgefühl, dass man zusammenhalten muss, habe ich schrittweise immer weiter auch auf andere Menschen übertragen – meine Frau Luise und meine Kinder, aber auch auf Freunde und politische Mitstreiter. Herbert Brückner, Willi Lemke, Hans Koschnick – sie alle waren und sind Menschen, die nicht einfach nur ein befristetes taktisches Interesse an mir hatten, sondern die meine politischen Freunde wurden. Ebenso die Söhne von Willy Brandt. Mit Matthias Brandt und unserem Sohn Christian führen wir unsere Hilfsprojekte in Nicaragua weiter – die wir übrigens ohne unsere jüngste Tochter nie entwickelt hätten, denn sie war die Erste von uns dort unten. Allein schafft man so etwas nicht.

A.K.: Es ist einfach notwendig, als Bürger da zu sein. Zivilgesellschaftliches Engagement ist kein Zuckerbrot, kein Nachtisch zu den Hauptmahlzeiten des Lebens, nach dem Motto: Jetzt habe ich noch ein bisschen Zeit. Nein, die Notwendigkeit wird leibhaftig erlebt. Hennings Kriegsfamilie mit bedrohter Mutter und bedrohtem Vater, aber eben auch mit der Großmutter und den Geschwistern ist nicht nur eine Bürde gewesen, sondern auch eine unglaubliche Ressource. Und mich hat genau das Gegenteil, die Familienlosigkeit, schon existenziell als kleines Baby in die Wahlverwandtschaften getrieben. Ich bin im Grunde das Kind einer erfolgreichen öffentlichen Erziehung. Tante Ichen und Tante Ilse, die in dem Waisenhaus in Polen, in dem ich als kleines Kind war, jeden Abend 40 Kindern einen Gute-Nacht-Kuss gegeben haben, fehlen mir heute noch. Und ich hatte Lehrer, die ihre Hand über mich gehalten haben. Eine Lehrerin auf der Mädchenschule gab mir immer am 20. des Monats einen Briefumschlag mit 40 D-Mark – was damals viel Geld war –, weil sie merkte, dass ich ab dann kein Schulbrot mehr hatte. Und als ich im Abitur einen schweren Depressionsanfall hatte, kniete mein Religionslehrer neben mir und sagte: »Keil, schreiben Sie wenigstens eine Fünf, dann kann ich Sie ins Mündliche nehmen«. Bei einer Sechs wäre ich draußen gewesen. Das ist zivilgesellschaftliches Engagement. Die Erfahrung, dass man Menschen findet, die zu einem halten, die habe ich also auch gemacht. Und auch bei mir spielt die Religion oder das Spirituelle eine große Rolle. Dabei war meine Mutter überzeugte Atheistin. Aber ich bin heimlich in den Kindergottesdienst gegangen und habe eine kleine Broschüre von Albert Schweitzer entdeckt. Mit zwölf habe ich mich gegen den Willen meiner Mutter taufen lassen – in der Annahme: Wenn in der Kirche solche Menschen wie Albert Schweitzer sind, kann das kein schlechter Verein sein. Ich bin dann wieder ausgetreten, als ich gesehen habe, was die Kirchen in Südamerika angerichtet haben. Aber der feste Glaube, dass man als Mensch etwas tun kann und dass wir in eine größere Ordnung eingebunden sind, hält sich und stärkt mich bis heute.

U.v.S.: Sie beide verbringen nun das, was man früher den Lebensabend nannte. Das bedeutete jahrzehntelang ein Ausruhen von der Arbeit, vielleicht den Kindern noch in Haus und

Garten ein wenig zur Hand zu gehen und so, langsam schwä-
cher werdend, Abschied von der Welt zu nehmen. Sie beide
dagegen sind wie viele Ihrer Generation noch sehr aktiv. Emp-
finden Sie hier so etwas wie einen gesellschaftlichen Druck?

H.S.: Diesen Druck spüre ich nicht. Wenn ich gefragt
werde, wie ich das eigentlich schaffe, spüre ich, dass andere sich eher abgedrängt fühlen. Dabei lerne auch ich,
Schritt für Schritt, dass ich nicht mehr alles kann. Mich re-
duzieren müssen ist mein Alltag. Ich versuche über meine
Verluste, meine reduzierte Kompetenz durch Reden, auch
öffentliches Reden hinwegzukommen.

U.v.S.: Wie ist das bei Ihnen, Annelie Keil?

A.K.: Gedrängt, Leistung zu zeigen, fühle ich mich nicht.
Aber auf der anderen Seite fühle ich eine Chance unserer
Generation, mit den Jüngeren in Kontakt zu treten und Erfahrungen weiterzugeben. Die massive demografische Ver-
änderung, dass wir als erste Generation in diesem Kulturkreis nach dem Ende der Erwerbsarbeit noch 20 bis 25
Jahre haben, ist ein großes soziales Ereignis. Als ich jung
war, gingen die Alten mit 65 in Rente und waren mit 75 tot.
Aber für den Einzelnen wie für unsere Generation ist es
toll, dass wir älter werden. Das ist doch keine Zumutung.
Aber natürlich müssen wir nun unsere soziale Absicherung
anpassen. Der Lebensabend hat eben immer auch etwas
mit dem Lebensmittag und dem Lebensmorgen zu tun.

Der Weg muss vom Einzelnen in die Gemeinschaft
gehen. Und umgekehrt tue ich ja alles, was ich noch für die
Gemeinschaft tue, im Wesentlichen für mich. Wenn ich
zum Beispiel als alleinlebende Frau nicht mehr hinausgehe,

in meine Suppenküche oder zu einem Vortrag oder in eine Schule, um mit den Kindern über Themen wie Glück zu diskutieren, dann wird mein Leben ärmer. Dieser lange Lebensabend ist vielfältiger, als er früher war, und das darf er auch sein. Aber *müssen* müssen wir nicht mehr. Jetzt heißt es, alle müssten jung alt werden, gesund und fit bis hundert – was für ein Quatsch. Wer krank ist und Gebrechen hat oder einfach nichts mehr leisten möchte, muss auch alt werden dürfen – auch vor dem Fernseher.

H.S.: Dieses Forever Young ist eine Marketingmasche. Wenn ich mir die Menschen ansehe, mit denen ich täglich zu tun habe, ob privat oder auf meinen Vorträgen, dann sehe ich da nur eine ganz kleine Minderheit, die bis hundert am Reck turnt.

A.K.: Ich will nicht mit einer Rolle vorwärts in den Sarg. Ich möchte von vier netten Männern getragen werden. Leider werden die es alle im Rücken haben, wenn es soweit ist. Früher wäre man stolz gewesen, wenn man 77 wird, heute ist neunzig nicht genug – und das bitte taufrisch. Dieses Ewig-jung, Ewig-fit – damit haben wir ja schon die Jungen krank gemacht. Und nun sollen wir Alten auch noch ewig gesund und alt werden. Nein, wir werden auf die Weise gesund, krank und alt, wie wir auch gelebt haben und was uns in unserem jeweiligen historischen und gesellschaftlichen Gefüge möglich war. Ein Mädchen im dritten Schuljahr hat einmal gesagt: Meine Oma ist von innen jung. Das fand ich eine wunderbare Definition. Das sagen übrigens viele Enkelkinder.

U.v.S.: Müssen wir Menschen der Leistungsgesellschaft das Sterben auch noch besonders gut hinkriegen?

A.K.: Bitte nicht. Auch hier kommt es auf Schicksalsergebenheit an, nämlich nicht zu wissen, wie alt wir sind, wenn wir sterben, nicht zu wissen in welchem Zustand. Der Tod kommt ja auch bei Gesunden, das sollte man zur Kenntnis nehmen. Man kann das eine oder andere hinausschieben, aber im Grunde genommen ist dieses Forever Young eine der neuen Tabuisierungen der Endlichkeit. Es geht darum, Menschen als Käufer, als Konsumenten verfügbar zu machen bis ins hohe Alter. Wenn ich heute durch eine Seniorenmesse gehe, schlage ich die Hände über dem Kopf zusammen. So hilfreich vieles ist, was da steht, so überbordend bis absurd ist auch das Angebot. Sicher, Geräte machen das Leben leichter, ein Pflegebett, von dem aus ich noch den Fernseher anschalten oder das Fenster öffnen kann, gestattet mir einen Rest an Selbstbestimmung. Aber ich muss dennoch akzeptieren lernen, dass das Leben endlich ist. Letztlich hilft mir kein Botox. Letztlich helfen mir nur helfende Hände.

U.v.S.: Mehr Menschlichkeit im Sterben – worum geht es Ihnen dabei?

H.S.: Ich erlebe, dass breite Teile der Bevölkerung das Sterben verdrängen und in ihrem Leben die Nähe zu Sterbenden nicht mehr suchen. Sie verlassen sich auf Institutionen, um sich das Thema vom Hals zu halten. Dass aber genau das ein großer Verlust ist, an Lebenstiefe, an Lebensbewusstsein, ist vielen gar nicht bewusst. Wir werten das Leben auf, indem wir uns bewusst auf den Tod hinentwickeln, hindenken und hinleben. Wenn man das abschneidet, dann berauben wir uns unserer Lebensmöglichkeiten. Dann zappen wir uns durch ein Leben, dem die Fülle und Tiefe fehlt. Wer Alter, Gebrechlichkeit und Sterben ausblendet, kann auch die guten Zeiten nicht genießen und wertschätzen. Eine solche Haltung ist eine Grund für fehlende Empathie anderen Lebenssituationen gegenüber. Daraus entsteht eine Beliebigkeit, die durch unsere anonyme Massengesellschaft dramatisch verstärkt wird. Dagegen angehen können wir nur, indem wir das Leben in seiner Ganzheit wieder erfahrbar machen. Und dazu gehört auch, dass die Menschen sich im Sterben nicht alleinlassen.

A.K.: Wir bemühen uns im Hospiz, mit jedem die Punkte in seinem Leben zu finden, auf die er stolz sein kann. Drei Kinder großgezogen zu haben und einen Job, obwohl er schlecht bezahlt wurde, trotzdem einigermaßen engagiert gemacht zu haben, das sind große Lebensleistungen. Erst wenn ich mich so bewerten kann, kann ich mir vorstellen, dass es anderen Leuten Spaß macht, mit mir zusammen zu sein. Das gilt für das Alter – vielleicht finden mich fremde Kinder großartig, weil ich ihnen regelmäßig etwas vorlese –, und das gilt fürs Sterben – vielleicht interessiert die junge Pflegerin im Hospiz sich sehr für meine Lebensgeschichte. Es ist ein großer biografischer Auftrag, in der letzten Phase sowohl den Blick zurück auf das Werk zu lenken, als auch bereit zu sein, weiterzumachen. Johann Sebastian Bach ist ein tolles Beispiel dafür. Was dieser arme Mann alles an Knüppeln zwischen die Beine bekommen hat – und dennoch hat er sich immer wieder an die nächste Kantate gesetzt, selbst als er im Alter erfuhr, dass man schon einen neuen Kantor bestellt hatte. Diese Widerstandsfähigkeit brauchen wir alle.

U.v.S.: Welche Rolle spielt dabei die Hospizbewegung?

A.K.: Wir können das Sterben und den Tod, übrigens ähnlich wie die Erziehung, nicht an den Staat, an irgendwelche Verbände, an Einrichtungen abtreten. Das Pflegepersonal in einem Heim oder auf einer Krankenhausstation kann nicht die ganze Bürde tragen. Die Hospizarbeit steht dafür, dass über hunderttausend Menschen begriffen haben, dass ihr Sterben und ihr Tod schon im Leben ihre Aufgabe ist. Da sie aber noch nicht im Sterben liegen, ist es nur vernünftig, mit denen, die jetzt sterben, zu lernen: Wie müssten Pflegeheime aussehen, wie müssen palliative Abteilungen ausgestattet sein, was ist eine gute Sterbebegleitung?

U.v.S.: Zugleich leben wir aber in der Zeit des Pflegenotstands.

H.S.: Deshalb setze ich auf Freiwilligkeit und Ehrenamtlichkeit. Das professionelle Angebot muss es auch geben – für Menschen, die keine Angehörigen haben, die keinen Ort zum Sterben haben, die einfach nicht mehr zu Hause gepflegt werden können. Aber der Charme gerade der Hospizbewegung ist, dass dort Menschen sich freiwillig kümmern – in der Nachbarschaft, im Viertel. Sie tragen dazu bei, dass wir beieinanderbleiben. Sie zeigen uns, dass wir Menschen andere beim Sterben begleiten können. Sie beweisen uns, dass wir es auch können.

U.v.S.: Annelie Keil, Sie sind alleinstehend – was fürchten Sie, wenn es für Sie ans Sterben geht?

A.K.: Ich fürchte mich nicht, ich bereite mich vor. Ich habe mich zum Beispiel nach einem Altenheim umgesehen, in das ich nicht erst im Pflegefall einziehen will. Und ich hoffe, dass es einen Platz geben wird, wenn ich mich dazu entschließe. Dieses Heim hat auch eine Palliativstation, also eine medizinische Abteilung, die bei einer unheilbaren Krankheit am Lebensende nicht kurativ eingreift, sondern lindernd hilft, so dass ich nicht noch einmal in ein Hospiz umziehen muss. Übrigens habe ich vor dem Sterben weniger Angst, seitdem es in Bremen die beiden großen Hospize gibt und ich gesehen habe, wie dort Sterbende begleitet werden. Keiner meiner Freunde könnte mich so begleiten, wie die das können, auch kein Familienangehöriger, wenn ich einen hätte. Ganz entschieden bin ich aber noch nicht, weil ich sehr an meinem Haus hänge. Doch um dort zu bleiben, bräuchte ich eine Pflegekraft, die ich finanzieren, für die ich aber vor allem mein Haus umbauen müsste, damit sie ein eigenes Bad bekommt. Das ist eine Kostenfrage – und auch die Frage, wie viel ich von meiner gewohnten Umgebung haben werde, wenn ich vielleicht nicht mehr viel wahrnehme. Diese Dinge lassen sich aber regeln.

Wovor ich Angst habe, ist, dass mir plötzlich etwas passiert und ich mir keine Hilfe holen kann. Was ist, wenn ich im Bad ohnmächtig werde und auf die Fliesen falle? Ab wann muss ich mir so einen Notfallknopf um den Hals hängen? Und wo ist der dann, wenn ich ihn brauche? Wahrscheinlich genau da, wo ich gerade nicht bin. Ich bin so oft schwerkrank gewesen, dass ich solche Ängste schon vorher kannte. Das Sterben selbst und der Tod sind es nicht, die mir Angst machen. Aber die Abschiede zuvor.

U.v.S.: Abschiede wovon?

A.K.: Von Menschen – ich habe schon so viele verloren, dass für mich die Welt einsamer geworden ist. Aber auch der Abschied von meiner Arbeit. Ich gehe auf in meinen Vorträgen. Ich habe durchaus sehr dunkle Phasen des Alleinlebens. Aber wenn ich einen Vortrag halten kann und 100 oder 200 Menschen jubeln und ich das Gefühl habe, das war gut, und ich einen großen Blumenstrauß bekomme – wunderbar. Ich sage immer, das ist mein libidinöser Schauer. Den Abschied davon fürchte ich, denn ich weiß, dann wird mein Leben anders, eintöniger, langweiliger. Mich in einem Stuhl sitzen oder in einem Pflegebett liegen zu sehen, aber trotzdem jeden Tag auf die eine oder andere Weise zu genießen, sich auf das Waschen zu freuen oder auf jemanden, der kommt, oder auf die Fernsehsendung X, das verlangt mir Tapferkeit ab.

U.v.S.: Henning Scherf, Sie haben diese Hausgemeinschaft, Sie haben Ihre Frau, die Kinder und Enkel. Gibt es nichts zu fürchten?

H.S.: Ich möchte schon gern noch eine Reihe von Jahren leben, weil ich so viele Ideen und Wünsche habe, die ich noch realisieren möchte. Aber je älter ich werde, umso vertrauter wird mir auch die Vorstellung, dass ich das nicht mehr alles schaffen kann. Das Abschiednehmen ist ein Prozess, und ich bin unterwegs. Wir hier im Hause werden ja gemeinsam älter, und gerade in letzter Zeit sind immer wieder gemeinsame Freunde von uns gestorben. Wir fragen uns jedes Mal, wie geht das denn mit uns weiter? Ich habe den Eindruck, dass wir es, obwohl wir alle sehr unterschiedlich sind, ohne Panik, ohne wirkliche Angst angehen können.

Ernst Bloch hat einmal gesagt: Das Einzige, was mich noch interessiert, ist mein Tod. Damals war ich noch jung und dachte, na, so weit bist du noch nicht. Aber jetzt komme ich langsam dahin und merke, dass mich das auch interessiert. Ich schreibe inzwischen beinahe jede Woche einen Trauerbrief an irgendjemanden und rufe gemeinsames Leben in Erinnerung. Jedes Mal denke ich, wieso eigentlich der nun nicht mehr und ich doch noch, und dass der Überlebende, an den ich schreibe, es nun ohne den Verstorbenen schaffen soll. Das Thema wird für mich immer größer ... Und je größer es wird, umso weniger Angst habe ich. Und umso weniger Druck, es zu verdrängen, habe ich. Ich lese inzwischen gerne Berichte von anderen über das Sterben. Früher hätte ich das nie getan. Jetzt bin ich geradezu auf der Suche nach Texten, die sich just mit dieser Frage beschäftigen. Wie kann ich vertraut werden mit dem Sterben – das ist ja eine Menschheitsfrage.

A.K.: Man kann es nicht lösen. Für die Erkenntnis, wie komplex eigentlich das Leben war, habe ich 77 Jahre gebraucht. Dass sich das jetzt alles unkomplex auflöst, kann man ja nicht erwarten. Selbst unser Altkanzler Helmut Schmidt, der so dumme Sachen gesagt hat wie »Wer eine Vision hat, der soll zum Arzt gehen«, hat als ungläubiger Mensch seinen Trost darin gefunden, dass Energie nicht verloren geht. Energie geht nicht verloren – das ist für mich eine wissenschaftlich, aber auch religiös oder spirituell wunderbare Kollektivbotschaft. Was das Universum dann mit meiner Energie macht – damit habe ich nichts mehr zu tun. Das und ein kleiner Cartoon von Snoopy und Charlie Brown sind mir ein großer Trost. Da sitzen die beiden mit dem Rücken zum Betrachter und schauen auf einen großen See. Charlie sagt: »Some Day we will die, Snoopy.« Und Snoopy sagt: »True, but on all the other days we will not.« Großartig. Dieser Gedanke gilt eben auch gerade für die letzte Zeit.

U.v.S.: Haben Ihre schweren gesundheitlichen Krisen den Blick auf das Leben und auf das Sterben verändert?

A.K.: Sie haben eigentlich nur variiert, was mein Leben von Anfang als Überzeugung begleitet hat: Es ist nicht selbstverständlich, dass man lebt. Ein Herzinfarkt, drei Mal Krebs, die Schilddrüse weg, als Kind Typhus, Ruhr – immer stand der Sensenmann oder die Sensenfrau irgendwo in der Nähe. Auch jetzt glaube ich nicht, dass ich keinen Krebs mehr habe. Ich glaube, dass diese Prozesse in uns sind, dass der Organismus seinen eigenen Rhythmus hat und uns manchmal etwas beschert, eine Allergie, eine Diabetes oder Ähnliches. Krankheiten oder Krisen machen einen nicht notwendigerweise klüger und auch nicht zum Opfer. Ich habe mich immer gefragt, was ich jetzt lernen muss, damit ich da durchkomme – das ist mein Lebensprinzip. Auch die Einbetonierung der Angst gehört dazu. Es ist keine Zeit, Angst zu haben, du musst jetzt leben – das habe ich schon als Kind begriffen. Ich glaube aber, dass Krisen im Leben ganz wichtige Förderer sein können, in dem Sinne, dass nach dem Zusammenbruch etwas Neues entsteht. Insoweit würde ich sagen: Ja, Krankheiten verändern den Blick. Übrigens sagen viele Menschen, die krank waren: Jetzt weiß ich, was wichtig ist, jetzt weiß ich, wer mein Freund ist. Dann haben sie genau die Erfahrung gemacht, über die wir hier reden, dass Menschen ihre Endlichkeit als Lebensaufforderung verstehen. Bloch und andere haben geschrieben: Die Angst vor dem Tod ist eigentlich eine Angst vor dem Leben. Je mehr du lebst, aber in dem Bewusstsein, dass es auch einmal zu Ende ist, desto eher kannst du diese existenzielle Ausgesetztheit ertragen. Wenn ich über diese Themen einen Vortrag halte, dann ist meine erste Frage an das Publikum oft: Warum wollen Sie eigentlich noch älter werden? Dann sind erst einmal alle geschockt. Aber meine Frage zielt darauf: Was ist Ihr Ziel, was ist Ihr Wunsch, was wollen Sie loswerden oder was wollen Sie tun, wo wollen Sie aktiv oder passiv sein, warum wollen Sie älter werden?

U.v.S.: Wie möchten Sie sterben, Henning Scherf?

H.S.: Inmitten meiner Familie. Und auch ich möchte gerne Menschen um mich herum haben, die dann mit mir reden und mir sagen, was mir gerade passiert. Menschen, mit denen ich mich verständigen kann. Ich möchte gerne mittendrin sterben, ich möchte gerne so lang wie möglich alles nachvollziehen können, was mit mir und in meiner Umgebung passiert. Tja, und dann ist irgendwann Schluss. Ich ahne, da kommt außer einem großen Dunkel nichts mehr. Aber ausschließen kann ich nichts, ich weiß ja nicht, wie es sein wird. Also bin ich neugierig.

Ich bin auf einer Segeltour um Grönland herum mit meiner Crew in einen Orkan gekommen – auf der Ostseite, wo kein Hafen und kein Schiff mehr ist, wo niemand einen retten kann. Damals haben wir, weil wir uns nicht mehr zu helfen wussten, alle Segel gerefft, das Ruder festgezurrt und uns unter Deck verbarrikadiert. Ich war überzeugt davon, das war's jetzt, wir treiben jetzt durch den Sturm auf einen Eisberg, dann wird das Schiff aufgeritzt und dann sind wir im Nu tot. Ich habe mich in die Koje gelegt. Und plötzlich ist mein Leben wie ein Film vor mir abgelaufen. Ich habe lebendige Bilder wie Filmszenen aus meiner Kindheit gesehen. Szenen, die ich irgendwie wieder wachgerufen habe. Wir hatten damals keinen Filmapparat. Da habe ich also gelegen und mein Leben ist an mir vorbeigesaust, sehr bunt, sehr lebhaft, voller Überraschungen, auch voller Sorgen, aber auch voller schöner Erlebnisse. Damals habe ich gedacht, sieh mal an, jetzt bist du schon unterwegs.

U.v.S.: Sie waren in Todeserwartung.

H.S.: Ja.

U.v.S.: Und wie wird das bei Ihnen sein, Annelie Keil?

A.K.: Ich möchte in den Armen eines Menschen sterben. Gehalten werden ist das, was mir in meinem Leben am meisten gefehlt hat. Ich bin ein sehr körperlicher Mensch, ich berühre sehr gerne und habe darauf viel verzichten müssen. Selbst wenn ich an Schläuchen sein sollte, wünsche ich mir, von einem Menschen umfasst zu werden, der mir nicht zu fremd ist. Seit meinen Krankheiten ist mir bewusst, dass so eine Berührung flüchtig bleibt, wenn sie nicht von jemandem kommt, der einem nahe ist. Und dennoch: Für mich ist dieser Wunsch spirituell und zugleich leiblich. Wie in dem berühmten und berührenden Gedicht von Dietrich Bonhoeffer: »Von guten Mächten wunderbar geborgen ...« Eine Sehnsucht übrigens, die sehr menschlich ist – von der Geburt bis zum Ende. Was ich bei Narkosen erlebt habe, hat mich immer sehr getröstet: In anderen Welten zu Hause zu sein. Mich hat meine Überzeugung, dass es mit dem Tod nicht zu Ende ist, immer sehr tröstend umfangen. Aber ich stelle mir kein personalisiertes Leben auf der anderen Seite vor, sondern ich habe mehr so ein Bild davon, dass das Geistige, das Spirituelle, die Schöpfung mich umfängt. Als eine Freundin starb, hat sie ihre Mutter auf der anderen Seite in einem Saal gesehen. Ich bin mehr oder weniger sicher, dass das Leben, das ich jetzt gelebt habe, zu Ende sein wird. Irgendetwas anderes fängt an, das mit einer totalen Auflösung und Transformation beginnt. Und Würmer werden ihren Anteil daran haben.

U.v.S.: Will jeder an seinem Lebensende gehalten werden?

A.K.: Das ist sehr unterschiedlich. Ich habe eine Frau begleitet, deren Mann gerade erst gestorben ist. Sie hat zwei Wochen bei ihm im Krankenhaus im Nachbarbett geschlafen – er brauchte diese Nähe. Bei meiner Freundin Helga lagen am Ende beide Töchter mit ihr in dem schmalen Bett, weil sie das gern hatte. Aber ich kenne auch anderes: Ein Mann hat von einem bestimmten Moment an die Hand seiner Frau immer wieder weggeschoben. Das war für sie sehr schwer. Mir ist aus vielen Gesprächen klar geworden, dass viele den letzten Weg allein gehen wollen. Deshalb ist zum Beispiel der Philosoph Alfred Sohn-Rethel genau in dem Moment gestorben, in dem seine Frau den Kaffee geholt hat. Das nicht persönlich zu nehmen, ist eine Aufgabe. Aber vielleicht schafft es Verständnis, dass, so lange du die menschliche Hand spürst, es dich ins Leben zurückzieht. Nicht alleingelassen zu werden, hat für jeden eben eine andere Bedeutung. Manche wollen die ganze Familie bei sich haben, manche wollen ihre Ruhe, bei manchen soll nur die Tür zum Flur offen stehen. Auf den Palliativstationen be-

mühen sich die Professionellen und die Laienhelfer herauszufinden, was jeder braucht. Auf der anderen Seite muss
man auch sehen: Nicht jeder erträgt es, einen Sterbenden
im Arm zu halten.

H.S.: Nicht jeder erträgt es, einen Sterbenden zu halten,
nicht jeder Sterbende erträgt es, gehalten zu werden. Deshalb müssen wir uns gemeinsam um einen Sterbenden
kümmern – damit es immer einen gibt, der Nähe anbieten
kann, einen, der Bedürfnisse erkennt, und einen, der
Schmerzen oder Luftnot lindern kann. Das ist für mich
Sterbehilfe im menschlichen Sinne. Eine Sterbehilfe, die
ein größtes Maß an Selbstbestimmung für den Sterbenden
ermöglicht und nicht einfach ein Leben mit einer Spritze
beendet.

2 Dem Tod begegnen und das Leben erfahren

Annelie Keil

Erinnerungen an eine Flucht – Augenblicke, die bleiben

Wir lernen vom eigenen Leben, unserem Sterben entgegenzugehen.

Verletzlichkeit und existenzielle Bedrohung zu erfahren, heißt immer wieder neu, sich im eigenen Leben selbst zu begegnen, zu erleben, was geschieht und sich auf das ewige »Stirb und Werde« einzulassen, auch wenn wir nicht wissen und wahrhaben wollen, wie und warum uns etwas geschieht. Wie prägend und nachhaltig meine ersten Begegnungen mit großen Bedrohungen und Tod auf mein Leben einwirken würden, habe ich damals nicht ahnen, geschweige denn voraussehen können. Ich wurde gerade sechs Jahre alt, als ich am 17. Januar 1945 zusammen mit meiner Mutter von Ciechocinek, einem kleinen Kurbad und Hitlers Lazarettstadt in Polen, zur Flucht nach Westen aufbrechen musste. Ich war dort in einem Waisenhaus und Kinderpflegeheim der NSDAP aufgewachsen, das 1940 von meiner Geburtsstadt Berlin nach Polen verlegt wurde und mit Hitlers kolonialistischem Kriegswahn verbunden war, Polen einzudeutschen. Die polnische Bevölkerung wurde vertrieben, enteignet, umgesiedelt, ermordet. Wir Deutschen wurden freiwillig oder zwangsweise angesiedelt. Welche polnischen Kinder vorher in dem Kinderheim waren und wo sie geblieben sind, als wir deutschen Kinder kamen, hat mich später immer wieder beunruhigt.

Wenige Monate vor Kriegsende befahl Hitler im Januar 1945 allen Deutschen, Polen umgehend zu verlassen. Meine Mutter wollte nicht allein auf die Flucht gehen und holte mich ohne Vorankündigung am Morgen meines sechsten Geburtstages gegen den Willen der Heimleitung und der Kinderschwester, die mit der rechtzeitigen Evakuierung des Kinderheims am nächsten Tag rechneten, im Heim ab. Ohne Begründung und für mich völlig unverständlich musste ich meine mir vertraute »Heimfamilie« verlassen und mich an der Hand einer mir relativ fremden Frau auf den langen Marsch nach Westen machen, eine Art »Kriegs- und Nachkriegspfad«. Er endete erst 1947, nach zwei Jahren russisch-polnischer Kriegsgefangenschaft und Internierung im Grenzdurchgangslager Friedland. Ich erinnere mich noch sehr genau an diesen schmerzhaften Abschied. Es war eiskalt, und auf einem kleinen Schlitten zog ich meine Geburtstagstorte durch den hohen Schnee zum Bahnhof, wo sich die zur Flucht aufgeforderten Menschen zum Abtransport versammeln sollten. Endloses Warten auf die Abfahrt in offenen Güterzügen. Der Himmel war immer wieder von Leuchtkugeln rot gefärbt, Flakgeschütze waren nicht zu überhören, irgendwo lauerte die Front. Zwei Tage lang gab es nur noch für Lazarettzüge ein Durchkommen. Andere Züge kamen aus Ciechocinek nicht mehr heraus. Schließlich bildeten die wartenden Menschen, im Wesentlichen Frauen, Kinder und einige alte Männer, am Bahnhof Gruppen, die sich dann als kleine »Trecks« von 50 bis 100 Personen unorganisiert, planlos, ohne Hilfe und mehr oder weniger verzweifelt auf den Weg in Richtung

Westen machten. Jeder, auch wir Kinder, trug, was er tragen konnte und was ihm wichtig schien. Warme Kleidung, ein Federbett, eine Decke, ein Fotoalbum, persönliche Papiere, eine Puppe, etwas zu essen. Über Jahre habe ich meine Milchkanne mit Rübenkraut wie meinen Augapfel gehütet. Was man unterwegs nicht mehr tragen konnte, blieb am Straßenrand liegen. Auch Menschen blieben Tag für Tag zurück, weil die Kräfte nicht reichten. Ich wusste nicht, was aus ihnen wurde oder ob das Zurückbleiben für sie den Tod bedeutete. Fragen war nicht erlaubt.

Ganz Polen schien Anfang 1945 auf der Flucht zu sein. Viele Dörfer waren verlassen. Wer vor wem die Flucht ergriffen, wer vor wem Angst hatte oder sich verstecken musste, wer sich als Freund oder Feind wessen verstand, war unklar. Niemand hat mir damals erklärt, warum wir unterwegs waren, welche Gefahren drohten, wie lange und wohin die Reise gehen sollte. Ich musste es herausfinden. Als Heimkind war ich früh auf mich gestellt, hatte keine Erfahrung mit Schutz und Geborgenheit in einer Familie. Dafür aber hatte ich gelernt, mit Alleinsein und Unsicherheit umzugehen. Und ich wusste früh, dass man sehr wachsam sein, dass man kämpfen und Glück haben muss, um das Nötige zu bekommen, was ein Mensch zum Leben braucht. Selbstverständlich war mir als Kind nichts: weder Essen noch Trinken, schon gar nicht ein eigenes Zimmer, ein Schon- oder Schutzraum. Das Leben hat uns nichts versprochen, aber es hält viel, vor allem das, was wir zusammen mit anderen Menschen auf die Beine stellen, selbst gestalten oder geschenkt bekommen, schrieb ich 60 Jahre später in meinen Büchern und brachte damit letztlich nur auf den Punkt, was ich schon in meinen ersten Lebensjahren erfahren und gelernt hatte.

In unserem kleinen Flüchtlingstreck übernahm ich bald, wie schon zuvor im Kinderheim, kleine organisatorische Aufgaben und wurde schnell als kleine, aber mutige »Späherin« auserkoren. Man muss sich eben kümmern, nach vorne schauen, zusammenhalten, sonst geht es nicht weiter, egal wie schwierig es ist. Wenn wir uns einem Dorf näherten, ging ich voraus und erkundete die Lage. Ein kleines sechsjähriges Mädchen schien unverdächtig, wenn es herauszufinden galt, ob ein Dorf noch bewohnt oder schon verlassen war, ob es einen Unterschlupf für die nächste Nacht gab oder etwas Essbares aufzutreiben war. Häuser schienen in jenen Tagen und Wochen fluchtartig verlassen worden zu sein, auf manchen Küchentischen standen noch die Speisen. Obwohl ich als kleines Mädchen damals sehr neugierig und unbefangen war, erinnere ich mich sehr gut an das Gefühl der Bedrohung. Ich hatte Angst, fremdes Gelände im Alleingang auszukundschaften und nicht sicher zu sein, was ich im nächsten Augenblick finden oder erleben würde oder was mir zustoßen könnte. Aber Angst und Unsicherheit durfte ich nicht zeigen, wenn ich meine Sache gut machen wollte, und das wollte ich. Mein Mut war nicht frei, sondern eher eine auferlegte Mutprobe. Innerlich verband er sich mit jener Tapferkeit, zu der Kinder aufgefordert werden, um die Angst vor dem Fremden und den dunklen Seiten des Lebens zu vertreiben und zu verdrängen. Dafür gab es Lob und Anerkennung von den Erwachsenen, die auf die gleiche Weise gelernt hatten, ihre unterschiedlichen Ängste zu verbergen.

Erst viel später habe ich begriffen, wie viel die Tapferkeit von Erwachsenen mit dem Verdrängen dessen zu tun hat, was nicht beherrschbar erscheint und woraus die guten und vor allem die bösen Überraschungen des Lebens hervorgehen. Das gilt auch für die Angst vor dem Tod und die Tabuisierung des Sterbens. Geübt haben wir alle den Umgang mit Bedrohung. Im bekannten Kinderspiel heißt es:»Wer hat Angst vorm schwarzen Mann?« Und die Kinder antworten:»Niemand!« –»Und wenn er kommt?« –»Dann laufen wir davon«, rufen die Kinder im Spiel. Und auch die Erwachsenen hoffen später, dass es nicht so schlimm kommen wird, dass es eher die anderen trifft und sie selbst davonkommen. Im Krieg geht das nicht. Auch vor Krankheit, Sterben und Tod kann man nicht weglaufen. Statt hinzuschauen, schauen wir lieber weg und trösten uns mit Allgemeinheiten! Ein mutiger Indianer weint nicht. Ein tapferer Soldat auch nicht. Und auch die Trümmerfrau tut klaglos, was zu tun ist. Wie es drinnen aussieht, geht niemanden etwas an! Für mich brachte es später ein freundlicher Arzt im Grenzdurchgangslager Friedland auf den Begriff, als er zu mir sagte:»Du bist aber ein tapferer Kerl«, nachdem ich mir widerspruchslos wegen meiner Läuse und der Krätze auf dem Kopf die Haare abschneiden ließ.»Ich bin aber ein Mädchen«, habe ich stolz geantwortet. Und was die Kerle können, kann ich schon lange – so hatte meine Mutter mir Tapferkeit und Mut beigebracht, um sich später oft hinter mir zu verstecken.

Der Tod lauert hinter jeder Ecke, aber das Leben geht weiter

Bei einer dieser Dorferkundungen auf der Flucht bin ich zum ersten Mal dem Tod begegnet. Eine große Scheune schien sich als Übernachtungsmöglichkeit anzubieten und musste ausgespäht werden. Ich öffnete mühsam das Scheunentor und stand unvermittelt vor drei Menschen, die mit Stricken um den Hals an einem Balken hingen. Ihre Arme waren ein wenig angewinkelt, die Köpfe hingen schlaff auf den Brustkörben. Für einen Augenblick dachte ich, es seien Stoffpuppen oder Vogelscheuchen, jene menschenähnlichen Figuren aus Holzstangen und alten Kleidungsstücken, die die Vögel abschrecken sollen. Fast kam ich mir wie ein solcher Vogel vor und näherte mich ängstlich, ahnungslos und gleichzeitig neugierig den Erhängten. In dem Augenblick, in dem ich die Füße eines der Erhängten berührte, um zu prüfen, ob er wirklich tot wäre, kam meine Mutter in die Scheune, gab mir vor Schreck eine Ohrfeige und zerrte mich nach draußen. Sie erklärte knapp und kurz, dass man tote Menschen nicht berührt und sofort wegläuft, wenn man ihnen begegnet.

Wieso hingen die drei Toten an einem Balken? Hatten sie sich selbst erhängt, also Suizid begangen? Waren diese drei Menschen, aus welchen Gründen auch immer, von anderen Menschen erhängt, für etwas bestraft worden? Gab es Angehörige, und hatten die Toten eine eigene Familie und Kinder gehabt? Warum wurden sie nicht beerdigt? Niemand sprach mit mir oder den anderen Kindern über den Tod und das höchst unterschiedliche Sterben nicht nur im Krieg. Wir sollten geschont werden! Diese Haltung beschäftigt mich bis heute. Es wirft Fragen auf, wenn der Tod gerade im Prozess des Sterbens tabuisiert und verdrängt wird, um jene zu schonen, die sich auf den Weg des Abschieds machen, und vor allem auch die, die sie begleiten und ihrerseits Abschied nehmen müssen. Wie natürlich, wichtig, problematisch oder eben stärkend kann die Auseinandersetzung mit den Übergängen von Leben und Tod im Sterben besonders auch für Kinder sein? Welche Rolle spielen dabei nicht nur Eltern, Familien, Freunde und Nachbarn, sondern welche aktive Haltung nehmen Erziehung, Bildung, Kirchen, Gesellschaft und ihre Institutionen dazu ein? Viele Fragen, denen nachzugehen und die zu ergründen dieses Buch uns Anlass war.

Auch meine zweite Begegnung mit dem Tod fand während dieser Flucht statt. Sie hat sich bis heute tief in mein Gedächtnis eingegraben. Auf einer Landstraße kommt unserem Treck eine russische Panzerkolonne entgegen. Wir Flüchtlinge rücken näher zusammen und bleiben ängstlich stehen. Alle spüren die Bedrohung, die von den Panzern ausgeht. Plötzlich löst sich eine Frau aus unserer Gruppe und läuft schreiend und voller Freude mit ausgebreiteten Armen auf die Panzer zu und ruft in höchster Aufregung immer wieder: »Heil Hitler! Heil Hitler! Die deutschen Befreier sind da!« Jeden, der sie aufhalten will, schüttelt sie wütend ab. Ein russischer Soldat steigt aus der Panzerluke, schreit die Frau an, verwarnt sie, will sie stoppen als sie auf den Panzer klettern will. Aber sie hört nicht auf, klammert sich an ihre Hoffnung auf Befreiung. Sie spürt die Gefahr nicht mehr, die von der Situation ausgeht, kann ihren Irrtum nicht wahrnehmen. Unvermittelt zieht der russische Soldat seine Pistole und schießt. Die Frau bricht neben mir zusammen. Versteinert schaue ich auf die Wunde an ihrer Schläfe, aus der das Blut sickert. »Ist sie jetzt gestorben?« frage ich meine Mutter. Sie zerrt mich wortlos weg.

Um mich herum entsetzte Gesichter. Niemand sagt etwas. Im Krieg kann man offenbar plötzlich und unerwartet sterben, versuche ich zu verstehen. Der Tod lauert hinter jeder Ecke, hinter einem Scheunentor, hinter einem Panzer, hinter einem Soldaten. Das Leben aber geht für die, die nicht tot sind, weiter. Und die Flucht auch. Die Leiche bleibt am Straßenrand liegen, als die Panzer weiterfahren. Auch der Treck zieht weiter. Jemand hat eine Decke über die Frau gelegt. Meine Mutter nimmt mich für eine Weile fester an die Hand. Nur nicht weich werden! Für Tränen, Trauer und andere Gefühle gibt es in dieser Gegenwart keine Zeit und keinen Ort. Aber damit ist das erfahrene Leid nicht einfach verschwunden. Manchmal wartet ein ganzes Leben darauf, erzählt und gehört zu werden. Immer wieder brechen bei alten Menschen aus der Kriegsgeneration, die heute im Sterben liegen, traumatische Erlebnisse auf, über die sie selten oder nie sprechen konnten und wollten. Jetzt, am Ende ihres Lebens, im Angesicht des Todes, melden sich einige wieder, manchmal erneut mit Angst und Schrecken, aber oft auch mit der beruhigenden Erinnerung, dass der einzelne Mensch so vieles ertragen und schaffen und nun im Schutz liebender und achtsamer Sterbebegleitung hinter sich lassen kann.

Sich der eigenen Lebenserfahrungen bewusst zu werden, alte Gedanken und Gefühle wie neue Bündnispartner verstehen zu lernen, sich im Sterben zusammen mit anderen Menschen, die einem wichtig sind, dem Gelebten wie dem Ungelebten zuzuwenden, ist die palliative Selbstsorge, die wir brauchen, um in Würde Abschied nehmen zu können. Auch palliative Fremdsorge und gesellschaftlich notwendige professionelle Betreuung braucht eine historische und biografische Bewusstheit. Nur so können wir der Fülle der guten wie schwierigen Lebenserfahrungen der alten und irgendwann sterbenden Menschen die angemessene

Bedeutung geben. Und gerade so kann eine kreative Verbindung zwischen den Generationen entstehen.

Jeder Mensch stirbt, aber immer ist es anders

Die Begegnungen mit Bedrohungen, Sterben und Tod gehörten in meiner Kindheit im Krieg und danach zu den wichtigsten Erfahrungen. Durch sie lernte ich das Leben kennen, und auf geheimnisvolle Weise gehörten Werden und Vergehen, Freude und Angst, Hoffnung und Leiden für das kleine Mädchen zusammen, auch wenn ich es nicht wirklich verstehen konnte. Bedrohung, Krisen, Sterben und Tod, so die frühe Erfahrung, finden nicht jenseits des Alltäglichen, nicht isoliert hinter verschlossenen Türen statt. Sie gehören zum Leben, spielen ihre Melodie mittendrin, färben das Leben eines Menschen durch die konkreten Erfahrungen und Berührungen mit dem Sterben ein und geben jedem Menschen eine besondere Bedeutung. Sterben und Tod in einer Familie, im Krieg, in oder fern der Heimat, als Folge von Gewalt, als Hungertod, als Selbsttötung, in schwerer Krankheit oder als friedliches Ende eines erfüllten Lebens – immer anders, unvergleichlich, unendliche Variationen der Endlichkeit des Menschen. Unverwechselbar wie die Geburt eines Menschen ist auch jeder Tod einzigartig, ein biografisches Ereignis, höchst individuell und gleichzeitig unauflösbar eingebunden in die gemeinsamen Lebens- und Arbeitsbedingungen, die jeder einzelne Mensch mit all den anderen Menschen in seiner Zeit- und Lebensgeschichte teilt.

Für mich zeigte sich Leben insbesondere in den ersten Lebensjahrzehnten nicht von seiner sicheren oder beschützenden Seite, sondern immer schien es auch gefährdet, unsicher und sehr verletzlich zu sein, sozusagen eine endlose Zitterpartie. »Sterben und Tod« sind wie »Werden und Vergehen«,» Lust und Angst«, »Gelingen und Misslingen« in ihrem ständigen Wechsel wie störende Nachbarn, die uns an etwas erinnern, das wir nur ungern wissen wollen. Die einen hoffen, immer auf der guten Seite des Lebens zu sein, die anderen, dass sie auch aus den schlechten Phasen einmal herauskommen. Weltweit geht es nicht nur vielen Kindern so, die in Kriegen, Terror, auf der Flucht oder in tiefer Armut aufwachsen müssen, aber den Glauben an Zukunft nicht aufgeben wollen. Eigenverantwortung und ständige Sorge um die Notwendigkeiten des Lebens, aber auch das Gefühl des Angewiesenseins auf die Hilfe anderer Menschen schienen mir schon als Kind als eine Art Wechselbad des Lebens selbstverständlich zu sein. Selbst- und Fremdsorge gehörten für mich schon früh zusammen. Was offen zutage tritt, kann man nur schwer tabuisieren. Asyl suchen, auf Hilfe angewiesen sein, sich mit anderen zusammenschließen: Das schienen auch für Kinder Pflichtaufgaben zu sein, die sich für mich im Krieg, auf der Flucht, in der Kriegsgefangenschaft und später nach dem Krieg im Überlebenskampf als uneheliches Kind einer Sozialhilfeempfängerin als tägliche Übung erwiesen. Allein gibt es kein Durchkommen. Leben ist Koexistenz, Abhängigkeit, aber auch Eingebundenheit. Warum alte und kranke Menschen oft lieber sterben wollen als abhängig zu werden, habe ich nie richtig verstanden. Wie sind sie denn als Kinder groß geworden? Waren sie nie auf Hilfe angewiesen, haben sie nie mit Hilfe gerechnet, sich nie über Hilfe gefreut? Die Quelle der kindlichen Angst, geliebte Menschen verlieren und selbst in Gefahr geraten zu können, ist eine Lebensangst, die der Liebe zum Leben entspringt und die kreative Fähigkeit enthält, sich um das eigene Leben und das Leben der anderen zu kümmern. Die Kraft dieser Angst brauchen wir auch als Erwachsene. Der Mensch teilt nicht nur Hilflosigkeit, Abhängigkeit, Sterben und Tod, sondern auch Hilfe, Zuwendung und Solidarität mit anderen Menschen. Diese Erfahrung ist für mich durch alle Zeiten der Not wie auch durch die sorgloseren Zeiten hindurch zu einem Wanderstab geworden, der mich bis heute begleitet, stärkt und mit Hoffnung erfüllt. Immer noch gerät deshalb das Kriegs- und Flüchtlingskind in mir an den Rand der Verzweiflung, wenn ich sehe, in welche Todesgefahren sich Flüchtlinge und Verfolgte vor den Küsten Europas bringen müssen, um einen Platz zum Leben zu finden, und wie sie, wenn sie es endlich schaffen, dennoch auf Ablehnung und Zurückweisung stoßen.

Wir begegnen dem Leben, seinen Gefährdungen und auch dem Sterben wie dem Tod nie abstrakt oder an sich, sondern immer in konkreten Situationen des eigenen Lebens und in bestimmten sozialen Zusammenhängen. Dort, vor Ort in unserem Leben, lernen wir zu hoffen, zu wagen, uns einzumischen, zu glauben, zu denken und zu fühlen. Dort verlieren wir aber auch unseren Mut, resignieren, stellen uns taub und blind, dort verweigern wir uns dem Leben oder tabuisieren wir Sterben und Tod. Bis in die Stunde des eigenen Sterbens bleibt die Frage, wie wir die geworden sind, die wir sind, warum wir so denken und fühlen, wie wir es tun. Offen bleibt auch die Frage, wann wir selbst bereit sind, dem eigenen Tod als der natürlichen Grenze entgegenzugehen. Der Prozess des Sterbens ist die Vorbereitung auf das »Danach«, wann immer diese Phase beginnt, wie immer sie vorstellbar ist und wie immer sie den einzelnen Menschen herausfordert, den Glauben an sein eigenes »Danach« in Augenschein zu nehmen. Der Tod macht die Menschen gleich und in ihm sind sie gleich. Der biografische Weg des Sterbens aber ist einzigartig und ist gleichzeitig der Weg eines spezifischen Lebens, der mit dem ersten Atemzug beginnt und mit dem letzten endet. In einem Gespräch über den Tod fragt der 95-jährige Stéphane Hessel, Autor der kleinen Schrift »Empört Euch!«, angesichts dieser unabänderlichen Zeitschiene zwischen Geburt und Tod: Wie alt wollen wir eigentlich werden? Wann kommt das beruhigende Gefühl, alt genug zu sein? Wann und wie werden wir bereit, aufzuhören?

Anrührend formuliert der alte Mann: Man sollte nicht zu lange warten, damit man den Tod noch einigermaßen wach und lebendig erlebt. Nicht für jeden Menschen mag es wie für Stéphane Hessel ein Ziel sein, mit dem Tod in einen Tanz zu kommen. Aber im langsamen Abschied vom Leben besser fühlen zu können, wie es um das eigene Leben bestellt war und ist, wie sich Schmerz und Liebe verbunden haben, kein altersunglücklicher Mensch zu werden, sondern einigermaßen lebenssatt und nicht lebensmüde den Tod als letzte Aufgabe zu begreifen, das könnte helfen, selbstbestimmt zu sterben und bis zuletzt den eigenen Weg zu gehen. Wer nicht einfach nur in das Sterben und in den Tod hineingeraten und vorher dem eigenen Leben noch einmal Aufmerksamkeit schenken will, wer seine Spuren und Wunden nicht verwischen, sondern sie anderen Menschen, den Kindern, Enkeln oder Freunden öffnen und zeigen will, wer entscheiden will, wie und wo er die letzte Zeit des Lebens verbringen will, worauf zu achten, was zu verwerfen ist, der muss auch den Blick zurück wagen, um am Ende des Weges voranzukommen.

Endliches Leben – ein ständiger Lernprozess

Dieser Blick zurück auf mein Gewordensein und darauf, was es für meine Erfahrungen im Älterwerden und Altsein bedeutet, beschäftigt mich und stachelt mich an. Wie und was habe ich zum Beispiel aus meinen Erfahrungen als Kriegskind gelernt? Welche Eindrücke haben sich in Werthaltungen umgesetzt, welche sind verblasst und an welche möchte ich nie mehr erinnert werden? Gibt es Verbindungen zwischen jenen Todesbegegnungen in der Kindheit und der Haltung zu Sterben und Tod der Frau, die ich jetzt bin und die sich gegenwärtig langsam, aber sicher auf ihren Lebensabschied vorbereitet und eben nicht altersunglücklich werden will? Mehr als in früheren Jahren haben mich jetzt im Alter die weiter oben geschilderten Todesbegegnungen im Krieg und auf der Flucht beschäftigt. Zeitweise haben diese und andere Erfahrungen meinen Schlaf blockiert und die Angst vor dem Alleinleben, vor zunehmender Hilflosigkeit und Pflegebedürftigkeit im Alter zugespitzt. Die Erinnerungen manifestieren sich nicht als ein Blick zurück im Zorn, vielmehr verstehe ich sie als liebevolle Anmahnung, achtsam, veränderungsbereit, bescheiden und vor allem dankbar mit mir und meinen Lebenserfahrungen umzugehen. Diese andere Sichtweise hat mich motiviert, genauer hinzuschauen und meiner Biografie das eine oder andere Geheimnis zu entlocken: Welche Einstellungen haben mir geholfen, das Leben in all seinen Schattierungen, aber auch die Begegnung mit dem Fremden, mit schwerer Krankheit, Sterben und Tod auf meine Weise zu meistern und gleichzeitig immer auch mit dem Scheitern umzugehen? Die Endlichkeit fordert zur Integration von Vergangenheit, Gegenwart und Zukunft auf, sie gewichtet, bewertet neu, kehrt manches um, stellt anderes vom Kopf auf die Füße und umgekehrt, gibt Gelegenheit zu Korrektur, Gewissheit und Stolz. Das endliche Leben ist ein ewiger Lernprozess. Er speist sich aus Erinnerungen, die die Lebensphasen und die Ereignisse immer wieder neu miteinander vernetzen, und lässt dabei die Sterblichkeit nicht aus den Augen, weil diese zum Leben anstachelt. Nichts bleibt wie es war, auch nicht die Erfahrungen und Erinnerungen, die hinter uns liegen. Werden Sterben und Tod und die Herausforderungen des Lebensendes zum letzten Tabu, dann verweigern wir uns auch der letzten Chance, unser Leben anzunehmen, mit ihm zusammen den letzten Teil der Reise zu gestalten und schließlich den letzten Koffer zu packen.

Den Koffer packen für die letzte Reise

So erinnere ich mich an einen kleinen Koffer, der mein wichtigster Gegenstand im Kinderheim der NSDAP in Polen war, sozusagen meine Ausrüstung für Fluchtversuche. Er begleitete mich in die Luftschutzkeller, wenn wieder was »von oben« angesagt war (wie sich die Kinderschwester bei Bombenalarm ausdrückte), und auch zu den seltenen Wochenenden, an denen ich meine Mutter besuchen durfte, die in der Nähe des Kinderheims in Ciechocinek ein Hotel leitete. Nicht zuletzt diese Erinnerung an meinen geliebten Koffer, der leider schon zu Beginn der

47

Flucht verloren ging, blieb lebendig und begeisterte mich später für das Kunstprojekt »Einmal Jenseits und zurück. Ein Koffer für die letzte Reise«. Der bekannte Trauerbegleiter und Bestatter Fritz Roth hatte 100 Menschen einen Koffer mit der Bitte zugeschickt, diesen für die letzte Reise zu packen. Die Adressaten waren Frauen und Männer, alt und jung, Künstler und Handwerker, Prominente und Unbekannte. Das Projekt wollte dazu einladen, sich für einen Augenblick auf die Endlichkeit des Lebens einzulassen, mit dem eigenen Sterben und Tod in einen Dialog zu treten und herauszufinden, was für jeden von uns von Bedeutung wäre, um sich für die letzte Reise auszustatten. So vielfältig wie die Menschen und ihre Biografien waren auch die gepackten Koffer. Auf besonders sinnliche Weise wurde in diesem Projekt deutlich, wie verschieden Menschen in Angesicht des Todes fühlen und nachdenken, was sie für wichtig und unverzichtbar halten, wovon sie träumen und welche Anschauungen sie über Leben, Geburt, Tod und ein »Leben danach« haben. Immer wieder habe ich in der Begleitung von sterbenden Menschen die Idee des Kofferpackens aufgegriffen und erlebt, wie ernsthaft, entspannt und oft belustigt diese Menschen in Gedanken einen Koffer packten. Diese Phantasiereise verschaffte vor allem den fremden Sterbebegleitern einen besonderen Zugang zu den Sterbenden.

Mir erscheint die ganze Lebensreise wie von einem großen Koffer begleitet, den wir zwischen Geburt und Tod immer wieder ein-, aus und umpacken, mit dem wir unterwegs sind, um den wir Angst haben, den wir von Ort zu Ort transportieren, manchmal vergessen und gleichzeitig nicht loslassen können. Am Lebensende wird klarer, dass die letzten

Hemden keine Taschen haben, aber wir erkennen auch, dass es so etwas wie ein Eigentum und die Spuren der Seele gibt, dass das Materielle, das wir erworben haben, eine Bedeutungsgeschichte enthält und dass wir etwas zu vererben haben, das über das Sichtbare hinausgeht. In Traueranzeigen, Trauerreden und Trauerritualen tritt manchmal zutage, worum es im Leben eines Menschen wirklich ging. Wir bestatten keine toten Körper oder ihre Asche, sondern verabschieden uns, umgeben von imaginären Koffern, von einem jeweils einzigartigem, komplexen Leben, das von gelungenen und gescheiterten Beziehungen, von gelebtem und »ungelebtem« Leben, von Kriegs- und Friedenszeiten, von Liebe und Hass, Vertrauen und Verrat zu erzählen weiß. Lösung und Erlösung gehen in unserer Biografie Hand in Hand. Was jemand mitnimmt oder in der Erinnerung der Hinterbliebenen aufgehoben wird, bleibt ein Mysterium.

Die Todesbegegnungen, die in meiner Kindheit zu einer nachhaltigen Lebenserfahrung wurden, waren nicht nur so traumatisierend wie die beiden, die gleich am Anfang der Flucht standen. Die Geräusche der Tieffliegerangriffe verfolgten mich noch lange nach dem Krieg, und immer wieder habe ich mich später gewundert, dass meine Mutter und ich solche Angriffe auf den Treck überlebten, während andere Menschen verletzt oder sterbend im Graben liegen blieben. Sterben und Tod waren in seelischen Zusammenbrüchen, in Schwächeanfällen, Krankheit und Hunger allgegenwärtig, manchmal nur als Angst vor dem nächsten Augenblick oder in dem ständigen Bedrohungsgefühl derer, die davonzukommen versuchten. Vor der Flucht im Januar 1945 war mein Lieblingsplatz bei den Besuchen meiner Mutter ein Schweinestall, in dem sich Stephan, ein polnischer Fremdarbeiter, mit Wissen der Besitzer versteckt hielt. Er gewinnt meine Zuneigung, weil er mich, das fremde deutsche Kind, trotz seiner anderen Sprache versteht und mit mir spielt. Wir verstecken uns zusammen und werden Freunde. Auf Menschen zugehen, Freundschaften mit Fremden schließen und ihnen auch zu vertrauen, hatte ich als Heimkind gelernt. Später hilft das auf der Flucht und bleibt als Lebenswissen für immer erhalten. Ich begreife offenbar früh – weniger durch Erziehung, denn durch Erfahrung –, dass das Leben nicht gerecht ist und dass nicht alle bekommen, was sie brauchen. Aber ich lerne auch, dass man um etwas kämpfen muss und es gleichzeitig teilen kann: Essen, Trinken, Wissen, aber auch Beziehungen! Bei meinen Hilfsaktionen fühlte ich mich stark und merkte, dass ich offensichtlich auch als kleines Mädchen etwas bewirken konnte, eine Erfahrung, die mich dann auf der Flucht, später als Studentin beim Aufbruch meiner Generation in den Sechzigerjahren und auch als engagierte Bürgerin, trotz vieler Zweifel und Ohnmachtsgefühle gegenüber dem politischen Geschehen bis heute, nicht mehr verlassen hat. Bedrohliche Herausforderungen können nicht nur Angst und Rückzug erzeugen, sondern auch Wachheit, Beobachtungsgabe, Durchsetzungsvermögen, Verhandlungsgeschick und Organisationstalent fördern. In meinem Fall eine gute Ausrüstung für Kriegs-, Nachkriegs- und Friedenszeiten und auch für meine Lust, mich politisch und gesellschaftlich zu engagieren, um (vor allem seit dem Ende der Erwerbsarbeit) in der Friedens-, Gesundheits- und Hospizbewegung ein wenig von dem zurückzugeben, was ich lernen und beruflich erreichen konnte.

Wir sind keine Einzelkämpfer:
Sterben lernen im Dialog

Die Einbettung von Sterben und Tod in das Leben hat eine zeitgeschichtliche Dimension und braucht den individuellen wie gesellschaftlichen Blick zurück als Vorbereitung für den Abschied vom Leben. Im Augenblick unserer Geburt werden wir zu Zeitzeugen: Wir haben keine Wahl zwischen Krieg und Frieden, Wohlstand und Armut, zwischen intakten Familien und solchen in Auflösung. Wir werden in gesellschaftliche Verhältnisse, soziale Gruppen und generationsspezifische Besonderheiten hineingeboren, wachsen zusammen auf und bewegen uns im demografischen Wandel und mit der jeweiligen Lebenserwartung auf das Sterben und den Tod zu, und dies nicht nur als Einzelkämpfer, sondern auch gemeinsam. Schaut man durch die zeitgeschichtliche Brille, dann ist gegenwärtig eine spezifische Generation auf das Ende hin unterwegs, die besondere Herausforderungen mitbringt – für sich selbst, aber auch für die professionellen Hilfssysteme. Viele der heute über 70-Jährigen sind, wie die beiden Autoren dieses Buches, beispielsweise Kriegskinder, Trümmerfrauen, Kriegerwitwen, Flüchtlinge und Heimkehrer aus den Gefangenschaften aller Art, sind Aufsteiger und bilden die Nachkriegs- und Aufbaugenerationen mit all ihren Erfahrungen und Lebensprinzipien. Sie sind inzwischen in die Jahre gekommen und im demografischen Wandel teilweise älter geworden als sie angesichts ihrer Kriegsblessuren erwartet hatten. Was sie höchst unterschiedlich erlebt, verarbeitet, verdrängt, geschafft, aufgebaut und erfahren haben, hat ihre individuelle und soziale Biografie eingefärbt. Heute bestimmt es ihre Lebenseinstellungen zum

Abschiednehmen, zu Selbstständigkeit und Selbstbestimmung, zu Familie, Versorgung, Pflege, Sterben und Tod. In ihren Eigenheimen, Miet- und Sozialwohnungen, in Paarbeziehung oder alleinlebend, in generationsübergreifenden Familien umgeben von Angehörigen, in Alten- und Pflegeheimen, in Wohngemeinschaften für Menschen mit Demenz, mit großer oder kleiner Rente, viele noch einigermaßen fit, andere chronisch oder akut krank: So gehen sie gestärkt, geschwächt, hoffend oder resigniert, auf jeden Fall mit bestimmten Vorstellungen in die letzte Lebensphase. Dieser Weg ist gesäumt von Meldungen über Pflegenotstand, Rentenkollaps, Krieg der Generationen, Rationierung von medizinischen Leistungen, drohende Multimorbidität, Demenz oder die Debatten über aktive Sterbehilfe. Es ist ein Weg voller gedanklicher und realer Hürden, und ihn zu gehen muss schrittweise geübt werden.

Altwerden geht unter die Haut

Altwerden ist immer leibhaftig, geht unter die Haut. Körper, Geist und Seele bilden das Team, das uns durch die Lebensprozesse geleitet, nach Lösungen sucht und auch Verwirrungen und Angst stiftet. Individuelle und soziale Einschränkungen, das Nachlassen der Kräfte, der Verlust der Nützlichkeit und zunehmende Vereinsamung verunsichern, fordern heraus und gefährden das bisherige Selbstbild. Jeder alt gewordene Mensch hat im Kontext seiner Lebensverhältnisse und Lebenserfahrungen auf besondere Weise sein körperliches, geistiges und seelisches Bündel geschnürt, aber vielen Menschen ist im Nachhinein nicht bewusst, was in diesem Bündel an Verhaltens- und Sichtweisen, spezifischen Einstellungen und Lebensmustern verpackt ist, und ob diese für die letzte Runde hilfreich oder eher hinderlich sein werden.

Der Übertritt ins Alter rund um das Lebensende ist nicht identisch mit dem Eintritt ins Pflegeheim, aber auch keine Garantie für Lebenseinsicht und Weisheit. Auf jeden Fall betritt jeder einzelne Mensch auch hier wieder Neuland. Niemand war vorher schon einmal so alt wie heute, und niemand konnte probeweise sterben, um zu wissen, wie es geht. Das biologische Älterwerden schützt nicht vor neuen Erfahrungen und schon gar nicht vor der »Last des Umdenkens«. Älter werden heißt immer auch neu werden! Wie andere Lebensphasen enthalten auch das konkrete Lebensende und die Phase des endgültigen Abschieds besondere Zumutungen, Verletzungen, Enttäuschungen, verwirrende Vorkommnisse und möglicherweise schwierige Verstimmungen, Desorientierung und Demenz. Und gleichzeitig hält es Zeiten des Glücks, erregende Überraschungen, unverhoffte Begegnungen, neue Gefühle der Abschiedlichkeit, Dankbarkeit, der Versöhnlichkeit und des Widerstands bereit, die bisher hinter Gewohnheiten und Anpassungsdruck verborgen waren.

Geburt, Jungsein, Erwachsen- und Älterwerden, Sterben und Tod sind verschiedene, nicht immer geliebte Geschenke des Lebens, die auf ihre je spezifische Weise herausfordern. Das Leben meldet sich in ihnen immer wieder zu Wort und erwartet, dass wir ihnen einen entsprechenden Sinn geben. »Es ist die Frage nach dem Sinn eines Lebens, das sich in einer eigentümlichen Weise nicht mehr in die Breite, sondern in die Höhe entwickelt«, schreibt der Soziologe Peter Gross, weil das Leben im Altwerden erst seine Abrundung und Vollendung gewinnt. »Das Altwerdenkönnen ist, so meine Annahme, keine sinnlose und der Verschwendung zugeeignete Zeit, sondern ein großartiges, ein segensreiches Geschenk, das eine Befriedigung des gelebten Lebens und ein Vordringen der Mäßigung und Genügsamkeit ermöglicht«. (Peter Gross, Wir werden älter. Vielen Dank. Aber wozu?, Freiburg: Herder 2013)

Das Schwächerwerden und die Mäßigung als das Notwendige zu erkennen, um vom »Lebenstanz« in den »Tanz mit dem Tod« zu kommen, ist eine besonders große Herausforderung für die Frauen und Männer der Kriegs- und Nachkriegsgeneration. Sie haben immer wieder auf die Karte der Stärke gesetzt, auf Erfolg, auf Pflichterfüllung, eine sichere Rente, und sie wurden auf Effektivität verpflichtet. Was müssen sie am Lebensende lernen, und wer hilft ihnen dabei? Krieg und Flucht, der Leistungsimperativ der Nachkriegszeit und der unbedingte Glaube, dass »wo ein Wille auch ein Weg« ist, um etwas zu schaffen: Das waren – um es an meinem Beispiel zu erläutern – auch die Lehrmeister auf meinem Weg vom Kriegskind über die Achtundsechzigerin zur späteren »Powerfrau«. Als sechsjähriges Mädchen soll ich die Existenzangst und Depression meiner Mutter bannen und bin zu Selbstständigkeit, Selbstversorgung und verantwortlicher Mitsorge aufgerufen. Wenn alles in Trümmern liegt, bekommen selbst kleine Mädchen die Gelegenheit, zu zeigen, was in ihnen steckt und durchlaufen ihre ganz eigene Emanzipation. Die Rüstung wird mitgeliefert und sitzt nicht zuletzt deshalb wie angegossen, weil sie dem ambivalenten Auftrag »flüchten und standhalten« gerecht werden muss. Zwei Spruchbänder mit Befehlen meiner Mutter nehme ich zu Beginn unseres gemeinsamen Lebens 1945 in meine Hände: »Du darfst nicht weinen, auch wenn du Angst hast!« und: »Wenn *wir* überleben wollen, musst *du* etwas tun!«

Weibliche Sozialisation scheint in den Kriegen nicht gefragt. Der Wunsch nach Anlehnung wird im Keim erstickt, Eigenständigkeit und Selbstorganisation, Ellbogenkraft und Aggressivität sind gefordert. Spielerische Phantasie und List sind erlaubt, wenn sie dem Ziel des Überlebens und dem Erfolg dienen. Meine Schutzbedürftigkeit setze ich in die Fähigkeit um, Schutz zu bieten. Das Bedürfnis nach zärtlicher Verwöhnung, nach Hingabe, das Recht auf Fehler und Irrtum, der Wunsch, einfach abzuhauen, haben es da schon viel schwerer. Weinen ist nicht erlaubt und fällt vielen dieser Generation auch später schwer. Bei Tieffliegerangriffen in Deckung gehen, aber tapfer sein und nicht schreien. Bei Annäherung an ein Dorf mit der Unschuldsmiene eines Kindes als Späher vorangehen und ausspionieren. Beim Anblick von Hingerichteten, Verwundeten oder Gefangenen nicht mit der Wimper zucken, nicht weglaufen und den Schreck verbergen. Brot kann man im Gefangenenlager nicht erbetteln, man muss es stehlen können. Wenn die Vergewaltiger kommen, muss das Kind mit Geschrei die Mutter verteidigen. Auf jeden Fall: Heldenmut statt Zimperliese. Keine Schwäche zeigen bringt Anerkennung, auch von denen, die weinen. Hart bleiben, wo alles in einem nach Hinschmelzen drängt, das erzeugt Durchhaltevermögen, eine wichtige Tugend für das Überleben in Kriegs- und Nachkriegszeiten.

Es hat lange gedauert, bis ich hinter solchen heroischen Antworten die Bagatellisierung meiner Erfahrungen als Kriegskind aufdecken konnte. Davongekommen zu sein, war wichtiger als den Spuren der Angst, der Demütigung, der Gewalterfahrung, der Hoffnungslosigkeit oder der inneren Bilder zu folgen, die die Todesbegegnungen in mir hinterlassen hatten. Unter der Oberfläche erworbener Selbstsicherheit und sichtbarer Erfolge blieben biografische Fragen zurück, die nicht gleich nach Antworten verlangten und sich erst in letzter Zeit Zugang zur Lebenswirklichkeit der heute 77-jährigen Frau am Ende ihres Lebens verschaffen.

Was hat die durch den Krieg beschädigte Kindheit möglicherweise an Verhaltensweisen und Problemen hinterlassen, die das Älterwerden beschweren oder auch erleichtern werden?

Zunächst hatte ich im Kampf ums Überleben und im Ringen um Machtpositionen gelernt, mich zu panzern. In manchen dieser Panzer aus meiner Kriegskindheit fühlte ich mich auch lange danach noch sehr wohl, stark und mächtig und hatte Mühe, sie zu verlassen, wenn sie sich auch sonst als nützlich erwiesen, ohne eigentlich gebraucht zu werden. Es hat lange gedauert, bis ich mich ungeschützt und hilflos zeigen konnte. Die Erkenntnis, wie früh und wie lange Kinder und alte Menschen bis ans Ende ihrer Tage den Leistungs- und Effektivitätskriterien unserer Gesellschaft ausgesetzt sind und sie übernehmen, macht mich nachdenklich mit Blick auf das, was kommt. Werde ich im richtigen Moment um Hilfe bitten können? Werde ich mich in Pflegesituationen fremden Personen aussetzen können? Meine Scham überwinden, etwas nicht mehr zu können, was andere um mich herum noch können? Wie übe ich mich im Vertrauen statt in der Kontrolle? Und wie überprüfe ich, was mir geschieht? Die Lust auf Passivität, die Sehnsucht, im Einklang mit mir und der

Welt sein zu dürfen, Spontaneität ohne Rückversicherung, die Akzeptanz von Schwäche, den Mut zur Klage statt zur Anklage, nicht alles können und beurteilen zu müssen: Nichts davon stand auf meinen Lehrplänen. Jetzt gehören diese Dinge zu der Aufgabe, dem Sterben zu begegnen und den Abschied leben zu lernen. Und wer dies liest, kann sich fragen, wie es um ihn steht, was er lernen und was er eben nicht lernen will, was er bewusst als seine Geschichte verstehen will und was er schlicht ad acta legen möchte.

Begegnung im Abschied

Der Tod nimmt uns alles. Gelänge es uns, vorher schon etwas Ballast abzuwerfen, würden wir uns freier fühlen. Warum bis zum letzten Moment damit warten, reinen Tisch zu machen, den Ballast an Dingen und Emotionen ins Meer zu werfen, den wir mit uns herumschleppen? Diese und andere Fragen hat sich nicht nur der Schriftsteller Tiziano Terzani in seinen Büchern gestellt, in denen er von seiner Begegnung mit der Kultur Asiens berichtet. Die Totenbücher aus den verschiedenen Kulturen, heilige und andere Schriften, Ratgeber zur Lebenskunst und nicht zuletzt die Künste setzen sich mit der Frage des Übergangs vom Leben in den Tod auseinander. Wir können diese Zeugnisse lesen, können versuchen, vorauszusehen. Aber letztlich ist die konkrete Begegnung mit einem sterbenden Menschen immer einzigartig und versetzt uns in eine Bewegung, der wir uns überlassen müssen, damit die Tür sich öffnen kann, durch die es auf die andere Seite geht.

Die erste Begegnung mit Wolfgang Bergmann, dem an Krebs erkrankten befreundeten Pädagogen, im Hospiz hatte jene Leichtigkeit, die ich aus früheren Begegnungen mit ihm kannte. Wir haben einen Cappuccino miteinander getrunken und den geliebten Apfelkuchen geteilt, den eine fast fremde Frau in Verehrung für seine Arbeit von Zeit zu Zeit im Hospiz für ihn abgab. Unvermittelt fragte mich Wolfgang, wie ich eigentlich selbst mit meinen schweren, bedrohlichen Erkrankungen umgegangen sei und ob ich wisse, wie das mit dem Sterben am Ende geht. Nein, das wisse ich nicht, habe ich ihm geantwortet, und eine allgemein gültige Antwort gäbe es darauf auch sicherlich nicht. Aber dann haben wir während dieses und anderer Nachmittagsbesuche und in vielen Telefongesprächen über Erfahrungen und Gedanken gesprochen, die mich seit den Todesbegegnungen im Krieg, in der Sterbebegleitung fremder Menschen und meiner Mutter, aber vor allem im Abschied von einigen meiner wichtigsten Freunde, die früh und überraschend gehen mussten, bewegt haben. Es ging auch um das Gefühl der Einsamkeit, um die Bedeutung von Freundschaften und um vieles, was wir im Sog der täglichen Beschäftigung mit allem, was uns wichtig und unverzichtbar erscheint, im Leben versäumen und erst im Sterben wiederentdecken. Zum Beispiel da zu sein, wenn es um nichts geht, einfach so, wie eine Blume, die wunderbar aufblüht, unser Herz erobert und dann einfach still vor sich hin welkt und geht, wenn die Zeit gekommen ist.

Das einzelne Leben ist von unglaublicher Fragilität, zart, verletzlich, in jedem Augenblick endlich. Aber es ist auch zäh, zur Anpassung bereit, widerstandsfähig und bis an die Grenze lebenswillig. Ohne das Sterben, das dem Atem im

Ausatmen geschieht, kann der nächste Atemzug nicht geboren werden. Es ist die Ungewissheit des Lebens, der immer notwendige Aufbruch, die Unvorhersagbarkeit, das Sich-Einlassen und wieder Loslassen, die dem Leben seine Schwungkraft geben und wieder nehmen. Gelebtes und »ungelebtes« Leben färben das menschliche Sterben und stellen angesichts des nahenden Todes allgemeine, aber vor allem auch sehr persönliche biografische Fragen, die selbst den Sterbenden manchmal überraschen. Was uns gegen Ende des Lebens bewegen wird, wissen wir letztlich nicht: die Frage nach der Schmerzfreiheit, nach einem Ort für das Sterben, Lebensverlängerung oder aktiver Sterbehilfe, nach einer Würde im Sterben, die dem bisherigen Leben gerecht wird, nach einer Patientenverfügung, die darauf vertraut, dass nicht alles festlegbar ist? Was hätte anders sein sollen auf dem Weg durch die Fremde des Lebens und seiner Beziehungen? Vielleicht ist es die Frage nach der Schuld, die uns bewegen wird, nach Versäumnissen, nach Hass und Fluch, den man auf sich geladen hat? Oder die bewegt-bewegende Dankbarkeit für die Liebe, die man erfahren hat und einbringen konnte, für die gelungene Arbeit oder das Staunen über das Glück, das zum eigenen Talent dazukam, um erfolgreich Spuren zu hinterlassen?

Der Sterbende selbst komponiert die Schlussmelodie

Sterben und Tod lehren uns ganz offensichtlich, dass man die wesentlichen, existenziellen Ereignisse und Erfahrungen menschlichen Lebens nicht organisieren, planen, kontrollieren, sozusagen in den Griff bekommen kann. Wie es kein »richtiges Leben« gibt, so auch kein »richtiges Sterben«. Wenn wir den Triumph des Handelns verlieren und »den Löffel abgeben müssen«, ist mit Worten aufgeblasener Trost und aufgesetzte spirituelle Weisheit fehl am Platz. Am Ende des Lebens zählen manchmal Tugenden wie persönliche Tapferkeit, um an Bord zu bleiben, akzeptierende Demut, in der noch alter Lebensmut und jene Kraft zur Schwäche steckt, die der Mensch braucht und zeigen darf, um im Sterben stark zu bleiben. Verlassenheit, grenzenlose Ratlosigkeit, Zweifel und »metaphysische Obdachlosigkeit« (Reimer Gronemeyer) werden am Ende des Lebens ebenso offenbar wie Stolz, Erfüllung und Liebe zu einem gelebten Leben, in dem man zeigen konnte, wer man ist. Der Sterbende selbst komponiert die Schlussmelodie, setzt die letzten Farbtupfer in sein Lebensbild und schweigt über das, was ungesagt bleiben soll. Niemand kann einem anderen Menschen sagen, wie das Sterben geht. Am liebsten würden wir vielleicht nicht dabei sein und den Tod nur hinter uns bringen. Aber solange wir noch atmen, müssen wir dabeibleiben! Nur indem wir leben und sterben, werden wir zu Wissenden und zu »Experten« unseres einzigartigen Lebens und unseres ganz persönlichen Abschieds vom Leben. Während sich im Leben Aufgaben und Bewältigungsmuster vergleichen lassen und uns in der nächsten Lebenskrise beistehen können, bleibt das konkrete Sterben, das dem leiblichen Ende entgegenschreitet, einmalig und unwiederholbar, auch wenn wir in der Erfahrung schwerer Krankheit, dem Abschied von geliebten Menschen, einer ungewollten Trennung, dem Verlust eines Arbeitsplatzes und anderem schon manchen »kleinen Tod« im Leben gestorben sind. Die Einstellung, die im konkreten Sterben verlangt ist, wird im Zen-Buddhismus »Anfängergeist« genannt, eine Haltung, die ohne Expertentum und Vorerfahrung auskommen und sich offen wie ein Kind der unmittelbaren Gegenwart stellen muss. Wir müssen alles so akzeptieren, wie es ist und durch den Schmerz hindurchgehen. Sträuben wir uns, entsteht ein starker Widerstand, der alles schwerer macht. Als ich mich wenige Stunden vor seinem Tod von Wolfgang Bergmann verabschiedet habe, sprachen seine liebevollen und immer noch neugierig erstaunten Augen aus, was er nicht mehr sagen konnte: »Genug gelernt. Es ist gut! Jeder muss für sich lernen, wie es geht. Nur keinen falschen Trost. Tschüss!«

Zwischen Geburt und Tod ist das Geborenwerden wie das Sterben ein lebenslanger Prozess. Wir beginnen unser Leben mit einer Entbindung, müssen die Art und Weise der ersten Bindungen aufgeben und verlieren, was uns im ersten Haus des Lebens lieb und teuer war. Als Weg durch die Ungewissheit stellt die körperlich herausfordernde Geburt eine traumatische Erfahrung dar. Sie ist die erste Begegnung mit dem Tod, die uns zu einer der wichtigsten Lebenserfahrungen, dem Leben selbst wird. Ins Leben kommen, heißt kämpfen und zulassen. Aus dem Leben gehen ebenso. »Der Tod ist nicht der Gegensatz zum Leben«, schreibt Viktor von Weizsäcker, der Begründer der anthropologischen biografischen Medizin, »sondern der Gegenspieler der Zeugung und der Geburt.« Er ist weniger jenes einmalige Ereignis, das wir fürchten, vielmehr tragen Sterben und Tod die Kleider des Lebens und die uns schon bekannte Farbe des Leidens. Dieser Abglanz der Erfahrung von Leid und Schmerz ruht auf jedem Wandel, jedem Untergang, jeder Lebenskrise, jedem Abschied.

Sterben und Tod haben eine tiefe Gewissheit. Niemand kann ausweichen, niemand kommt davon. Sterben und Tod in ihren unterschiedlichen körperlichen, geistigen, seelischen, sozialen wie spirituellen Formen verbinden die gesunden mit den kranken Menschen, die schwachen mit den starken, die jungen mit den alten, die armen mit den reichen, die glücklichen mit den unglücklichen Menschen.

Beglückt, unwissend, voller Erwartung, mit großer Leidenschaft und zu allem entschlossen kämpft sich der kleine Mensch ans Licht der Welt. Im Geburtsschrei aber melden sich bereits die Angst vor der Gefährdung des Lebens und die Ahnung, dass die freudige Ankunft zu großen Mühen und harter Lebensarbeit führen wird und dem Zauber des Anfangs das sichere Ende schon innewohnt. Anfang und Ende gehen immer ineinander über, warten aufeinander und kämpfen miteinander um Raum und Zeit! Leben ist die endlose Spannungsbeziehung zwischen den Polen Geburt und Tod, ist auf Ungewissheit, Wandel und Offenheit angelegt und entzieht sich in allen wesentlichen Herausforderungen der Vorhersagbarkeit und sichernden Planung.

Keine Flucht ins Allgemeine

Bevor wir das Sterben lernen, müssen wir leben lernen, lebenslang. Und auch den letzten Atemzug müssen wir lernen. Das Leben, aber auch noch das Sterben fordert uns heraus, die zu werden, die wir sind. Ein spezifisches persönliches Einlassen und Loslassen ist verlangt, und die geforderte Verantwortung nährt sich aus den Antworten, die wir auf die konkreten Herausforderungen unseres Lebens finden. Wir können niemanden für uns leben oder sterben lassen! Die Flucht ins Allgemeine verbietet sich, wenn das eigene Geborenwerden wie das eigene Sterben uns real fordern. Abrupt und unvorbereitet trifft uns nicht nur die Diagnose einer Krankheit. Die meisten existenziellen Krisen kommen ähnlich dem Tod nicht dann, wenn es uns passt, sondern wann und wie sie wollen, in der Regel ohne Absprache. Ab und zu reiten Boten voraus. Auch das Leben trifft uns ungefragt und legt einfach los, nur weil sich eine Frau und ein Mann, eine Eizelle und ein kleiner Samenfaden getroffen haben. Aber danach machen wir mit, nehmen das Geschenk des nackten wie begrenzten Lebens an, entwickeln uns, indem wir Tag für Tag unter guten wie schlechten, leichten wie schwierigen Umständen bis in die Stunde des Todes zu gestalten versuchen, was mit uns gemeint sein könnte und unserem Leben Sinn gibt. Und auch das Sinnlose müssen wir akzeptieren. Unser Leben ist in sicherer Erwartung seines Endes existenziell darauf angewiesen, dass wir leben wollen, ohne Bedingungen stellen und Verhandlungen führen zu können. Es braucht unsere tägliche Phantasie, Vorstellungskraft und unseren Willen zu leben, trotz vieler Gefährdungen nützliche Entscheidungen zu treffen und vor allem einigermaßen entschlossen bis zum Ende durchzuhalten, bevor wir dann am Ende unser Leben mehr oder weniger abrupt, so wie es gekommen ist, zu verabschieden. Immer stirbt ein einzigartiger Mensch, und er nimmt im Abschied vom Leben auch Abschied von den Antworten, die er auf seine Lebensfragen gefunden hat. Er nimmt auch Abschied von den offen gebliebenen Fragen, von den Kränkungen und Enttäuschungen, von Menschen, die sich entfernt haben, von Versäumnissen, die ihn möglicherweise bis in die letzten Stunden umtreiben und ihm keine Ruhe zum Sterben lassen. Die Geburt eines Menschen ist das Erwachen der Fragen mitten im Leben. Der Tod ist das Ende der Fragen mitten in diesem gelebten Leben. Um diesen Abschied leben zu lernen, gilt der Rat Albert Einsteins: Lerne vom Gestern, hoffe auf Morgen, aber höre nie auf zu fragen.

3 Das verdrängte Sterben

Henning Scherf

Der erste Tod – das Sterben der Großmutter

Der erste Tod, der mich unmittelbar traf, war der Tod meiner Großmutter. Sie lebte bei uns, war die Seele, die Mitte unserer Familie. Wir Kinder waren von ihr behütet – trotz des Krieges, trotz der Trennung von unserem Vater, der unter den Nationalsozialisten als Mitglied der Bekennenden Kirche immer wieder in Haft war, trotz der Trennung von meiner Mutter, die über ein Jahr auf der Typhusstation in Quarantäne lag.

Als unsere Großmutter sich zum Sterben legte, waren wir Kinder alle dabei. Ihr Sterben dauerte Wochen, sie wurde immer schwächer. Wir haben sie nie alleingelassen, wir haben abwechselnd an ihrem Bett gesessen, haben mit ihr geredet, wenn sie reden konnte, haben geschwiegen, wenn sie phantasiert hat. Palliativmedizin gab es damals noch nicht. Ich bin sehr dankbar, dass sie keine Schmerzen spürte, obwohl sie sehr viel Wasser in den Beinen hatte, weil ihr Herz nachließ. Weil dieser Tod nicht von jetzt auf gleich kam, haben wir uns von ihr auf wunderschöne Weise verabschieden können. Sie war glücklich, dass wir alle um sie herum waren, Tag für Tag. Sie hat jeden von uns immer wieder gestreichelt, über die Wange und übers Haar gestrichen. Sie wollte uns ganz nah bei sich haben. Am liebsten wollte sie uns die ganze Zeit im Arm halten.

Das war schwierig, weil sie nicht mehr hochkam. Wir mussten uns dann ganz zu ihr herunterbeugen. Wir haben sie gefüttert und ihr mit einer Schnabeltasse zu Trinken gegeben. Meine Großmutter war ganz geduldig, sie hat ihr Sterben als etwas ganz Natürliches angenommen. Sie war knapp achtzig. Sie hat nicht geklagt, sie hat nicht gefragt: Warum?

Sie hatte ihr Leben gelebt – ein schweres Leben als Vollwaise, aber ein Leben, dessen letzte Jahre mit uns Enkeln sehr glücklich waren. Sie konnte das Gefühl haben, diese sechs Enkel durch den Krieg und auf den richtigen Weg gebracht zu haben. Ich hatte meine Schulschwierigkeiten überwunden – Ehrenrunde, Schulwechsel, Stottern –, unter denen sie sehr gelitten hatte. Auf ihrem Sterbebett hat sie gesagt: »Henning hat sein gutes Zeugnis an.« Sie konnte mir also noch mitteilen, dass sie diese Sorge los war.

Sie hatte keinen großen Bedarf an irgendwelchen Verklärungen, sie wollte nicht hören: Du hast nun die beste Zeit vor dir, du kommst ins Paradies. Damit konnte man ihr nicht kommen. Nein, sie hat in ihren immer wieder klaren Momenten ihr Leben an sich vorbeiziehen lassen und uns auf ihrem Sterbebett mehr von sich erzählt als je zuvor. Sie war immer so bescheiden gewesen, sie wollte sich nur mit anderen beschäftigen, nicht mit sich selbst. Auf dem Sterbebett konnte sie plötzlich ihr Leben erzählen, als erklärte sie sich damit einverstanden, als wäre sie mit sich ins Reine gekommen.

Viele Menschen, ich selbst auch, nehmen sich Ziele in ihrem Leben vor. Ich rede gerne über gelingendes Leben, das hätte sie nie getan. Sie war viel bescheidener, sie war dankbar dafür, dass sie das alles hat erleben dürfen. Und sie war dankbar dafür, dass sie nicht allein geblieben war am Ende ihres Lebens, sondern dass wir um sie herum waren.

Mir ist ihr Tod sehr unter die Haut gegangen. Als 16-Jähriger ist mir die Endgültigkeit des Todes bewusst geworden. Aber ihr Tod hat mich auch getröstet: Seine Lieben um sich herum und genug Zeit haben, sich zu verabschieden. Lebenszufrieden sein. Keine Schmerzen oder Ängste erleiden. So wünsche ich mir meinen eigenen Tod auch.

Meine Großmutter ist selbst heute noch für mich und meine Geschwister nicht gestorben, nicht weg. Sie ist bis heute gegenwärtig. Meine Schwestern erzählen wunderbare Geschichten von ihr. Der Sohn meiner ältesten Schwester hat seine Tochter nach ihr benannt, Franziska. Mein Sohn hält ihr altes Vertiko in Ehren. Ihr Leben ist nicht einfach vergessen, das Buch ist nicht einfach zu, nach dem Motto: Der Nächste bitte. Sie ist uns bis heute nah – die Liebe meiner Großmutter zu uns hat den Tod überlebt.

Ich spüre diese lebendige Erinnerung an einen wunderbaren Menschen, mit dem ich bis heute vieles verbinde und der mich trägt. Wenn ich diese Erinnerung nicht hätte, wäre ich ein großes Stück ärmer. Und jetzt, da ich selbst Großvater bin und mich damit beschäftige, was im Leben wichtig ist, möchte ich auch die Nähe geben können, die sie gegeben hat. Ich möchte das leben, was sie zurückgelassen hat.

Zerstörung der Sterbekultur in Zeiten der Industrialisierung

Und wie ist das Sterben heute? Wir leben in einer Leistungs-gesellschaft, in einer industrialisierten Gesellschaft, in der jeder eine Rolle zu erfüllen hat – und wenn er diese nicht erfüllt, dann fällt er aus dem gesellschaftlichen Raster. Das hat auch Folgen für unseren Umgang mit dem Sterben und dem Tod. Bis ins 19. Jahrhundert hinein, manchmal sogar bis ins 20. Jahrhundert, hat es eine umsichtige, in die Familie und die Nachbarschaft integrierte Sterbekultur gegeben. Es gehörte zum guten Ton, einen Sterbenden nicht allein zu lassen. Im Gegenteil, man ließ ihn in der Mitte der Familie, des Hauses oder Bauernhofes. Auch die Kinder waren da-bei, bekamen den Sterbeprozess mit, selbst die Kleinen. Sterben war nicht tabuisiert, Sterben bedeutete nicht: Halt den Mund, die Oma stirbt. Nein, alle waren dabei, haben ihre Hand gehalten und sie vielleicht sogar in den Arm ge-nommen. Und wenn sie dann tot war, wurde sie im Privaten aufgebahrt, auf dem Bauernhof, auf der Diele, der Sarg of-fen. Es wurde Totenwache gehalten, sie blieb auch nachts nicht allein, immer saß jemand daneben, und die Nachbarn kamen, um sich zu verabschieden. Erst nach einem oder zwei Tagen kam der Bestatter, man trug den Sarg hinaus, erst in die Kirche und dann auf den Friedhof.

Dieses vertraute Umgehen mit dem Sterben eines Men-schen und mit seinem Tod ist erst durch die Industriali-sierung zerstört worden. Überall dort, wo dieser gesell-schaftliche Umbauprozess stattgefunden hat, wurden die Menschen aus ihren traditionellen Lebensformen regel-recht herausgekickt. Da war es nicht mehr üblich, dass man mit den Eltern zusammenlebte. Wichtig war der Arbeitsplatz. Und wer keine Arbeit im Dorf fand, ging in die Stadt, quartierte sich in irgendeine Mietskaserne ein, voller beengter Wohnungen, übereinander gestapelt. Platz für eine Mehr-Generationen-Familie gab es dort gar nicht. Und die Schichtarbeit hat dann selbst den Alltag dieser Familien komplett atomisiert. Gegessen wurde nicht mehr gemeinsam, Vater oder Mutter waren auf Schicht, die Großeltern weit weg und die Kinder oft genug sich selbst überlassen. Diese neue Lebensform hat zu großen kulturellen Brüchen geführt und die Selbstverständlichkeit im Umgang mit den Gebrechlichen, Alten und Sterbenden in der Familie nach und nach zum Verschwinden gebracht.

Mit der Nachkriegszeit, als die meisten Menschen wieder ein Quartier hatten, die Flüchtlingsnot beendet war und das Wirtschaftswunder für Vollbeschäftigung und gut gefüllte Bankkonten sorgte, entwickelte sich unsere moderne Heim- und Krankenhausstruktur. Pflege und Gesundheitsfürsorge wurden zu Dienstleistungen. Meine Großmutter ist nie in einem Krankenhaus gewesen, es kam erst gegen Ende ihres Lebens ein Arzt zu uns nach Hause und untersuchte sie. In den vergangenen 50 Jahren ist es immer mehr Usus geworden, sich eine Adresse zu suchen, wo man seine Eltern, seine Großeltern, die gebrechlich geworden sind und mit deren Ende man sich überfordert fühlt, unterbringt. Die Kliniken haben diese Entwicklung nachvollzogen und mit der Zeit gigantische Abteilungen für alte Menschen eröffnet. Die Innere Medizin ist, wenn man genau hinsieht, zu einem überwiegenden Teil eine Versorgungsplattform für alte, gebrechliche, hinfällige Menschen; teils liegen die Pflegestationen Tür an Tür mit den klinischen Abteilungen. Und die Pflegeversicherung hat diesen Trend besiegelt: Heute ist die Versorgung alter, gebrechlicher und sterbender Menschen ein Milliardenmarkt. Da konkurrieren private Pflegeeinrichtungen und Krankenhäuser mit öffentlichen, gemeinnützigen und kirchlichen. Dieser Markt setzt Unmengen von Geld um, und viele verdienen an dem Elend der Sterbenden. Und irgendwann rechtfertigt diese Pflege-Infrastruktur sich selbst. Viele Menschen sagen angesichts eines Pflegefalls in der Familie: Dafür gibt es doch Einrichtungen, dafür sorgt die Klinik, dafür sorgt die Reha-Abteilung, das Pflegeheim, das Hospiz. Ich habe auf einem Kongress in Detmold, auf dem ich über das Alter gesprochen habe, einen ehemaligen Chefarzt erlebt, der erzählte, wie ihm Menschen ihre sterbenden Verwandten in die Innere Abteilung gebracht haben. Und als er ihnen sagte, fürs Sterben seien doch nicht die Krankenhäuser zuständig, hätten die Angehörigen erwidert: Wir können das nicht zu Hause leisten, wir können das nicht mehr mit ansehen, bitte sehr. Dabei wünscht sich die Mehrheit der Deutschen, das weiß man aus Umfragen, zu Hause zu sterben, im Kreis ihrer Lieben. Tatsächlich aber sterben über 50 Prozent in Kliniken. Unsere Krankenhäuser sind Sterbehäuser geworden – eine halbe Million Menschen stirbt hier Jahr für Jahr. Was für ein Riesenbetrieb mit Intensivstationen, Apparatemedizin und Notfallärzten – ärztliche Kunst, oft genug dazu eingesetzt, ein zu Ende gehendes Leben noch ein wenig zu verlängern. Das ist die Vermarktung einer Lebensphase. Über Jahrtausende haben wir das Lebensende eines uns nahen Menschen selbst begleitet. Doch die moderne Industriegesellschaft hat nicht nur unser Leben zugerichtet und eingetaktet, sondern auch unser Sterben. Und so wurde aus dem letzten Lebensabschnitt eines Menschen ein Anlass für eine Dienstleistung. Sterben findet heute in der Tabuzone statt. Das ist bitter.

Das Sterben der Mutter

Diese Erfahrung des modernen Sterbens musste ich auch erst persönlich machen, um zu begreifen, dass es hier eine Misere gibt. Ich mache mir bis heute Vorwürfe, dass meine Mutter auf der Intensivstation gestorben ist, allein, angehängt an piepsende Apparate, die ihre Vitalfunktionen überwacht haben, und niemand von uns bei ihr war, um ihre Hand zu halten, geschweige denn, sie rechtzeitig nach Hause zu holen, weil das Krankenhaus nichts mehr für sie tun konnte. Ich weiß es bis heute, wie ich sie zuletzt besucht habe und immer auf ihre Geräte starrte und erschrak, wenn dann der Ton ausblieb, jedes Mal, wenn ihr Herz aussetzte. All diese Geräte waren hinter dem Kopfende ihres Bettes aufgebaut, aber sie hörte diese Töne natürlich auch. Mich hat es sehr bedrückt, dass meine geliebte Mutter an solchen Geräten hing. Aber ich habe keine Konsequenz daraus gezogen. Und als sie starb, war ich auf einem Juso-Bundeskongress. Sie war ja im Krankenhaus, sie war ja gut versorgt, die Ärzte taten ja alles Mögliche, damit nichts passiert – habe ich mir eingeredet. Wir haben das nicht problematisiert. Dabei habe ich sie sehr geliebt und konnte mit ihr eigentlich über alles reden. Aber dieses »Wie willst du sterben?« habe ich nicht mit ihr besprochen. Ich hätte es tun können, ich war regelmäßig bei ihr. Denn sie aß nur noch, wenn sie auch für mich etwas kochen konnte. Ich habe dann immer angekündigt, Mutter, ich komme zum Essen zu dir. Weil ich wusste, dass sie dann etwas hat, worauf sie sich freut. Ich habe ihr dann jedes Mal einen großen Blumenstrauß mitgebracht und gesagt, dass ich ihr lieber jetzt Blumen schenke, als sie ihr aufs Grab zu legen. Das habe ich geschafft, aber ich habe es nicht geschafft, mit ihr darüber zu reden, wie sie sterben wollte. Vielleicht hat mich auch bedrückt, dass wir nicht in der Lage waren, sie in unserer Wohnung zu integrieren – das war, glaube ich heute, ihr Wunsch. Wir haben damals beide gearbeitet, die Kinder waren in der Schule, und viel Platz hatten wir auch nicht. Wir hatten keinen Raum, wo wir sie ebenerdig und geschützt bei uns hätten aufnehmen können. Ich habe gespürt, dass sie gern bei uns gewohnt hätte, und vielleicht war genau das der Grund, warum wir das Thema nicht wirklich ausgeführt haben. Und so lässt es mich bis heute nicht los, dass meine Mutter in einer solch fremden Umgebung einsam gestorben ist. Meine Mutter hat mich über so viele Abgründe hinweggebracht und war mir so nah, und ausgerechnet, als es ihr schlecht ging und sie sich ans Sterben machte, war ich nicht in der Weise präsent, wie ich das gerne sein wollte, jedenfalls im Nachhinein.

Ja, das treibt mich um. Das ist einer der Gründe, warum ich heute Tag für Tag über das Altern und das Sterben rede. Und ich hoffe, dass ich mit dem Sterbenden in meiner Nähe heute besser umgehe und auch anderen Menschen Mut machen kann, nicht einfach wegzulaufen, sondern da zu sein, in der Familie, im Freundeskreis.

Der verdrängte Tod

Um zu verstehen, warum es soweit kommen konnte, dass wir versucht haben und immer noch versuchen, den Tod wegzurationalisieren und durch Sterbestationen in Krankenhäusern und Pflegeheimen unsichtbar zu machen, müssen wir uns mit uns selbst beschäftigen. Mit unseren Ängsten und mit unseren psychischen und kulturellen Mechanismen, dieser Angst zu begegnen. Wir alle haben Angst vor dem Sterben und dem Tod. Der eine mehr, der andere weniger. Der eine verdrängt, der andere glaubt an Erlösung. Der Tod ist ein Menschheitsthema. Zu jeder Zeit haben Menschen versucht, sich mit diesem endlichen Leben einzurichten. Schon Pharaonen haben ihre Herrschaftsstrategien auf der Angst vor dem Tod aufgebaut. Denn der Tod ist mächtig, er trifft jeden. Wer also (und sei es nur vermeintliche) Macht über den Tod hat, der hat Macht über das Leben. Auch die Religionen haben über den Tod und die Verheißung, dass es nach dem Tod weitergehe, ihre Selbstbegründung, ihre Botschaften und ihre Angebote an die Menschen entwickelt.

Doch seit der Aufklärung hat der Umgang mit dem Tod, zumindest in Westeuropa, einen großen Kulturwandel erlebt – und erlebt ihn bis heute. Die treibenden Kräfte waren dabei die Naturwissenschaftler, die Mediziner, die die Bedingungen des Lebens immer detaillierter beschreiben konnten. Wie der Mensch entsteht und wie er zugrunde geht, ist nun kein Wunder, kein Mysterium mehr. Und jene, die an die Auferstehung glauben, müssen heute einen intellektuellen Spagat leisten. Denn auch sie haben in der Schule gelernt, dass, rein naturwissenschaftlich betrachtet, nach dem Tod nichts kommt. Der Körper vergeht zu Materie und geht in dem Kreislauf der Natur auf.

Ich kenne viele, die am Ende ihres Lebens, als ihnen der Tod näher rückte, wieder gläubig wurden. Selbst Marxisten wie Ernst Bloch oder Max Horkheimer, die ihr Leben lang kritisch über die Religion geschrieben haben, haben am Schluss von Gott geredet. Bei mir steht das noch aus. Ich erlebe es als eine Art Wunder, dass immer mehr Menschen weltweit im Glauben ihre Zuflucht finden – Umfragen zeigen, dass die Weltbevölkerung mit Ausnahme Westeuropas religiöser wird. Aber ich selbst bin mehr mit diesseitigen Dingen beschäftigt und betrachte gläubige Menschen als beati possidentes, als glücklich Besitzende. Menschen, die Erstaunliches aushalten können, weil sie fest davon überzeugt sind, dass es nachher besser wird. Wunderschön, wenn man das sagen kann. Und ich gönne ihnen diese Überzeugung von Herzen. Ich selbst muss mir das noch erarbeiten. Ich selbst erlebe den Zweifel als das Menschlichste überhaupt. Es ist der Zweifel, der die Wissenschaft und damit auch das Wissen vom Tod vorangebracht hat. Die meisten von uns, gerade in Westeuropa, haben sich mit diesem Wissen von der Religion emanzipiert. Uns kann man nicht mehr so einfach kommen und sagen, freut euch auf den Tod, anschließend wird es schön und paradiesisch.

Folgen der Trostlosigkeit –
Von der Verdrängung zur Sterbehilfe

Doch mit dem nüchternen Wissen vom Ende umzugehen, ist zugleich die Last des modernen, aufgeklärten Menschen. Die Säkularisierung hat uns zwar jede Menge Erkenntnis gebracht, uns aber auch den Trost genommen. Und das hat Folgen. Denn nun erleben wir, wie Menschen um uns herum bizarre Strategien entwickeln, mit der Gewissheit des Todes umzugehen.

Da gibt es die Esoteriker, die vom Schamanismus bis zum Buddhismus, vom Heidentum bis zum Okkulten sich hier und dort Glaubensingredienzien zusammensuchen und daraus ihren eigenen, neuen Religionscocktail mixen. In meinen Augen sind sie die neuen Paradiesmaler, die versuchen, der Endgültigkeit des Todes ein Schnippchen zu schlagen.

Die anderen, Anhänger des Forever young, überschminken ihre Blässe und brezeln sich auf, obgleich sie schon todkrank sind. Hauptsache, gut aussehen. Hauptsache, nicht gefragt werden, wie es einem geht. Hauptsache, dem Tod nicht ins Gesicht sehen müssen. Im Grunde haben sich diese Menschen nie getraut, die Oberfläche des Lebens zu verlassen. Mein Eindruck ist: Sie klammern sich an die äußere Hülle ihres Daseins, um nicht darüber nachdenken zu müssen, dass diese zerfallen muss. Panische Verdrängung des Sterbens ist die Folge.

Wieder andere, das beobachte ich gerade in den USA, im »Land der unbegrenzten Möglichkeiten«, lassen sich gar als Tote einfrieren – in der Hoffnung, irgendwann einmal aufgetaut, fit gespritzt und erneut zum Leben erweckt zu werden. Sie nehmen den Kampf mit der Endlichkeit auf; sie tun so, als ginge das Leben ewig weiter. Eine Verwandte von mir hat ein Buch darüber geschrieben, wie wir es schaffen können, ewig zu leben. Sie will den Tod durch medizinische Hilfe überwinden – gänzlich unkritisch, wissenschaftsgläubig. Für mich ist dieses Buch eine Verzweiflungstat, Ausdruck des Verweigerns, die radikale Endlichkeit alles Lebenden zu akzeptieren.

Und dann gibt es jene, die ihr Leben im Rausch eines Carpe diem leben und ihm ein Ende setzen, sobald es ihnen nicht mehr attraktiv genug erscheint. Sie machen sich die Endlichkeit durchaus bewusst und ziehen ihre ganz weltlichen Schlüsse daraus. Zu diesen gehört Ernest Hemingway, der sein Dasein auf seine Karrieren als glänzender Schriftsteller, Großwild jagender Abenteurer und Liebling der Frauen reduziert hatte und sich im Juli 1961, mit 61 Jahren erschoss. Seine letzten Jahre hatte er mit Depressionen und Alkoholabhängigkeit verbracht. Zu diesen Menschen gehört für mich auch Gunter Sachs, der einstige Playboy, der im Mai 2011 im Alter von 78 Jahren Selbstmord beging, weil er an der »ausweglosen Krankheit A.« litt, an Alzheimer also. Der Mann, der mit Brigitte Bardot verheiratet war und dazu beitrug, aus dem Fischerdorf St. Tropez einen mondänen Badeort zu machen, konnte den Gedanken nicht ertragen, im Alter anderen zur Last zu fallen und nicht mehr zu wissen, was er tut. Zu dieser Gruppe gehört auch Fritz Raddatz, der ehemalige Verleger und Literaturkritiker, der im Februar 2015 mit 83 Jahren in die Schweiz zum Sterben fuhr, weil er nicht akzeptieren konnte, dass er nicht mehr so attraktiv und gefragt wie früher war und nicht mehr so exponierte intellektuelle Beiträge liefern konnte. Sein Leben sei »ausgeschritten«, hatte er zuvor seinem Freund Rolf Hochhuth gesagt.

Doch worum geht es im Kern bei diesen Alterssuiziden? Wenn man so will, haben diese Männer das getan, was der Geist unserer Zeit ihnen ihr Leben lang eingeflüstert hat: Mach dein Ding. Mach das Beste draus. Selbst der Abgang von dieser Welt soll selbstbestimmt sein, nicht von Demut, Siechtum oder Schmerz begleitet. Selbstoptimierung von der Wiege bis zur Bahre. Noch im Sterben wollen diese Männer Machbarkeit unter Beweis stellen. Sie haben alles im Griff, auch ihr eigenes Ende. Dass dies aber bedeutet, das ihnen geschenkte Leben vorzeitig zu beenden, nicht bis zur Neige zu leben, ist bestürzend und trostlos, meine ich.

Ich will mich nicht über diese Menschen erheben. Dass man sich nur zu gern Illusionen hingibt, wenn es um den Tod geht, kann ich nachvollziehen. Denn dass wir sterben müssen, ist eine Zumutung. Aber sie ist eine, um die wir nicht herum kommen. So schlicht ist diese Erkenntnis – und so bitter.

Dass wir uns heute mit »Sterbehelfern« wie dem ehemaligen Hamburger Senator Roger Kusch auseinandersetzen müssen, ist eine Folge dieser Verdrängung. Das Wegorganisieren, das Verdrängen des Sterbens aus dem öffentlichen und sogar aus dem privaten Raum mündet in einer kommerziellen Sterbehilfe. 7000 Euro Beitrag für seinen »Verein«, und ich kann sogar den Zeitpunkt und die Art und Weise meines Todes bestimmen, ich muss niemanden mit meiner Gebrechlichkeit zur Last fallen und ich muss mich nicht auf die Barmherzigkeit meiner Nächsten, meiner Ärzte und Krankenschwestern verlassen. Aber ist das nicht traurig? Ich zahle dafür, dass mich jemand umbringt. Das ist die auf die Spitze getriebene Eintaktung des Todes in das industrielle Zeitalter. Wer in seinen Augen – oder in den Augen der anderen – nicht mehr leistungsfähig ist und vermeintlich kein lebenswertes Leben mehr hat, geht freiwillig und kontrolliert in den Tod.

Angesichts solcher Suizidhelfer bin ich froh, dass unsere Bundestagsabgeordneten unisono, von rechts bis links, eine kommerzielle Sterbehilfe ablehnen. Im Grunde hat Kusch dieses gesetzliche Verbot provoziert. Eine differenzierte Preisliste für die Leistungen seines »Vereins«, bezahlte Gutachten, ob der Suizidwillige geeignet ist – was braucht es noch mehr an Indizien, dass hier jemand gewerbemäßig, auf Bestellung den Tod anbietet?

Die entscheidende Frage: Wie wollen wir sterben?

So schwer diese Debatte auch ist und so traurig der Anlass – sie hat auch etwas zum Positiven bewirkt: Endlich wird in diesem Land darüber gesprochen, wie wir sterben wollen. Ein Stück weit ist diese Unsichtbarkeit, dieses Wegorganisieren des Sterbens jetzt aufgebrochen, zumindest wird in den Medien und auf Veranstaltungen nun über Hospizstationen und Palliativmedizin diskutiert und über neue Beerdigungsrituale oder -orte gesprochen. Und wir brauchen diese Debatte ganz dringend. Schon seit einiger Zeit ist spürbar, dass die Menschen nicht mehr mit dem Totschweigen des Sterbens einverstanden sind: Patienten verfassen gemeinsam mit ihren Ärzten Verfügungen, wie sie an ihrem Lebensende behandelt werden wollen, Familien errichten Kreuze am Wegesrand, wenn einer ihrer Lieben bei einem Unfall zu Tode gekommen ist, ganze Gemeinden stellen Kerzen auf, wenn in ihrer Mitte Menschen durch einen Amoklauf zu Tode gekommen sind. Ich beobachte, dass sich da etwas entwickelt, dass sich da etwas zu Wort meldet, etwas sichtbar wird, was sich offensichtlich nicht unterdrücken lässt. Wir sind unterwegs, und ich spüre, dass das nicht chancenlos ist.

Ich halte jetzt seit fast zehn Jahren Vorträge zum Thema Altern. 150 bis 200 Veranstaltungen im Jahr, die Republik rauf, die Republik runter. Und während es uns und mir vor einem Jahrzehnt noch vor allem um die jungen, fitten Alten ging, die sich um ihre Enkelkinder, ihren Sport und ihre Ehrenämter kümmern, wandelt sich nach und nach der Schwerpunkt meiner Gesprächsrunden. Zunächst rückte das Thema Pflege in den Vordergrund. Altenwohngemeinschaften, Pflege am Bett, betreutes Wohnen. Doch seit einiger Zeit geht es auch um das Sterben. Das Vertrautwerden mit dem Sterben nimmt als Gegenstand meiner Vorträge immer mehr Raum ein. Nicht nur, weil ich mich mit zunehmenden Alter thematisch weiterentwickelt habe, sondern vor allem, weil das Publikum es einfordert. Und die Zuhörer stehen nicht auf, gehen hinaus und sagen: Nun ist es aber genug, wir wollen hier unterhalten und ermuntert werden. Nein, ich spüre, dass das Thema alle erfasst. Und so erlebe ich in meinem öffentlichen Redealltag, wie Menschen aufstehen und sagen: Wir arbeiten im Hospizverein, wir bieten das hier an. Ich bin froh über solche spontanen Reaktionen. Oft ergeben sich daraus Kontakte am Ende der Veranstaltung, und ich sehe Menschen zusammenstehen und sich besprechen und verabreden. Ich spüre, dass wir uns verändern, und dass es möglich wird, öffentlich, ohne Heilsversprechungen oder Panikmache über das Sterben und den Tod zu sprechen. Und hinter all dem steht die Erkenntnis: Das Sterben gehört zum Leben. Das dürfen wir nicht verdrängen, damit müssen wir uns auseinandersetzen.

Der Endlichkeit nicht ausweichen

Ich selbst möchte auch die Endlichkeit meines Lebens annehmen können. Ich möchte nichts schönfärben oder schönfeiern. Ich will mein Leben nicht als Herr über Leben und Tod beenden. Ich möchte bis zum Schluss annehmen können, was immer mir passiert. Ich möchte Krankheit, Siechtum und mein Sterben als eine Lebenschance begreifen können. Als eine Gelegenheit, andere noch erreichen zu können, vielleicht noch mitdenken zu können oder wenigstens noch teilnehmen zu können. Vielleicht kann ich noch die Hand meiner Frau halten, mit der ich seit meiner Jugend durchs Leben gegangen bin. Vielleicht kann ich meinen Kindern noch sagen, wie sehr ich sie liebe und wie stolz ich auf sie bin. Vielleicht kann ich meinen Enkelkindern noch zuzwinkern oder ihnen über den Kopf streichen. Das will ich doch nicht verpassen! Ich möchte nichts von dem weggeben, was mir als Geschenk gegeben ist. Ich möchte gerne bis zum Schluss ein Leben führen, das einverstanden ist mit dem Leben und das nicht hadert – mit dem, was nicht mehr geht und was mir abhandengekommen ist, was ich verloren habe und was mir nicht gelungen ist. Ich möchte gerne akzeptieren können, was ich an Leben vorfinde – auch wenn es schwierig wird, auch wenn es weniger, mühseliger wird, auch wenn es voller Last und voller Rückschläge ist. Rückschläge sind auch Lernorte, an denen ich mich wieder aufrichten kann und angesichts derer ich mir sagen kann, da komme ich durch, das schaffe ich, ich verstehe, was ich falsch gemacht habe. So möchte ich mein Leben auch am Ende leben.

Über das Unvermeidliche reden

Ich habe vor Kurzem ein altes Ehepaar getroffen, Freunde von mir. Wir waren vier Tage zusammen auf einer Veranstaltung. Dieses Paar hat das Thema Sterben in seiner Beziehung völlig ausgeklammert hat, obwohl sie seit zweieinhalb Jahren Bauchspeicheldrüsenkrebs hat und es offensichtlich ist, dass sie bald sterben muss. Irgendwann habe ich die beiden gefragt: Redet ihr eigentlich darüber? Nein, war die Antwort. Ihr habt doch erwachsene Kinder, redet ihr mit euren Kindern darüber? Wieder nein. Da habe ich angefangen, mit ihnen über das Sterben, ihr Sterben zu sprechen, weil das mich so bedrückte. Wir haben zu dritt, jeder auf seine Weise, diese im Grunde tägliche Todesnähe besprochen. Sie kann jeden Augenblick sterben, obwohl sie immer noch auf den Beinen und aktiv ist. Bei diesem Gespräch habe ich gemerkt, dass es manchmal einen Dritten braucht, der sagt: Kommt, darüber reden wir jetzt mal. Was macht ihr eigentlich, wenn es soweit ist? Was macht ihr noch mit der euch verbliebenen Zeit? Worauf freut ihr euch noch? Was habt ihr euch für den Fall vorgenommen, dass plötzlich Pflege notwendig wird? Habt ihr euch eine Ambulanz organisiert, die euch unterstützt? Was ist mit den Kindern? Was mit dem, der übrig bleibt? All diese Fragen hatten sie verdrängt. Sie sind kluge Menschen, die ein Lebtag für andere aufmerksam gewesen sind und einander auch heute nicht alleinlassen, was wunderschön ist. Aber diesen Punkt konnten sie nicht benennen. Das Sterben war wie ein blinder Fleck in ihrem Leben. Eigentlich habe ich gar keine Legitimation, über solch ein schweres und intimes Thema zu reden – ich bin ja weder Pastor noch Arzt. Andere Menschen mit diesem Thema zu bedrängen, ist möglicherweise übergriffig. Das ist mir bewusst. Aber dann spürte ich, wie dankbar sie waren, dass ich das Thema aufgebracht habe. Es brauchte nur einen kleinen Anstoß, damit sie ganz vertrauensgetragen ihre Not mitteilen konnten. Ich bin überzeugt davon, dass es mir ein Stück besser geht, wenn ich ein Gegenüber finde, mit dem ich meine Not besprechen kann und weiß, dass ich damit nicht allein bin. Die Tage nach diesem Gespräch haben gezeigt, dass die Tatsache, dass es für sie ans Sterben geht, uns nicht getrennt, sondern näher zusammengebracht hat. Dieses Gespräch hat mir bewusst gemacht, dass man das Sterben nicht delegieren kann. Ich bin davon überzeugt, dass wir alle uns wieder trauen müssen, über dieses Thema zu reden, wenn es uns denn so offensichtlich ins Haus steht oder unsere Freunde betroffen sind. Es geht im Leben eben nicht nur darum, sich um gelingendes Leben zu bemühen, sondern eben auch um eine Sterbenskunst – um eine *ars moriendi*. Im Mittelalter war es weit verbreitet, sich mit einem guten Tod im Sinne der christlichen Lehre auseinanderzusetzen. In unserer aufgeklärten und säkularen Zeit bedeutet für mich eine *ars moriendi*, dass wir wieder in die Lage kommen, das Sterben in unser Leben zu integrieren. Und das bedeutet zweierlei: Darüber sprechen und füreinander da sein.

Sterbende begleiten

Die gesellschaftliche Bewegung für diesen Versuch, anders mit dem Sterben umzugehen, ist die Hospizbewegung, die es seit den Achtzigerjahren auch in Deutschland gibt. Diese Bewegung hat sich in dieser kurzen Zeit erstaunlich entwickelt. Ich habe großen Respekt vor diesen hunderttausend ehrenamtlichen und hauptamtlichen Sterbebegleitern, die es Familien ermöglichen, ihre Lieben zu Hause zu verabschieden, oder die Hospize gegründet haben, in denen ein Sterben in Würde möglich ist.

Dabei stand ich dieser Bewegung am Anfang ausgesprochen skeptisch gegenüber. Wir hatten in den Achtzigerjahren, als war ich noch Sozialsenator war, eine große Veranstaltung zu dem Thema im Bremer Übersee-Museum mit schätzungsweise 700 oder 800 Leuten. Aus Hamburg war die Psychoanalytikerin Anne-Marie Tausch gekommen, eine der Mitbegründerinnen der Hospizbewegung in Deutschland. Ich erinnere mich noch, wie ich mich damals mit Händen und Füßen auf dem Podium gewehrt habe, neben unseren vielen integrierten Einrichtungen nun auch noch Sterbehäuser zu gründen. Damals fingen wir gerade an, keine isolierten Pflegeheime mehr zu bauen, sondern wollten eine Versorgungsstruktur entfalten, die möglichst wohnortnah und dezentral ist, so dass jeder in vertrauter Umgebung alt werden und auch sterben kann. Damals haben wir begonnen, Altenheime und Kindertagesstätten miteinander zu kombinieren, ein Prinzip, das die Bremer Heimstiftung inzwischen ohne Ausnahme durchhält. Wir diskutierten den Notfallknopf am Bett, betreutes Wohnen, Alten-WGs und kleine Pflege-Einheiten. Das Konzept eines Hospizes passte nicht dazu – aus meiner damaligen Sicht. Wir wollten das Sterben nicht isolieren, wir wollten das Sterben nicht dadurch stigmatisieren, dass der Sterbende eigens ein spezielles Haus dafür aufsuchen muss. Heute denke ich ganz anders darüber. Ich habe während dieser langen Zeit gelernt, dass gerade die ambulante Hospizarbeit es vielen Familien möglich macht, mit ihren Sterbenden zu leben. Und ich habe gelernt, dass stationäre Hospize ein Segen für jene sind, bei denen eine Pflege zuhause nicht möglich ist – sei es, weil der Platz nicht vorhanden ist, sei es, weil die Familie weit weg oder aber schlicht nicht mehr vorhanden ist. Und Hospize bieten Unterstützung für jene Familien, die bei der Pflege ihrer todkranken oder sterbenden Angehörigen eine Verschnaufpause brauchen. Im Grunde ist das stationäre Hospiz der Versuch, in einer individualisierten Gesellschaft wieder eine Art familiären Schutzraum für das Sterben herzustellen. Und die ambulante Hospizarbeit übernimmt Aufgaben im Haus des Sterbenden, die früher von der Dorfgemeinschaft ganz selbstverständlich übernommen wurden: Kochen für die Angehörigen, die Hand des Sterbenden halten oder für Gespräche da sein.

So kam ich mit dem Hospiz Löwenherz in Syke, woher meine Frau stammt, in Kontakt. Es ist eines der ersten Kinderhospize in Deutschland, und ich bin froh, dass ich zu seinem Unterstützerkreis gehören darf. Durch meine Besuche dort habe ich erlebt, dass dieses Haus eine große Hilfe für eine Familie ist, die ein sterbendes Kind hat. Dort können sie zusammenbleiben, von einem Pflegeteam und Ärzten umsorgt, und können das verbleibende gemeinsame Leben gestalten. Schaffen wir es noch hinaus in den Wald? Schaffen wir es noch zu den Tieren nebenan? Schaffen wir es noch, Musik zu machen, zu malen oder zu basteln? Es klingt pathetisch, aber dieses Haus – offiziell ein Sterbehaus – ist, wenn man genau hinsieht, ein Lebehaus. Ein Haus, das ein sterbendes Kind und seine Familie aufnimmt, ein Ort, an dem das Sterben angenommen werden kann. Und so etwas habe ich inzwischen auch in anderen

Einrichtungen, in Hospizen für Erwachsene, erlebt, die übrigens Hand in Hand mit Palliativmedizinern arbeiten. Das sind Ärzte, die es mit ihrer Kompetenz und ihrem Schmerzmittel- und Therapieangebot ermöglichen, dass die Sterbenden und ihre Angehörigen noch Tage, Wochen, Monate erleben, die kostbar und nicht von Qualen überschattet sind. Und darum bin ich inzwischen ein Anhänger der Hospizbewegung. Beim 20-jährigen Jubiläum des Deutschen Hospiz- und Palliativverbandes habe ich in Berlin die Festrede gehalten und den vielen Freiwilligen dieser Bewegung aufrichtig gedankt – und mich im Stillen ein wenig dafür geschämt, dass ich ihren Anfängen so misstrauisch begegnet bin.

Im Begleiten etwas für sich selbst tun

Ich habe von der Hospizbewegung auch viel für mein eigenes Leben gelernt. Unsere Hausgemeinschaft ist natürlich auch deswegen entstanden, weil wir uns unter Freunden überlegt haben, wer uns wohl beisteht, wenn wir alt und gebrechlich werden und es ans Sterben geht. Seit fast dreißig Jahren leben wir nun zusammen, und die ersten von uns sind bereits gestorben. Diese Struktur hat sich in dieser schweren Zeit bewährt. Als unsere Freundin Rosemarie starb und bald darauf ihr Sohn, hat das unsere Hausgemeinschaft nicht auseinandergebracht. Im Gegenteil: Wir sind über die Pflege dieser beiden und über die letzten Wochen und Tage mit ihnen noch einmal stärker zusammengewachsen. Wir wissen jetzt, dass wir im Ernstfall füreinander da sind. Wir schaffen das. Aus dieser Erfahrung heraus fordere ich die Zuhörer bei meinen Veranstaltungen immer wieder auf, sich rechtzeitig eine umsichtige Struktur zu schaffen, in der sie bis ins hohe Alter und bis zum Tod zusammen mit anderen leben können. Wer nicht allein sterben will, darf nicht allein leben.

Als unsere Freundin starb, haben wir uns selbst um ihre Pflege gekümmert. Und als ihr Sohn starb, kamen seine Freunde ins Haus, um sich um ihn zu kümmern. Wir mussten daher bei beiden keinen Hospizdienst in Anspruch nehmen. Dies allerdings auch deshalb, weil wir hospizerfahrene Freunde haben: Freunde, die Zivildienst im Pflegeheim geleistet hatten, Freunde, die Ärzte geworden sind, wie unsere Tochter Karoline oder der Sohn unserer Freunde im Haus. Und Annelie, Mit-Autorin dieses Buches. Rosemaries Sohn hatte bei ihr Palliative Care studiert, und als Annelie erfahren hat, dass er sterben musste, war sie da – mit ihrer ganzen Kompetenz und mit ihrer ganzen Mitmenschlichkeit. Ich habe sie fast täglich bei ihm gesehen. Ich habe auch mitbekommen, dass er mit ihr über sein Sterben reden konnte – mit anderen nicht.

Es gab also zum Glück für die beiden und für uns einen großen Bekanntenkreis, zu dem auch viele Leute gehörten, die wussten, was sie taten und was zu tun war. Und wir anderen, wir Amateure, wir haben mitgemacht, so gut wir das konnten – und sei es, indem wir die Gardinen beiseite zogen, damit ein bisschen Licht und Sonne in das Sterbezimmer kam, indem wir das Kissen neu bezogen, den trockenen Mund feucht auswischten oder uns still ans Bett setzten.

Dies ist der Punkt, auf den ich hinauswill: Einen Sterbenden begleiten – das geht. Dazu muss man nicht Medizin studiert oder Krankenpflege gelernt haben. Es ist gut, dass es die Profis gibt, die Schmerzen nehmen und bei der Pflege helfen können. Dass die Palliativmedizin dringend stärker ausgebaut werden muss, vor allem auch auf dem Land, und dass wir viel mehr Hausärzte brauchen, die palliativmedizinisch ausgebildet sind, ist gar keine Frage. Aber ich wünsche mir, dass wir aus der Hospizarbeit nicht wieder nur eine professionelle Dienstleistung machen. Nein, ein Stück weit können wir das alle. Die Menschen vor uns konnten es ja auch schon, und das unter sehr viel schlechteren Bedingungen – ohne ärztlichen Beistand, ohne Pflegebeistand, in kalten, feuchten Wohnungen. Ich plädiere dafür, dass jeder auf seine Weise versucht, einen Teil dazu beizutragen. Nicht immer gleich sagen, da muss der Doktor her, da muss der Pflegedienst her. Nicht gleich nach der Grünen Dame rufen, die dann kommt und den Besuch für mich erledigt. Ich möchte nicht missverstanden werden: Es ist wunderbar, dass es die Grünen Damen für die einsamen Patienten in Krankenhäusern gibt und die ehrenamtlichen Hospizhelfer für die Sterbenden. Aber es gibt eben auch uns. Und einen Angehörigen oder Freund kann kein noch so professioneller Mitarbeiter für einen Sterbenden ersetzen. Dieses »Ich-wende-mich-dir-zu« müssen wir wieder lernen. Wir müssen lernen, es auszuhalten, dass es einem unserer Lieben nicht gut geht, und trotzdem nicht wegzurennen, sondern dazubleiben. Am liebsten würde ich es in unseren Verfassungskanon aufnehmen lassen – das Recht darauf, im Sterben nicht allein zu sein, und die Pflicht eines jeden, einen Sterbenden nicht alleinzulassen. Aber das kann man nicht einklagen: Man kann einem Säumigen in dieser Sache nicht den Gerichtsvollzieher schicken. Das muss man leben. Das müssen wir leben.

Ich kann aus eigener Erfahrung sagen, dass derjenige, der einen Sterbenden begleitet, auch etwas für sich selbst tut, für sein eigenes Leben. Dadurch, dass ich mich jemandem zuwende, der gerade mit dem Ende seines Lebens beschäftigt ist, lerne ich über diese Nähe und Erfahrung, dieses gemeinsame Nachdenken und Leben ganz viel über mich selbst. Ich erlebe dann auch meinen eigenen Alltag als aufgewertet – das ist dann nicht einfach nur die alte Stressmühle, die alte Dauerquälerei und immer dasselbe, sondern das hat etwas ganz Kostbares, etwas ganz Außerordentliches. Dass ich es geschafft habe, mit meinen beiden alten Freunden über ihr nahendes Sterben zu sprechen und zu besprechen, was getan werden muss, damit sie beide gut versorgt sind – das hat auch mir gutgetan. Es hat mir gutgetan, zu erfahren, dass man so etwas besprechen kann, und von ihnen zu lernen, was wichtig ist, wenn es bald soweit ist.

Jemand, der sich zumutet, einen Sterbenden zu begleiten, tut etwas für sein eigenes Leben. Viele meinen, sie müssten in eine Kur, in ein Wellness-Hotel fahren, um wieder zu sich zu kommen. Manche meinen, sie müssten sich betrinken, um das Elend zu vergessen, das ihnen täglich widerfährt. Und wieder andere meinen, sie müssten sich eine junge Frau suchen, um wieder richtig zu leben. Aber das alles ist lächerlich gegenüber der Erfahrung, mit jemandem vertraut zu sein, der am Ende seines Lebens ist, der mir sein Vertrauen entgegenbringt, mich daran teilnehmen lässt, wie er bedenkt, was ihm wichtig war, was vielleicht schiefgegangen ist, was gut gewesen ist, und der mich vielleicht bittet, anderen noch etwas Wichtiges zu sagen und ihn im Gedächtnis zu behalten. Das ist eine große Lebenserfahrung. Und die kann man nur machen, wenn man sich traut, dabei zu sein.

Vielleicht können hier öffentliche Vorbilder helfen. Wie die Burda-Stiftung es geschafft hat, die Darmkrebsvorsorge bekannt zu machen, so könnte ich mir auch vorstellen, dass Prominente dafür werben, Sterbende zu begleiten. Franz Müntefering ist für mich so ein Beispiel. Er ist 2007 als Vizekanzler zurückgetreten und hat – ohne Pathos, ohne große Show – gesagt, er brauche jetzt Zeit für seine sterbende Frau. Das ist ihm hoch angerechnet worden. Es haben alle verstanden, dass er die Begleitung seiner krebskranken Frau nicht einfach aus der Hand gibt. Jetzt, wo das alles hinter ihm liegt, kann er darüber reden. Und er schildert diese Zeit als eine große Lebenserfahrung, die sein Leben gestärkt hat, durch die er stärker geworden ist, nicht schwächer.

Das Gemeinwohl fängt bei uns selber an

Die selbstbestimmte Gesellschaft bringt »die Gefahr einer letzten Trostlosigkeit und Belastung mit sich«, sagt der Soziologe Reimer Gronemeyer. »Denn ich bin jetzt auch noch für mein Sterben selbst verantwortlich. Dieses selbstbestimmte Leben hat die Schattenseite, dass uns auch nichts abgenommen wird.« Wer darüber nachdenkt, wie unser Sterben heute stattfindet, der kann zu dem Schluss kommen: Wir brauchen eine neue, eine menschlichere, eine sozialere Sterbekultur! Und viele von uns haben sich schon aufgemacht, bessere Wege zu suchen. Sie haben erkannt: Die Lösung liegt in erster Linie bei uns selbst. Wir müssen an unserer eigenen Haltung zum Sterben und zum Tod arbeiten – das können wir nicht anderen überlassen. Es geht nicht nur darum, den Bundestag die Sterbehilfe, die Palliativmedizin, die Unterbringung in Hospizen regeln zu lassen, sondern auch darum, wie wir uns selbst diesem

Thema stellen, wie wir mit dem Tod in unserem Alltag umgehen. Holen wir einen Sterbenden nach Hause oder überlassen wir ihn der Intensivmedizin? Schicken wir nur eine
Kondolenzkarte oder besuchen wir die Hinterbliebenen?
Und natürlich auch: Worin findet eine bunte Gesellschaft
wie die unsere Trost? Das Gemeinwohl fängt auch in dieser
Frage bei uns selbst an.

4 Der Abschied vom Leben als biografische Herausforderung

Annelie Keil

Leben ist das Abenteuer, das nie endet, aber jeden Morgen neu beginnt und überrascht. Und es ist tragfähig! Ausgestattet mit Händen und Füßen, Herz und Verstand, mit mindestens fünf Sinnen, hoffen Menschen, dass Leben auch Sinn hat und ihnen Halt gibt. Sie müssen herausfinden, wie sie atmen, liegen, sitzen, stehen und gehen, greifen und begreifen, hören, sehen, riechen, essen und trinken, denken, fühlen, handeln. Und sie müssen verstehen lernen, was ihr Leben braucht und von ihnen erwartet. Wir müssen auf brüchigem Boden Land gewinnen, erfahren aber gleichzeitig, wie stabil unser Leben mit der Zeit wird, wenn wir aus der Möglichkeit, zu leben, unser eigenes Leben machen. Bis zuletzt bleibt dies eine Herausforderung, die gelernt werden muss.

Liegen lernen

In der ärmlichen Hütte auf einer kleinen, einsamen chilenischen Insel, in der die 96-jährige Luisa seit über einem Jahr bettlägerig auf den Tod wartet, steht eigentlich nur ihr Bett. Sie schaut auf ein Kruzifix, auf einige Postkarten, die vom Leben draußen in der Welt erzählen, und auf ein Stück Himmel, das sich verlässlich hinter dem kleinen Fenster zeigt. Sehr viel mehr hat es auch vorher in ihrem

Leben nicht gegeben, aber es hat gereicht. Ihre Tochter und ein Neffe sind um sie besorgt und versuchen mit ihr zusammen unter schwierigsten Bedingungen zu überleben. Einmal im Monat kommt eine Krankenschwester aus der nächsten Stadt mit dem Boot, um sich nach Luisas Befinden zu erkundigen, ihren Blutdruck zu messen, nach Schmerzen zu fragen und ihr zu zeigen, dass sie nicht vergessen wird. Wenn sie gefragt wird, wie es ihr geht, sagt sie ganz einfach »gut«, lächelt zufrieden aus ihrem verrunzelten Gesicht, dreht sich auf die Seite und konzentriert sich wieder auf ihr Liegen. Erschöpft vom Leben ohne Komfort wartet sie geduldig auf den Tod. So könnte sie im Liegen auch noch 100 Jahre alt werden, sagt die Tochter ohne irgendeinen Unterton der Klage.

»Liegen lernen« lautet der Titel einer Reportage (Weser Kurier/Bremer Nachrichten, 1. Juni 2014) über eine 93 Jahre alte Frau, die fünf Jahre Bettlägerigkeit gemeistert hat und immer noch bei Lebenslaune und Lebenskraft ihren 100. Geburtstag in einem Altersheim anvisiert.

»Heidi residiert. Auf zwei Quadratmetern Pflegebett. Das Fenster steht offen, die Sonne scheint durch die Bäume hindurch auf die Biedermeierkommode aus dunklem Nussholz. Der Ton des Flachbildfernsehers ist schon von weit draußen auf dem Flur des Seniorenheims zu hören. Heidis Ohren haben nachgelassen. Sonst aber funktioniert der Kopf tadellos, soweit man das im Alter von 93 Jahren verlangen kann. ›Ich liege in weiße Linnen gehüllt, bekomme Essen ans Bett und ich werde morgens geduscht. Es ist paradiesisch‹, sagt sie, während sie mit ihren Händen in einer großen Geste auf ihre kleine Welt deutet. Dort liegt neben ihrer Bettdecke ein alter Gehstock. Ist ihr zu kalt, stößt sie damit das offene Fenster links von ihr zu. Vor ihr ragt das Tablett eines Beistelltisches über die Bettkante. Neben den Schnabeltassen, aus denen Heidi Tee, Saft und Kaffee trinkt, stehen die wichtigsten Utensilien, die sie für ihr Leben braucht: die Fernbedienung des Fernsehers, ein kleines Messerchen zum Öffnen von Briefen, eine kleine Lupe als Lesehilfe. Taschentücher, Feuchtigkeitscreme und eine kleine Flasche Eierlikör. Ein paar Zettel, ein Stift und Postkarten von den Enkeln. Sie denkt sich auf deren Reisen, in die Welt, die sie schon so lange kennt. Auf dem Tisch neben Heidi stehen frische Blumen, ihr verstorbener Ehemann schaut ihr aus zwei Bildern entgegen. Über ihr ragt ein Galgen ins Bett hinein, an dem sie sich festhalten kann. Mit ihren steifen Händen fällt ihr das schwer, aber es reicht, um das elektrische Bett mit der Fernbedienung auf- und abwärts zu fahren. ... Die Fernbedienung ist zwar nur ein kleines Detail – aber eines, das ihr Leben selbstbestimmter sein lässt.«

Die Kaufmannstochter wird in Cuxhaven groß, damals eine weltoffene Stadt, in deren Hafen Dampfer aus Amerika anlegen, sportlich und gut aussehende Marinesoldaten kommen und gehen. Heidi ist kein Kind von Traurigkeit. Nach dem Krieg heiratet sie einen jungen Arzt. Es ist die zweite Ehe nach der dritten Verlobung, und dass der Pfarrer sie nach einer Scheidung nicht ein weiteres Mal trauen wollte, findet sie verbohrt und kleinkariert. Der Mann tut ihr leid. »Leben und leben lassen«, das Sprichwort gefällt ihr, und sie handelt danach. »Leider denken zu viele, alles drehe sich nur um sie. Man darf sich selbst nicht zu wichtig nehmen.« Als junge Frau arbeitet Heidi in einem Laza-

rett in Hamburg. Sie ist 18 Jahre alt, als der Zweite Weltkrieg beginnt. Schwer verwundete Soldaten zu pflegen,
sich ihnen zu nähern und ihnen ein Gefühl von Schutz und
Aufgehobensein zu vermitteln, das funktioniert für Heidi
mit Charme und Witz. »Mir ist nichts fremd. Nackte Männer, nackte Frauen. Bei all den Nackedeis darfst du nicht
verklemmt sein.« Mit hoher Wahrscheinlichkeit profitiert
ihr derzeitiger Pfleger Lars, Mitte dreißig, von Heidis Le-
benshaltung. Als sie gelagert werden muss, wird sie ange-
hoben, und Lars zählt von drei runter: »3,2,1 und Hopp!« –
»Oh, ich werde abgeschleppt«, ruft Heidi heiter. »Wenigstens mal eine, die sich abschleppen lässt«, sagt Lars. Helfen
und sich helfen lassen können, eine der wichtigen Lektio-
nen im Prozess des Älterwerdens, wenn Hilfe nötig wird.
»Siehst du, Lars, wir zwei passen zusammen«, entgegnet
Heidi, und beide fühlen: So liegen sie in ihrem Miteinander
trotz vieler »Druckstellen« richtig.

Ein Badezimmersturz mit seinen Folgen hat ihren Lebens-
raum auf das Pflegebett begrenzt, in dem sie nun ihre Tage
und Nächte verbringt. Aus dem bisschen Gemeinschaft vor
ihrer Zimmertür ist sie heraus. Dort auf den Fluren gehen
viele betagte Damen mit Rollatoren mehr oder weniger be-
schwingt oder träge auf ihre kleinen täglichen Reiserouten.
In Heidis Wohnung kommen nur die Pfleger und die Angehörigen. Nachbarinnen kommen selten vorbei, allenfalls
wenn sie sich über die Lautstärke des Fernsehers beschweren wollen. Heidi hat viel Selbständigkeit abgeben müssen.
Sie muss sich waschen lassen, zur Toilette kann sie nicht
mehr gehen. Am Bettrand hängt versteckt der Beutel eines
Katheters. Das Fenster steht auch deshalb offen, um gute
Luft ins Zimmer zu lassen. Wegen ihres Dekubitus muss

sie regelmäßig gelagert werden. Auch Heidi musste sich an all das gewöhnen, was das Leben von ihr verlangte. Sie muss über sich ergehen lassen, was sie eigentlich nicht wollte. Aber: »Nach dem Wollen geht es ja nicht«, sagt Heidi. Wer hadere, sei selbst schuld. »Wir leben doch alle nur einmal. Da muss man einfach das Gute herauskitzeln.«

Heidi will ihr »Altsein« nicht nur aushalten, sie will noch älter werden! Auch dank des Morphiums. »Ich habe keine Schmerzen, was soll ich mehr wollen?«

»Sei was du bist, gib was du hast.« Heidi versucht, wie bisher in ihrem Leben, so auch nach dem Sturz im Badezimmer, der ihr viel an Selbständigkeit nahm, herauszufinden, wer sie ist und zu geben, was sie hat. Um das aber zu finden, muss sie »neu« werden und »umlernen«. Im Leben als junge Krankenschwester, als Ehefrau, mit heilen Knochen und ohne Schmerzen unterwegs zu sein, verlangt dem Menschen etwas anderes ab als am Lebensort »Pflegebett« in irgendeinem Altenheim den langsamen Abschied zu leben und dennoch bei sich zu bleiben. »Alles eine Frage der Einstellung«, sagt Heidi und trifft den berühmten Nagel auf den Kopf.

Wolfgang Bergmann hat in der Zeit, in der sich das Lebensende akut abzeichnete, auf der Palliativstation ein Buch geschrieben: »Sterben lernen« (München: Kösel 2011). Zum Liegen gezwungen, schreibt er über die Frage der Einstellung: »Ich nahm die mögliche Klage um mich und mein Leben in mir auf ... und formte sie zur Sprache. Zum Klang einer bewussten Sprache. Dann suchte ich andere Ausdrucksformen des Nicht-Aussagbaren und kehrte zur Sprache zurück: In ihr flimmert mehr, als sie sagt, in ihr tönt Feineres und Höheres wie in einem Chorgesang. Was ertrage ich? Wie werde ich sie bestehen, diese Hungerstunden des nahen Sterbens? Je klarer die Konfrontation mit diesem Tod ist, ich akzeptiere ihn nicht. Es gibt keine Versöhnung mit ihm, nur das trostlose Widerstehen: Du da, hämmernde Qual – ich will dich nicht. Und dann dröhnt es noch lauter, vielleicht sogar stimmlos, aber ich höre es trotzdem, es poltert und schlägt, schmerzhaft hämmert es in meinem Kopf: Es gibt kein Entkommen. Jetzt bitte kein Trost«. So schreibt er in sein Abschiedsbuch.

Das Buch vom Leben und Sterben, »Ars moriendi« und »Ars vivendi«

Leben will gelernt sein! Jeder Mensch hat auf diese Weise unter den biologischen und anderen Bedingungen sein Leben erfunden, entwickelt und gelebt. Das reflektierte Protokoll dieses Lebens liegt als Biografie vor. Auch das letzte Kapitel, das Lebensende, will nun gelernt und geschrieben werden: ob bewusst erlebt wie bei Heidi, die am roten Faden ihres Denkens und Fühlens aktiv mitgestaltet und Bilanz zieht, oder indem ein Mensch wie Luisa mehr oder weniger still ins Sterben hinübergleitet, oder indem er wie Wolfgang Bergmann ein Buch schreibt. Alle haben von ihrem jeweiligen Leben gelernt. Einstellung und Gangart sind offen. Sterben ist eine höchst intime Angelegenheit. Es ist kurz vor dem Ende des Lebens eine letzte Konfrontation mit sich selbst und dem bis dahin gelebten Leben. Im Angesicht des Todes Mensch sein heißt ganz auf sich selbst geworfen zu sein. Nichts muss beschönigt, nichts verworfen werden. Alles ist wie es ist. Der Tod ist das Ende des Lebens, das Sterben gehört noch zum Leben und vollzieht den Übergang deshalb mittendrin. Körper, Geist und Seele müssen bis zuletzt tun und lernen, was ihnen aufgegeben und als Besonderheit, beispielsweise durch eine Krankheit, zugemutet wird. Oft können Menschen nur schwer oder gar nicht eher gehen, bis alles erledigt ist. Sie wollen mit sich und der Welt ins Reine kommen und haben ihre höchst subjektive Prioritätenliste. Ein sterbender Mann, Mitte 60, schaut von seinem Pflegebett im Wohnzimmer auf die Terrasse, die unfertig und noch im Bau auf ihre Vollendung wartet. Tag und Nacht will der Sterbende in seiner Unruhe immer wieder zum Baumarkt, um fertigzustellen, was er mit so großer Freude angefangen hat. Der nahende Tod hat einen Strich durch seine Rechnung gemacht. Die Frage, ob und wie der Abschied für den Einzelnen zu leben und auszuhalten ist, erlaubt keine allgemeine Antwort. Nur eines ist sicher: Der Satz »Ohne mich geht es nicht!« gilt vom ersten bis zum letzten Atemzug und verleiht dem Leben dazwischen Flügel. Am Lebensende geht es also um den Abschied von einem »beflügelten Leben«, dem eigenen wie dem, das der Mensch zusammen mit anderen geführt hat. Menschen, die gehen, sind keine leeren Blätter, die der Wind spurlos verweht, sondern beschriebene Blätter, die die Spuren der Erinnerungen tragen und Seile der Verbindung spannen.

»Die Friedhöfe liegen voller Menschen, ohne die die Welt nicht leben konnte«, heißt es in Irland. Auch für sie war das Leben bis zuletzt ein Weg durch die Fremde. Aber indem Menschen leben und sterben, lernen sie sich und die beiden Seiten des Lebens kennen. So entstand auf bekannten, unbekannten, einsamen und gemeinsamen Wegen, auf gebahnten Wegen mit Stolpersteinen oder in verachteten

Sackgassen und Einbahnstraßen ein demografischer Reichtum, der bis zum Lebensende von erfolgreicher Arbeit, gelungenen Beziehungen, vom »guten Leben« und »gutem Sterben« erzählt und auch die Erfahrung des Misslingens, der Niederlagen und der Enttäuschungen im Gepäck hat. Die Verstorbenen hinterlassen der Welt die Ergebnisse ihrer Lebenskunst, haben Spuren gelegt, auf denen es sich lohnt weiterzugehen.

Verzweifelt und voller Leidenschaft schreibt der erfolgreiche und geachtete Kinder- und Jugendtherapeut Wolfgang Bergmann in seinem Abschiedsbuch vom Leben: »Nein, ich will dich nicht, nicht sterben, will nicht vergehen, in mir glüht noch so viel Lust auf Leben, auf die Kinder in meiner Praxis mit ihrem unermüdlichen Vertrauen, die besorgten Eltern, die ihre Kinder eigentlich trösten sollten und selbst so viel Trost brauchen, aber auch auf die neblig verhangenen Silberfäden, die durch die Zweige eines uralten Baumes direkt vor meinem Fenster flattern ... Auf all das habe ich Lust, drängende Lust – und nun all das nie wieder? Kann das denn möglich sein?« (W. Bergmann: Sterben lernen, München: Kösel 2011)

Das Sterben mischt sich in alle Facetten des noch atmenden Lebens ein, verlangt von der bisherigen Lebens-Kunst nun die Kunst, loszulassen und sterben zu können. Nicht immer erkennbar tragen tief im Untergrund noch immer Hoffnung, Lebensfreude, Lebensangst und die Liebe zum Leben einen Kampf um die Gunst der letzten Stunden aus. Ob Erfüllung, Zufriedenheit, Stolz, Selbstbestimmung, Müdigkeit, Erschöpfung, Enttäuschung oder heiliger Zorn das Ende begleiten, immer lässt sich im Rückblick ein Hinweis dafür finden, wie bedeutungsvoll das »gelebte wie das ungelebte« Leben für das Schlusslied sind. »Nicht lebensmüde, sondern lebenssatt will ich am Lebensende sein und vor allem noch neugierig darauf, was im Übergang vom Leben zum Tod geschieht und was danach kommt.« Das hat Stéphane Hessel, der französische Résistance-Kämpfer, Überlebende des Konzentrationslagers Buchenwald, Diplomat und politische Aktivist in seinem letzten Interview mit 95 Jahren über die Bereitschaft gesagt, zwar mit letzter Kraft, aber dennoch lebendig zu sterben.

Viele Menschen erleben in der Begegnung mit Sterbenden den Tod als ein Mysterium. Sabine Saalfrank, die Mitbegründerin einer Hospizgruppe, beschrieb das so: »Es ist etwas Wunderhaftes, was Menschen in dieser letzten Phase erleben und auch geben – der Tod ist eine Majestät. Die Majestät Tod betritt den Raum und man hat ihr zu folgen.« (Sabine Saalfrank: Innehalten ist Zeitgewinn. Praxishilfe zu einer achtsamen Sterbekultur, Freiburg: Lambertus 2009)

Als sterbendes Individuum ist der Mensch mit seinem diesseitigen Bewusstsein völlig allein. Die Grenzen zum Land der Lebenden schließen sich schrittweise. Menschen suchen geistige und sinnstiftende Hilfe, und viele versuchen diese in ihrem religiösen Glauben oder in ihren spirituellen Überzeugungen zu finden, um sich in der Erfahrung der existenziellen Einsamkeit und der Angst vor der endgültigen Auflösung getröstet, behütet oder beschützt zu fühlen. Die mittelalterliche Ars moriendi wollte die »Kunst des Sterbens« lehren, und implizit ging es dabei immer auch um die »Kunst zu leben«, denn die Gewissheit des Todes begleitet den Menschen durch das Leben. So gehörte es im Mittelalter in den Wirren von Kriegen und Seuchen wie der Pest zur christlichen Nächstenliebe, Kranke nicht nur körperlich, sondern Sterbenden auch in Bezug auf ihr Seelenheil beizustehen, ihnen die Angst zu nehmen, Beistand und Geleit und den Reisenden Zuflucht in Hospizen und Klöstern zu gewähren.

Zeitlose Fragen

Viele Kulturen betrachten den Tod nicht als absolutes Ende der menschlichen Existenz, sondern glauben, dass das Bewusstsein in irgendeiner Form über den Punkt des physiologischen Endes hinaus fortdauert. Das ägyptische, islamische, buddhistische Totenbuch, die Lehren und Bücher des Judentums und der Christen, Traktate über den Tod wie der von Hildegard von Bingen (1098–1179) oder Luthers »Sermon von der Bereitung des Sterben«, aber auch Mythen, mythologische Systeme mit ihren Landkarten zu den Unterwelten und viele andere alten Schriften wollen dem Sterbenden die Transformation und den »Übergang« in das Reich der Toten erleichtern. Immer geht es um Besinnung und darin auch um das Nachdenken über das, was wir nicht wissen, das aber dem Tod folgt. Als Wolfgang Bergmann die Diagnose »Metastasierungen im gesamten Körperskelett, unheilbar« erfährt, schreibt er: »Kursierende Fragen um die ausgebliebene Antwort: Was erwartet mich noch? Sie ist schnell gegeben: nichts. Das Nichts. Aber das ist nicht die ganze Wahrheit, bei Weitem nicht. Meine Krebsinformation ... birgt ein Geheimnis. Das Geheimnis des Welträtsels: der Geburt und des Sterbens. Und beide sind unsäglich, sie gehen jeder Erfahrbarkeit voraus. Solches Wissen, das sich um sich selber dreht, das kann man nicht mehr wegstoßen. Es ist innerster, unumgänglicher Seeleninhalt bis zum realen Tod hin.« (W. Bergmann: Sterben lernen, München: Kösel 2011)

Sabine Saalfrank hat in ihrem erwähnten Buch »Innehalten« einen einleuchtenden Vergleich zwischen Hildegard von Bingens Beschreibung der Seelennot des Sterbenden durch spezifische Anfechtungen und dem Modell der fünf Phasen im Sterbeprozess von Elisabeth Kübler-Ross gezogen. Während Kübler-Ross den emotionalen Kampf, der angesichts des Todes aufbrechen kann, als einen Prozess der Phasen von Leugnung – Zorn – Verhandeln – Depression zu verstehen versucht, stellt Hildegard von Bingen die christliche Lehre der »Ars moriendi« als Trost und Mahnung dar, sich auf den Glauben und die Barmherzigkeit Jesu zu besinnen, und sie beschreibt den Seelenkampf des Sterbenden ebenfalls als einen Prozess, in dem Szenen der Versuchung und Szenen des Trostes ineinandergreifen und miteinander ringen:

- der *Zweifel* streitet mit dem Gelassenheit schenkenden *Glauben.* »*Vor einem festen Glauben fliehen die drohenden Dämonen der Angst. Um das Bett des Sterbenden versammeln sich Schutz gewährend Engel und Heilige.*
- Verzweiflung *angesichts eigener Schuld im Leben kämpft gegen die beruhigende* Hoffnung auf Vergebung *im Sterben ... Hoffnung ist die Führerin zum Himmel.*
- *Gegen* Ungeduld *mit dem eigenen Leiden und den Pflegern soll die* Ermahnung zur Geduld *helfen: Geduldiges Annehmen der Krankheit als Läuterung ... Übel, die uns hier bestrafen, treiben uns an, zu Gott zu gehen. (Augustinus)*

- Selbstgefälligkeit, Überheblichkeit, *geistlicher Hochmut oder Stolz auf eitlen Ruhm in Bezug auf die eigene persönliche Leistung gelten in dieser Lage als Anfechtungen durch den Teufel ... Wenn der Mensch sich selbst rechtfertigt und sich etwas auf seine eigene Gerechtigkeit einbildet, stürzt er nieder (Augustinus). Im Angesicht des Todes ist* Demut *angebracht.*
- *Die fünfte Versuchung ist die* Habsucht. *Sie besteht aus einer allzu großen Beschäftigung mit vergänglichen und äußerlichen Angelegenheiten, so mit Ehefrauen, weltlich gesinnten Freunden, materiellem Reichtum und anderen Dingen, denen sie im Leben einen allzu hohen Wert beigemessen haben. Die gute Inspiration dagegen ist die* Aufforderung zu Loslassen und Freigiebigkeit.

Die Fragen, die in der »Ars moriendi« des Mittelalters als Teil der Kunst des Lebens aufgeworfen werden, sind in gewisser Weise zeitlos und mahnen nicht nur den Christen, sondern jeden Menschen, über Leben und Tod nachzudenken. Sie stellen auch uns die Frage, wie sich der endgültige Abschied am Lebensende mit dem bisherigen Leben verbindet. Für eine Kultur der Menschlichkeit am Lebensende kann es nicht schaden, schon im Leben daran zu denken, dass man sterben muss, und sein Handeln dementsprechend zu planen; darauf zu achten, dass man im Geist der Liebe und der »Ehrfurcht vor dem Leben« handelt, Gutes tut und sich seiner Unzulänglichkeiten, Gleichgültigkeit und Bequemlichkeit bewusst wird; sich mit dem Elend in der Welt auseinanderzusetzen und sich seiner eigenen Anteile bewusst zu werden, denn: »Ich bin Leben, das leben will, inmitten von Leben, das leben will.« (Albert Schweitzer)

Auch Menschen, die sich als modern und vor allem als nicht religiös bezeichnen, nehmen in existenziell wichtigen Lebenssituationen wie Geburt, Hochzeit oder dem Tod ihrer Angehörigen, Freunde oder Kollegen an Zeremonien teil, die auf andere Wirklichkeiten, Religionen oder Glaubenswelten verweisen. Manche Hinterbliebenen erfinden ihre eigenen Rituale. Der interreligiöse Dialog ist längst in die Kultur einer achtsamen Sterbebegleitung eingezogen. Und wo Kirchen und Religionsgemeinschaften an Bedeutung verloren haben, übernimmt das moderne Bestattungswesen kulturelle Aufgaben. Trauerakademien wurden oder werden veranstaltet, und es gibt »Tage des Friedhofs«, an denen Menschen sich damit auseinandersetzen, wie sie nach welchen Riten, mit welchen Liedern, Symbolen oder Texten verabschiedet werden wollen. Für viele Menschen ist es tröstlich, Vorstellungen über das zu entwickeln, was nach dem Sterben kommt. Und noch tröstlicher sind Glaube und Hoffnung auf eine menschliche Sterbebegleitung. Darauf wird noch vertiefend einzugehen sein.

Die Kunst zu sterben bleibt dem Leben verbunden. Sterben und Tod gehören zum Leben, und ihr Platz ist nicht am Rande, sondern in der Mitte der Gesellschaft. Der Geist und die Praxis der Hospizbewegung könnte zu einer hilfreichen Initialzündung für eine menschenwürdige Bildung in Familie, Schule und Gesellschaft werden, die uns besser verstehen hilft, worum es im menschlichen Leben wirklich geht. Für den zu lebenden Abschied jedes einzelnen Menschen bleibt die herausfordernde Hoffnung, den Umgang mit dem Stachel des Todes lernen zu können und mit dem Nachdenken darüber rechtzeitig zu beginnen. Um mit der eigenen Menschlichkeit ins Reine zu kommen, muss man sich selbst ins Auge schauen können, das lehren nicht nur die Buddhisten. Die Voraussetzung für ein »gutes Sterben« ist ein »gutes Leben«, was immer das für einen einzelnen Menschen im Rückblick bedeuten mag und mit welchen Stolpersteinen es in der eigenen Lebensgeschichte versehen gewesen sein mag. Der wichtigste Gradmesser ist dabei das subjektive Lebensgefühl, sich zwischen den Grenzen und Möglichkeiten aufrecht bemüht zu haben, ohne zu wissen, ob und wie diese Mühen am Lebensende Ernte tragen oder durch den nahenden Tod radikal ins Wanken geraten.

Die Kunst, im eigenen Leben älter zu werden und es zu verstehen

Menschen haben auf die eine oder andere Weise immer darüber nachgedacht, wie sie ihr Leben mit all seinen Chancen und Unwägbarkeiten meistern können. Wie lebt das Leben und was braucht es? Wo sind jenseits der Tatsache seiner Endlichkeit und Begrenztheit Potenziale und Möglichkeiten erkennbar, die es zu entwickeln und zu nutzen gilt? Was muss gelernt werden, um der Einmaligkeit und Originalität des eigenen Lebens zu begegnen und gleichzeitig die Universalität des Lebendigen, seine Vernetzung und Eingebundenheit nicht aus den Augen zu verlieren? Älterwerden und alt geworden zu sein bedeutet, eine Entwicklung hinter sich zu haben, die auch für den Hochbetagten noch nicht abgeschlossen ist, wenn er auf sein Ende zugeht. Das Sterben ist die letzte Lebensetappe. Und jede Stufe auf dem Weg zum Lebensende formt den Menschen weiter. Menschliche Identität bleibt auch am

Lebensende eine lebendige Identität, verändert im Werden ihre Perspektive, kehrt mit dem erinnernden Blick zurück in alte Heimaten und trainiert die wache Anwesenheit wie einen Muskel, der müde geworden ist.

Wir wissen nicht, was uns als alte und hochbetagte Menschen erwartet, und kennen die spezifischen Aufgaben nicht, mit denen das begrenzte Leben auf angemessene Weise noch gelingen kann und würdig enden soll. Wem das unbekannte Abenteuer des Lebens bis dahin auf eine bestimmte Weise gelungen ist, nämlich im aufrechten Gang niemanden zu schädigen und zufrieden und glücklich seine Bahn zu ziehen, den nennen wir gewöhnlich einen Lebenskünstler. Die Kunst, das eigene Leben selbstbestimmt und authentisch zu leben, bedeutet: in Lebenskrisen und unterschiedlichen Lebenslagen das eigene Leben konkret zu gestalten, zu sichern, sich zu orientieren, nach Befriedigung zu suchen, um das eigene Lebensglück zu ringen und dabei auch das gemeinschaftliche Zusammenleben im Blick zu haben. Leben ist ein schwieriger Auftrag, eine komplexe Aufgabe, die weder leicht noch selbstverständlich und schon gar nicht zu aller Zufriedenheit zu lösen ist. In der Alternsforschung wird »die Aufrechterhaltung einer positiven, wenn nicht sogar optimistischen Lebenseinstellung und Zukunftsperspektive trotz gegebener Einschränkungen und Belastungen« zum einen als Merkmal psychischer Widerstandsfähigkeit (Resilienz), zum anderen als humanes Potenzial für unsere Gesellschaft gedeutet (vgl. Andreas Kruse: Resilienz bis ins hohe Alter, Wiesbaden: Springer 2015). Wie kann der Mensch im Abschied sich an das erinnern, was ihm im Leben gelang, und lernen, was er zur eigenen Freude auch bis zuletzt sein möchte: relativ zufrieden, positiv denkend, seelisch stark und irgendwie auch noch der Gemeinschaft verbunden zu sein? Ganz offensichtlich geht es in der biografischen Herausforderung bis zum Lebensende darum, ein Mensch zu sein, der über die Kunst und die Fähigkeit verfügt, das jeweils Bestmögliche aus seinem Leben zu machen, diesem die schönen, sprich erfreulichen, vor allem die möglichen Seiten abzugewinnen und dabei auf jene kleinen Dinge zu achten, die das »stille Glück« ausmachen und das Leben meistens unerkannt begleiten, ohne eigentlich wertgeschätzt zu werden. Genussfähigkeit, Leichtigkeit (des Seins), auch Bescheidenheit, Demut und eine spezifische Form der Selbstverständlichkeit scheinen das gute, als gelungen wahrgenommene Leben wie eine Art Schutzschild zu begleiten. Der Lebenskünstler verfeinert und optimiert sein Leben mittels seiner Einstellungen zu ihm und erreicht auf diese Weise eine besondere Lebensqualität, die nicht in jedem Augenblick unter äußerster Anstrengung erkämpft werden muss.

Zu schön, um wahr zu sein? Und dazu noch ein Leitbild für die Leidensbilder, die wir inzwischen nicht nur von den alten Menschen entwickelt haben, die als demografische Welle auf die anderen Generationen zurollen? Wir müssen die Störfaktoren anschauen, die vielen Menschen Genussfähigkeit, Leichtigkeit oder die Bescheidenheit im Zugang zum Glück der kleinen Dinge versperren. Dass das Leben zunächst schlicht gelebt und dabei unter den jeweiligen historischen, gesellschaftlichen Bedingungen vielfach einfach überlebt werden muss, ist klar. Es wird gegenwärtig auch für die höheren Lebensalter noch bedeutsamer, schon deshalb, weil nicht alles, was Menschen für ihren

Lebensabend und ihre Alterssicherheit zu schaffen in der Lage waren, problemlos verfügbar bleiben wird. Nicht nur die Vorstellung von einer »sicheren Rente«, sondern auch andere schöne Erwartungen an das Leben nach der Erwerbsarbeit haben sich für viele Menschen zerschlagen und so manche Enttäuschung zementiert. Wer atmen muss, braucht die Luft zum Atmen, aber der Zugang zu frischer Luft durch Urlaub, Spaziergänge im Grünen, Radfahren, am Wasser sitzen, im Garten arbeiten kann im Alter Mangelware werden. Nicht einmal eine Grundvoraussetzung, bezahlbarer Wohnraum, ist für viele gegeben. Für manchen alten Menschen, der seit Jahrzehnten gern in seinem Haus wohnt, stellt sich plötzlich die Frage, ob man dort auch versorgt und gepflegt werden kann? Wer krank wird und medizinische Hilfe braucht, muss einen Zugang zum Gesundheitssystem haben. Aber wie ist die konkrete medizinische Versorgungslandschaft, und wie ist die Freizeitgesellschaft auf hochbetagte und sterbende Menschen eingestellt? Wer in Altersarmut gerät, muss lernen, mit weniger auszukommen. Wer nach dem Tod des Partners allein zurückbleibt, muss sich darum kümmern, wie seine sozialen Netze aussehen und aktiviert werden können oder ob er ganz für sich bleiben will. Das »gute Leben« ist eine relative Größe und verlangt kontinuierliche Überprüfung. So auch das »gute Sterben«. Wir werden nicht als »Lebenskünstler« geboren, aber wir können es unter ganz verschiedenen Umständen werden. Ein Leben an oder unter dem Existenzminimum macht es schwieriger, im Leben wie im Abschied vom Leben der biografischen Herausforderung nachzukommen.

Abschied leben lernen ist mehr als Überlebenskunst

Die Lebenskunst besteht aber nicht nur aus Überlebenskunst, wenngleich das Überleben für viele alte Menschen mit kleinen Renten am Existenzminimum schon eine hohe Kunst ist. Menschen wollen ihr Leben genießen, Zufriedenheit und Glück spüren, sich entspannen, es sich bei Reisen und in der Freizeit gut gehen lassen. Dennoch steht die Genuss-Seite im »praktischen Alltagsleben« nicht unbedingt im Vordergrund, auch wenn Genuss und Sinnesfreuden den Lebensalltag selbst unter schwierigsten Bedingungen immer wieder durchziehen. Haustiere oder der Besuch von Hunden im Altersheim, die Sonnenstunde auf der Parkbank, die unerwartete Einladung zu einem Essen, die kleine Busreise, die man trotz großer Bedenken gemacht hat, das Schnäppchen im Supermarkt, die großzügige Zeit, die sich der Arzt für eine Patientin nimmt: Das sind Beispiele für die kleinen »Alltagsgenüsse« und eine Praxis von Lebenskunst, die gerade bei älteren Menschen die Liebe zum Leben immer wieder stärken können.

Lebenskunst ist besonders im Alter, nachdem die Kinder das Haus verlassen haben, der aktive Ruhestand erreicht ist, viele Dinge erledigt sind oder sich nicht mehr ändern lassen, eine Art Innehalten mit Zeit-, Erkenntnis- und Lustgewinn, bei dem es wesentlich auf die Menschen selbst ankommt. Diese Lebenskunst fragt primär nicht nach dem, was ist, also nach dem Faktischen, sondern über das nackte Leben hinaus nach der Bedeutung, die das konkrete Leben für einen Menschen gehabt hat und hat. Was ist gelungen? Was hat sich erfüllt? Welche Bedürfnisse und Wünsche konnten befriedigt werden? Was im bisher gelebten Leben war für einen Menschen sinnlich und sinnstiftend und könnte bis ins hohe Alter Lust auf das Leben – und nicht nur Angst vor dem Tod – erzeugen? Was erscheint misslungen, enttäuschend oder dauerhaft als Kränkung? Zur Lebenskunst gehören das Nachdenken und die selbstkritische Reflexion angesichts der Lebenswirklichkeit und der Lebensgeschichte der Menschen. Die Lebenskunst darf vor den Schatten des Lebens und dem Lebensende nicht zurückweichen und sollte erkennen, dass der beste Lebenskünstler auch scheitern kann. Eingebunden in den lebenslangen Prozess des Wandels, der allem Lebendigen zugrunde liegt, geht die Lebenskunst nicht in der Kausalität eines »richtigen Lebens« auf. Und sie kann sich schon gar nicht von der schmalen Kost der Lebensratgeber auf dem Buchmarkt und in den Medien ernähren.

Leben verlangt Kreativität und basiert auf der »Autopoiesis«, der Fähigkeit zur Selbstgestaltung, Selbstorganisation und zur Selbstbestimmung. Als »Autopoiesis« haben die chilenischen Biologen Humberto Maturana und Francisco Varela die Fähigkeit des Lebendigen bezeichnet, in jedem Augenblick über sich hinauszuwachsen und die Grenzen zu sprengen, die sich der Entwicklung entgegenstellen. Das gilt auch für den Sterbenden, der seine prognostizierte Sterbestunde überdauert, weil er auf die Geburt seines Enkels wartet. Es gilt für die demente alte Dame, die das Rezept ihrer Lieblingsspeise im Hospiz mit schwerer Zunge der Nachwelt überliefern will, oder für den alten Mann, der kurz vor dem letzten Atemzug einen Erbstreit beendet und seinen Bruder um Verzeihung bittet. In diesem Sinn hat die Kunst zu leben, die Ars vivendi, ebenso wie die Ars moriendi, die Kunst zu sterben, eine gemeinsame politische Dimension. Beide müssen, wie der empathische Altersforscher Andreas Kruse sagt, als humanes Potenzial für unsere Gesellschaft und eine Kultur der Menschlichkeit am Lebensende gedeutet, aber vor allem faktisch in Anspruch genommen werden.

Eine Sprache finden, die Nähe ermöglicht

»Dass wir miteinander reden, macht uns zu Menschen.« Diesen Satz hat uns der Philosoph Karl Jaspers, dessen Leben früh von bedrohlicher Krankheit umstellt war, ins Stammbuch geschrieben. Ganz offensichtlich müssen wir das Miteinanderreden angemessen üben und die Sprache finden, die uns Verstehen und Nähe möglich macht.

Was Menschen in ihrem Leben wirklich an Erfahrungen und Erlebnissen gesammelt haben, woran sie gewachsen sind, welche Erfolge ihnen wichtig wurden und sie mit Stolz erfüllten, welche Bilanz sie ziehen und was sie vielleicht den nächsten Generationen zu erzählen hätten, bleibt auf vielfältige Weise privat und öffentlich ausgeblendet. Ihr Wissen, Erleben und ihre Erfahrungen stehen deshalb als lebendiger Bezug für eine Kultur der biografischen Begleitung am Lebensende nicht mehr zur Verfügung. Fragt man aber nach und hört man zu, dann erzählen Menschen im Blick zurück, was sie bewegt und angetrieben hat. Das Erzählte zeigt uns die Gesichter von Personen, es macht die demografische Welle lebendig und spricht direkt und indirekt über das Leben, Sterben und den Abschied vom Leben. In dem Buch »Die besten Jahre« (Bärbel Schäfer/Monika Schuck, Köln: Kiepenheuer und Witsch 2007) erzählen Frauen vom Älterwerden, den Erfahrungen, die sie als Reisegepäck auf dem Weg zum Lebensende bei sich haben. Sie machen auch deutlich, was wir von ihnen lernen können, wenn es darum geht, hinter dem persönlichen Abschied vom Leben die gemeinsame Lebenserfahrung einer Generation zu entdecken. Die wiederum sind für die globalen Töchter, Söhne und Enkel von Bedeutung und voller integrativer »Lebenshilfe« im Sinne der Ars vivendi und Ars moriendi!

Ingrid Bacher, Schriftstellerin, 76 Jahre, fasst es in dem Satz zusammen: »Ich will das Alter nicht verpassen«: »Wir sind nicht gemacht, um zu überdauern. Das ist wie ein Aufruf, sich seiner Situation bewusst zu werden, intensiv zu leben, Anteil zu nehmen und zu lieben, selbst wenn es vergeblich erscheint. Um Lohn braucht es uns im Alter nicht mehr zu gehen. Das Alter trägt den Fluch, keine Zukunft mehr zu haben. Doch es hat zugleich einen unschätzbaren Gewinn: ein Reservoir an Erinnerungen und Erfahrungen und die Möglichkeit zur Distanz. Wir müssen uns nicht mehr kleinlich verzetteln, sondern können – da wir uns entfernen – wie von Weitem größere Zusammenhänge erkennen. Und da das Ende absehbar ist, kann sich die Lust am Leben verstärken. Es ist wie mit dem Licht, das sich zum Ende des Tages hin intensiviert. Glühender in der Farbe, liegt es auf den Häusern der Stadt, bevor es sich uns entzieht.«

Rosi Gollmann, Gründerin der Andheri-Hilfe, 80 Jahre, sagt: »Je mehr ich mich für neue Herausforderungen öffne, desto jünger fühle ich mich.« »Schon als 18-Jährige stand für mich fest: Meine Lebensaufgabe ist es, für andere da zu sein. Diese Entscheidung bedeutete für mich den Verzicht auf Ehe und Familie und für meine Eltern – zu deren Betrübnis – den Verzicht auf Schwiegersohn und Enkelkinder ... Rückblickend steht für mich fest: Für meinen Verzicht auf eheliche, sexuelle und auf kindliche Liebe wurde ich reich beschenkt mit einer allumfassenden Liebe ... Die Arbeit hält mich jung. Je mehr ich mich für neue Herausforderungen öffne, desto jünger fühle ich mich. Meiner Falten habe ich mich nie geschämt. Sie sind Zeichen des Lebens. Ich beobachte oft, dass Frauen altersbedingte Wehwehchen beklagen und beim Kaffeeklatsch statt Urlaubsbildern ihre Röntgenaufnahmen herumreichen. Für mich hingegen ist Älterwerden ein Reichtum, Reichtum an Erinnerungen, für die ich dankbar bin. Es liegt in der Hand des Menschen, das Leben anzunehmen, auch das Alter, und etwas daraus zu machen.«

Irmgard Miller, eine ehemalige Buchhändlerin, 75 Jahre, meint: »Das Alter ist für mich eine gute Lebenszeit.« Und sie erzählt: »Mit achtunddreißig wurde ich Witwe, mein Mann starb ganz plötzlich im Alter von vierzig Jahren, und ich stand mit den zwei Kindern, die vier und zwölf waren, allein da. Ich hatte nie viel Geld. Trotzdem wollte ich meinen Söhnen ein Studium ermöglichen, und so musste ich allein weiterkämpfen und immer sparen. Demnächst werde ich umziehen, in das Haus meines Sohnes und meiner Schwiegertochter. Ich werde also mit meiner Familie in einem Mehrgenerationenhaus wohnen. Alles ist gut durchdacht ... Ich bin sehr froh über meinen Entschluss, neu anzufangen. Eigentlich bin ich nicht sehr risikofreudig, aber ich entscheide intuitiv meistens genau das Richtige ... Das

Alter ist für mich fast die beste Lebenszeit, es sind gute Jahre. Ich habe mehr Luft zum Atmen, zum Leben. Ich bin besonnener und ruhiger geworden, insgesamt weniger aufgeregt und habe das Gefühl, mir könne nichts mehr passieren ... Jetzt will ich nicht mehr nur für andere da sein, ich muss es auch mit mir gut meinen, auf meinen Körper hören, Alarmsignale wahrnehmen. Ich finde, dass ich im Alter das Recht habe zu tun, was ich möchte. Das gefällt mir.«

Der demografische Wandel hat also viele biografische Gesichter, die uns mit ihren Lach- und Sorgenfalten, müden und neugierigen Augen, mit unterschiedlichen Worten von ihrem und dem Leben der anderen erzählen könnten. Dazu müssen wir uns aufmachen, mit ihnen reden, ihre Isolation durchbrechen, uns selbst erleben. Dabei können wir erfahren, was im Leben und vor allem am Ende wirklich zählt. Auch Todesanzeigen, die Inschriften und Blumenanlagen auf den Friedhöfen, Nachrufe, Familiengeschichten, Autobiografien und Filme erzählen die Geschichten derer, die gegangen sind. Sie sollten nicht vergessen werden, weil sie – wie wir, wenn wir über das Sterben und den Abschied reden gelernt haben – zusammen zu einer intergenerativen Kultur der Menschlichkeit am Lebensende beitragen, die Sterben und Tod der Tabuisierung entreißt und in die Mitte einer lebendigen Zivilgesellschaft holt.

Es sind diese erzählten Erfahrungen, die Lebensumbrüche und Erfolge, die gelebten Arbeitsverhältnisse, Krankheiten, die Abschiede, die Verluste von Kräften in allen Lebensabschnitten und ihre jeweilige biografische Bedeutung, die das Älterwerden als biografisches und gesellschaftliches Schicksal zeigen und die Fragen und Probleme am Lebensende besser verdeutlichen als der berühmte Blick in den Spiegel. Nicht nur das Lebensende, das ganze Leben verlangt Mut, Kraft und einen starken Lebenswillen. Und wenn ein Leben in die Jahre gekommen ist, braucht es vor allem Geduld und Gelassenheit, um im aufrechten Gang zu bleiben. Was ist am Ende ein erfülltes, erträgliches, zufriedenes, einigermaßen abgerundetes Leben? Das bleibt herauszufinden, wenn man persönliche Grenzen und Herausforderungen erlebt, wenn spezifische Barrieren im Denken und Fühlen das Leben schwer machen, wenn die Nächsten fern bleiben, kein Platz für ein würdevolles Sterben gefunden wird.

Irma Arndtmann, Hutmacherin, 89 Jahre, ist überzeugt: »Man muss etwas auf sich halten.« Und sie macht anschaulich, was sie damit meint: »Trotz meines Alters stehe ich noch immer jeden Tag in meinem Hutladen. Oft werde ich gefragt, warum ich immer noch arbeite. Auch mein Sohn schimpft manchmal und sagt: ›Du hast in deinem Leben schon so lange gearbeitet, hör doch mal auf. Gönn dir etwas Ruhe!‹ Aber was soll ich allein zu Hause in meiner Wohnung sitzen? Ich mache meine Arbeit sehr gern und mit sehr viel Liebe. Ich brauche meine Kundschaft und meine Hüte einfach ... Eine Beschäftigung zu haben ist wichtig, im Alter sowieso ... Ich lebe seit vielen Jahren allein. Mein Mann – er war zehn Jahre älter als ich – ist im Krieg gefallen. Es war kein Problem für mich, ohne Mann zu leben, auch hatte ich hin und wieder Beziehungen, ein Engel war ich nicht ... Aber verliebt habe ich mich nie wieder richtig, und jetzt ist es sowieso zu spät dazu. In meinem Alter braucht man das nicht mehr. Ich verliebe mich nur immer wieder in meine Hüte ... Wichtig ist, dass man sich pflegt. Ich trage jeden Tag ein schönes Kleid und immer einen Hut, ohne Hut ist man ja nicht angezogen. Ich würde gern öfter Hosen tragen, aber das geht nicht, weil ich mich nicht bücken kann ... Junge Leute sind oft ungeduldig mit alten Leuten. Manche Kunden, die mich nicht kennen, denken, ich sei zu alt, um sie zu beraten. Viele sind anscheinend der Meinung, dass Alte im Weg sind, eine Last, das spüre ich überall. Ich denke dann immer, ihr könntet froh sein, wenn ihr überhaupt so alt werdet wie ich.« (Schäfer/ Schuck: Die besten Jahre, Köln: Kiepenheuer und Witsch, S. 157.)

Der Lebenskampf kennt keine Altersgrenze. Aber er braucht den Willen und die Entscheidung des Menschen, leben zu wollen. In seiner grundsätzlichen Offenheit und Unvorhersehbarkeit ist Leben ein spezifisches, vor allem zeitliches Wagnis, dem wir auch im höheren Alter und am Lebensende nicht ausweichen können. Immer gilt es, für unser Wohlbefinden zu sorgen und den Gefährdungen zu begegnen. Ohne mich geht es nicht! Das Leben gefährdet die Gesundheit, und Krankheit gehört zum Leben wie der Tag zur Nacht. Bei allem Ruhebedürfnis im Alter sind die Rhythmen des Lebens nicht von Friedhofsruhe, sondern von Bewegung und Stürmen, kleinen und großen Krisen mit und ohne Blaulicht geprägt. Bis ins hohe Alter und mit unterschiedlicher Gewichtung und Stärke sind Entwicklungs- und Reifungskrisen, Identitäts- und Wertkrisen, Krankheiten und Schmerzzustände, Arbeitslosigkeit und ökonomische Notlagen, Beziehungskrisen, Über- und Unterforderung, Rivalität und Konkurrenz, Rollen- und Statuskrisen und die darin enthaltenen Abschiede die uns antreibenden Herausforderungen. Unsere Lebenskräfte wachsen mit ihnen, können aber auch überfordert und auf die Dauer geschwächt werden. Aufbau und Erschöpfung gehen Hand in Hand, Geborenwerden und tägliches Sterben auch. Eine Liebe wird geboren und stirbt. Ein Partner lebt mit uns und stirbt vor uns. Eine Idee wird geboren und stirbt. Eine Rente scheint sicher, ist es aber nicht. Eine Zelle wird geboren und eine andere stirbt. Eine Blüte geht auf und verwelkt auch wieder. Nichts bleibt und nichts hält ewig. Das alles geht dem letzten Abschied voraus und hat uns einen Reichtum an Erfahrungen geschenkt.

Freude und Liebe zum Leben sind ins Gelingen verliebt, und so hoffen wir, dass sich die Berg- und Talfahrten im Leben die Waage halten, dass am Ende des Krisentunnels wieder Licht erscheint und die schwierigen Zeiten im Leben uns nicht aus der Bahn schleudern. Natürlich genießen Angst, Schwäche, Schmerz, Unruhe, Unberechenbares und Unerwartetes weder bei uns persönlich noch gesellschaftlich ein hohes Ansehen, obwohl sie Merkmale eines lebendigen Lebens sind. Sie gelten als überflüssig, vermeidbar oder eben behandelbar. Sie sind Sinngeschehen und Anmahnung, dem Leben und Sterben zu begegnen und darüber aus eigener Anschauung zu reden, werden aber ins Abseits gedrängt. Damit Ruhe herrscht, sollen sie »wegorganisiert« und unsichtbar gemacht werden, damit Leben, Arbeit und auch der Lebensabend ihre Effizienz nicht verlieren. »Positiv denken« heißt das werbewirksame Schlagwort. Gesundheit und Glück haben in den Einkaufregalen der Supermärkte ihren Platz gefunden, Risiken und Nebenwirkungen tragen wir zu Ärzten und Apothekern. Täler und Tiefen der Lebens- und Gefühlslandschafen müssen kompensiert, aufgefüllt oder planiert werden, damit die Menschen bis ins hohe Alter die berechneten Höhen mühelos erklimmen können. Nichts scheint schlimmer, als wenn man einem anderen Menschen das Alter ansehen kann. Um das Bittere, Schwierige, das Fragile im Leben einzudämmen und vor anderen zu verbergen, greifen zunehmend auch alte Menschen freiwillig und legal verordnet zu Schlafmitteln, Tranquilizern, Aufputschmitteln, Betäubungsmitteln. Viele werden depressiv, streitsüchtig, verbringen ihre Tage als Schnäppchenjäger in Einkaufsmeilen oder klammern sich verbittert an ihrem Rollator fest. Andere wiederum machen mit ihrer Angst vor Alter, Bedeutungslosigkeit und Ausgrenzung Politik! Nur nicht darüber reden, worum es wirklich geht.

Reden ja, aber über was?
Was sind die richtigen Fragen?

Das allgemeine Gerede von der alternden Gesellschaft, vom Zusammenprall der Generationen, von der demografischen Welle, die die Gesundheitskosten ins Unermessliche zu treiben droht, verhindert das Gespräch über die in allen Lebensphasen mögliche körperliche, seelische und soziale Verletzlichkeit des Menschen und seine Gebrechlichkeit im hohen Alter. Das individuelle und gemeinsame Nachdenken über Würde, Autonomie, Selbstbestimmung und eine angemessene medizinische wie palliative Versorgung am Lebensende, welche die wesentlichen menschlichen Bedürfnisse in den Mittelpunkt stellt, steht immer noch auf schwachen Füßen. Während sich Kosmetik-, Möbel-, Reise-, Pharma- und Medizingeräte-Konzerne ebenso wie die Bestattungsindustrie auf die wirtschaftlich potente Klientel der Generation der über 60-Jährigen einstellen, schlagen sich nicht nur die Reichen der sogenannten Erbengeneration mit der Frage herum, wer was und warum erben soll! Gesellschaft und Gesundheitswesen bereiteten sich auf die Zunahme an pflegebedürftigen und kranken Menschen vor. Mehr Lebenszeit bedeutet auch mehr altersspezifische Erkrankungen wie Demenz, Schlaganfälle, Herzerkrankungen und Krebs. Das war zu früheren Zeiten relativ gesehen nicht viel anders, aber man wusste ganz offenbar besser, dass da, wo Kinder versorgt und gepflegt werden, sich irgendwann der Spieß umdreht und alte Menschen versorgt werden müssen. Wie sehen soziale Netze aus, die für alle Seiten befriedigend funktionieren? Wie kommen Geist und Seele dem Körper zur Hilfe, wenn er gebrechlicher wird? Menschen wollen im Alter weniger allein sein, aber sie fürchten das Leben in Gemeinschaften immer noch wie die Pest? Welche Heimbewohner braucht ein Alten- und Pflegeheim, damit es die Würde wahren kann? Und welche braucht die berühmte WG? Die Generation der heutigen Alten verfügt über so viel Zeit wie keine zuvor – ist das Segen oder Fluch? Geben sie ihre Erfahrungen an die junge Generation weiter, und will diese überhaupt davon hören? Ist Älterwerden immer ein Verlustgeschäft? Und wird man weise, nur weil man älter geworden ist? Warum fragen wir alle so wenig danach, was man im Alter gewinnt? Führt die Zunahme von Erfahrungen beim Älterwerden zum Verlust von Spontaneität und Offenheit oder zur bewussteren Wahrnehmung von Erfahrungen, Gelassenheit, Souveränität, Liebe und Freundschaften? Wie ändern sich mit dem Anstieg der Lebenserwartung die Lebensträume, die Sexualität, Wohnkonzepte oder Familienansprüche? Ist man wirklich so alt wie man sich fühlt, und ist Altern für alle wirklich so bunt oder doch eher schwarz und weiß? So wie wir leben lernen und gelernt haben, so können wir auch den großen Abschied leben lernen.

»Ein Buch, das uns Lebenden eine Lehre sein sollte«, nannte der »Stern« das Buch von Bronnie Ware über die »Fünf Dinge, die Sterbende am meisten bereuen« (München: Goldmann 2015). In längeren Gesprächen denken Sterbende darüber nach, was sie im bisherigen Leben mit Blick auf ihr Lebensende gerne anders gemacht, gefühlt und entschieden hätten. Und das sind ihre Kernaussagen:

- Ich wünschte, ich hätte den Mut gehabt, mir selbst treu zu bleiben, statt so zu leben, wie andere es von mir erwarteten, den Einfluss der Umwelt und auch die selbst gemachten Fesseln zu erkennen, zu überprüfen, wenn nötig zu lockern oder sie abzustreifen. Vor allem aber auf die Kraft zu achten, die in der freien Willensentscheidung liegt;
- Ich wünschte, ich hatte nicht so viel gearbeitet; gute Absichten und richtige Ziele überdacht, den Segen der Einfachheit wahrgenommen und umgesetzt;
- Ich wünschte, ich hätte den Mut gehabt, meinen Gefühlen Ausdruck zu verleihen, mich von Schuldgefühlen zu befreien, die vielen Gefühlsmauern einzureißen, die sich als überflüssig und als Lebenssperren erwiesen; Mut und Aufrichtigkeit werden immer belohnt;
- Ich wünschte, ich hätte den Kontakt zu meinen Freunden gehalten, mir das Geschenk ihrer Gegenwart ge-

macht und auf diese Weise auch Glück ins Leben gelassen, denn »Glück ist immer jetzt«;

- Ich wünschte, ich hätte mir mehr Freude gegönnt, das Glück mehr begrüßt, Zeit für neue Wege genommen; zu einem Leben ohne Reue gehören Freundlichkeit und Verzeihenkönnen, nicht nur anderen, sondern auch sich selbst gegenüber; die Zeit würdigen, die am Ende noch bleibt, und dabei auch die Geschenke des Lebens wertschätzen, zu denen der Mensch selbst gehört.

Stehen Sie sich selbst nicht im Weg! Das ist eine der Botschaften dieses Buches. Die Sterbenden haben meiner Meinung nach nicht vorrangig über Fehler und Versäumnisse, sondern eher über die schwierige Kunst zu leben gesprochen, sie haben das »ungelebte« Leben und die Widersprüche nachempfunden, die sie erlebten, lösten und ein anderes Mal nicht auflösen konnten und jetzt am Ende im Gepäck haben. In jedem Leben gibt es Gefühle des Bedauerns, Erinnerungen an vieles, was nicht gelungen ist, Mangel an Selbstwertgefühl, Verwicklungen, die keinen Durchbruch erlauben. Aber wo immer Menschen aus der ganzheitlichen Perspektive ihrer menschlichen Existenz auf ihr Leben zurückblicken und darin eingebettet ihre Biografie reflektieren, wird nicht nur ihre Entwicklung, sondern auch das sichtbar, was sie zum Leben angetrieben und das einzigartige wie unverwechselbare Wesen aus ihnen gemacht hat, das sie jetzt sind. Indem der Mensch sich seiner Geschichte, seiner Taten, seiner Erlebnisse im Kontext des universalen Geschehens bewusst wird, tritt der »sehenswürdige« Mensch hervor, wie Sloterdijk jene Menschen nennt, zu denen hinaufzuschauen sich lohnt. Der Mensch, der geht, gibt etwas von seiner Identität in das große Universum. Die Schule des Lebens ist durchlaufen, der Abschluss in Sicht und immer noch gibt es etwas zu lernen, um den Abschied leben zu können. Die Aufgabe zur selektiven Begrenzung und Genügsamkeit bleibt bis zum Ende Herausforderung, Trost und Entlastung zugleich. Diese spezifische Kunst, mit verbleibenden Kräften und Möglichkeiten hauszuhalten und auszukommen, erlöst von den Überangeboten und Kompensationsstrategien, die mit ihren Risiken der Zersplitterung, Verunsicherung, Oberflächlichkeit, Hetze und Übersättigung unser Leben umstellt hatten. Das Abschiednehmen braucht Ruhezonen und das aufmerksame Verweilen, die Konzentration auf das, was noch gehört und gesehen werden will. Es geht im Rückblick auf die eigenen Lebenserfahrungen um die Öffnung von inneren und äußeren Räumen, die mehr als nur oberflächliche Berührungen und allgemeine Betroffenheit erlauben, nämlich eine Kultur der Stille, der Begegnung und des Miteinanderredens.

Die Zunahme der »nervösen« Erkrankungen, der neurologischen Belastungen und der Aufmerksamkeitsstörungen sind ein sichtbares Zeichen für eine Entwicklung, in der sich das Fließen wie eine ständige Wellenattacke anfühlt und die Menschen selbst im Sterben nicht zur Ruhe kommen, sondern mit Aktivitäten überschüttet werden und sich eigentlich mit dem Sterben beeilen sollen. Die Fähigkeit, das noch Mögliche sinnvoll zu koordinieren und in die eigenen Lebenskoordinaten einzufügen, stößt auf eine Welt, deren Strukturen und Zeitsysteme sich weniger auf die Lebensfähigkeit ihrer Nutzer denn auf den Verkauf ihrer Waren und das Angebot ihrer Dienstleistungen richten. Es ist eine Herausforderung, die in Anspruch genommenen Leistungen des Gesundheitssystems, die Arztbesuche und Medikamenteneinnahme, die Gesundheitsratschläge zum Essen, Trinken und Schlafen noch einigermaßen sinnvoll im eigenen Leben zu koordinieren. Diese Herausforderung lässt viele älter werdende Menschen in eine Art Lethargie verfallen, in der die Verordnungen für ein gesundes Leben einfach nur noch krank machen! In der letzten Lebensphase braucht der Mensch nicht nur Medizin und pflegerische Verordnungen, sondern Lebensqualität, ein sinnvolles Leben, das unter den gegebenen Umständen so reich und erfüllt wie nur möglich sein sollte.

»Lehre uns, unsere Tage zu zählen, damit wir ein weises Herz erlangen!« heißt es in den Psalmen. Jeder Tag ein kleines Glück. Die annehmbare Herausforderung, sich dem nächsten Übergang zu stellen. Der eigenen wie der Ungewissheit der anderen an einem beschützenden Ort zu begegnen. Sich dem Fahrwasser der Unplanbarkeit und den Fluten der Überraschung zu überlassen und ebenso klar Ordnungen zu schaffen, die auch die letzte Lebensphase in ihren Brüchen lebbar machen: Das ist die Kunst, die Leben heißt.

Und auch die, die Sterben heißt.

5 Das Sterben »machen«

Henning Scherf

Dem Sterbenden helfen – ganz konkret

Als wir vor vielen Jahren unsere todkranke Freundin und später auch ihren Sohn hier im Haus beim Sterben begleitet haben, war zu keinem Zeitpunkt die Rede von Sterbehilfe. Keiner von den beiden hatte jemals den Wunsch geäußert, jetzt möchte es bitte schnell vorbei sein. Nein, sie wollten beide nicht sterben, sie wollten leben. Und sie fanden es entsetzlich ungerecht, dass sie sterben mussten, im Gegensatz zu den anderen, die hier im Haus weiterleben konnten. Sie wollten keinen Augenblick weggeben und verschenken. Als Klaus nicht mehr essen und nicht mehr trinken konnte, habe ich gedacht, das kann nicht mehr lange gut gehen. Wenn man nicht mehr isst und nicht mehr trinkt, dann ist man wirklich am Ende angelangt. Er war völlig abgemagert, fast skelettiert. Aber er wollte leben, so weit ich das verstanden habe, er wollte, wollte, wollte leben. Er wollte miterleben, was um ihn herum geschah. Wir haben sein Zimmer nicht verdunkelt, wir haben so viel Licht wie möglich und so viel Anregung wie möglich hereingelassen. Wir wollten ihm keinen einzigen Augenblick seines Lebens nehmen. Das fand auch seine Freundin richtig, die ihn bis zuletzt begleitet hat.

Das Paradox Selbstbestimmung

Wenn es ums Sterben geht, beobachte ich bei vielen Menschen eine paradoxe Haltung zur Selbstbestimmung. Mein erstes Buch über das Altwerden, »Grau ist bunt« (Freiburg: Herder 2006), schließt mit einem Gespräch unter Freunden über Sterbehilfe. Meine Freundinnen Margot und Viola begründen in diesem Gespräch, warum sie Mitglied der Deutschen Gesellschaft für Humanes Sterben (DGHS) geworden sind. Nun ist Viola in dem uns benachbarten Stift gestorben, ohne DGHS-Hilfe, liebevoll gepflegt und begleitet und bis zuletzt präsent. Auch bei ihr habe ich beobachtet, dass ihre vor Jahren getroffenen Entscheidungen umso weniger tragfähig wurden, je älter sie wurde und je näher sie an diese Situation kam. Ihre Hauptsorge war nicht ihr eigenes Sterben. Sie sorgte sich um ihre Lebenspartnerin, wünschte sich, dass diese sich an der Nordsee erholen könne, um dann wieder mit ihr zusammenzuleben.

Da verändert sich offenbar etwas. Das wird nicht bei jedem so sein, aber ich kenne viele. Jemand, der sich früher kühl dazu entschieden hat, den Zeitpunkt seines Todes selbst zu bestimmen, wenn es zu Ende geht, hängt nun an dem Leben, das ihm verblieben ist, und möchte es nicht verkürzen, sondern selbstbestimmt nutzen. In der Gebrechlichkeitsphase und in der Sterbephase setzt sich die Sehnsucht nach dem Leben durch.

Laut Umfragen wünscht sich ein großer Teil der Bevölkerung einen selbstbestimmten Tod und meint, der sei durch Sterbehilfe gewährleistet. Und zugleich erklärt die Deutsche Gesellschaft der Palliativmediziner, dass es den Todeswunsch Sterbender gar nicht gibt. Lediglich in Einzelfällen fragten Menschen in ihrer Sterbephase nach einem assistierten Suizid, aber wenn man mit ihnen gesprochen und eine palliativmedizinische Versorgung eingeleitet habe, dann sei nicht mehr die Rede davon. Die Forderung nach Sterbehilfe scheint bei den meisten das Konstrukt guter Tage zu sein. Im Ernstfall wird aus dem Gedankenspiel der Wille zum Leben. Dieses Phänomen kommt einem »cultural lag« ziemlich nahe, bei dem die kulturellen Werte einer Gesellschaft nicht mit ihrem technischen Fortschritt Schritt halten können. Selbstbestimmung hat einen hohen Wert in unserer heutigen Kultur, gerade bei den Jüngeren. Das ist Mainstream, öffentliche, veröffentlichte Meinung. Aber wenn ich dann mit dem Sterben konfrontiert werde, wenn es wirklich ernst wird, dann holt mich meine frühere Haltung ein und wendet sich plötzlich gegen mich. Plötzlich erlebe ich meine Biografie und meine Lebenssituation ganz anders. Nun geht es darum, ob ich noch den Tag überlebe, ob ich den nächsten Tag noch schaffe, ob ich die Verabredung für die nächste Woche noch einhalten kann oder ob ich die Begegnung, an der ich unbedingt teilhaben will, und sei es nur durch Hören und Wahrnehmen, noch erleben werde. Jedes kleine Ereignis, das in meinem Leben noch auf mich zukommt, wird auf einmal ganz wichtig, und das möchte ich nicht aufgeben, nicht verlieren. Ich möchte noch einmal die Tochter sehen, den Sohn, die Hand meiner Frau halten, mich von meinen Freunden verabschieden, mit der netten Pflegerin scherzen, noch einmal meine Lieblingsmusik hören, in meinen Garten blicken – unter solch elementaren Erlebnissen verändert sich ein vor zwanzig, dreißig Jahren gefasster Beschluss dramatisch. Selbstbestimmung im Zusammenhang mit dem Sterben kann offenbar viele Bedeutungen haben. Sie kann bedeuten, dass jemand den Zeitpunkt, den Ort und die Art seines Todes selbst bestimmen möchte – sie kann aber auch bedeuten, dass jemand die Art und Weise seines Sterbens selbst bestimmen möchte und sich für einen palliativmedizinisch begleiteten Tod entscheidet.

Ich bin jahrzehntelang gut damit über die Runden gekommen, dass ich mich nicht ständig und jeden Tag mit meinem Älterwerden und Sterben befasst habe. Erst jetzt, im Alter, kommen mir immer häufiger die Gedanken an den Tod. Ich lese inzwischen Bücher über das Sterben. Ich sehe mir Filme an, die sich damit beschäftigen. Ich gehe auf Veranstaltungen, die das Sterben zum Thema haben. Das alles habe ich früher nicht getan; ich habe gedacht, das sei ein Thema für die Spezialisten. Ein Credo war: Ich habe mit dem Leben zu tun, das ist mein Thema. Darauf muss ich mich konzentrieren. Und da gibt es so viele Nöte und Handlungsbedarfe, das erschöpft mich hinreichend, da muss ich mich nicht auch noch um das Sterben kümmern. Jetzt, da ich selbst dieser letzten Lebensphase näher komme, interessiert es mich existentiell. Mein Sterben wird zu meinem Leben gehören. Und so hat sich mein Interesse gewandelt. Ich bin nun neugierig auf das Leben, das mir noch verbleibt – und das ist aus der Sicht eines 20-Jährigen sicher nicht attraktiv. Ich trage Hörgeräte und habe Mühe, sie richtig einzusetzen, und beim Chorsingen funktionieren sie überhaupt nicht. Darüber wollte ich früher gar nicht reden. Aber jetzt, da es nicht mehr ohne geht, will ich wissen, was noch geht. Genauso beim Radfahren oder Segeln. Meine Radtouren werden immer bescheidener – früher bin ich Rennen gefahren. In diesem Jahr bin ich wieder gesegelt, dabei wollte ich schon aufhören. Nun bin ich eben mit Hexenschuss an der norwegischen Küste entlang gesegelt. Es war wunderbar, obwohl ich mich kaum bewegen konnte. Aber ich wollte das unbedingt erleben – die Luft, die See, den Wind, die Sonne, die netten Leute, das gute Klima untereinander und dieses Gefühl, dass man mit Freunden unterwegs ist, die sich mögen und aufeinander achten. Dann sind wir in Oslo angekommen und haben uns von der lebenslangen Freundin meiner Frau die Stadt zeigen lassen – das war so wunderschön. Es geht eben immer noch erstaunlich viel, nur die Bedingungen ändern sich. Je mehr ich mit meiner Gebrechlichkeit vertraut werde, umso mehr bekommt das Leben unter veränderten Bedingungen eine neue Qualität. Und die darf man nicht aufgeben oder wegwerfen. Ich möchte mich überraschen lassen davon, was der Tag noch bringt. Jeder Tag.

Die Angst, zur Last zu fallen

Bei einem meiner vielen Vorträge habe ich in Bremen-Oberneuland eine ältere Dame kennengelernt. Als ich bei dem Versuch, das Thema Sterbehilfe anschaulich zu machen, über die Selbstmorde von Ernest Hemingway und Gunther Sachs redete, widersprach sie mir heftig. Später schrieb sie mir dazu Folgendes: »Ich würde gerne wissen, warum Sie so böse beim Thema Sterbehilfe werden. Nach Sterbehilfe verlangt doch nur, wer sein Leben nicht mehr aushalten kann. Für den der Tod eine Erlösung ist. Meine Mutter hat sich mit 48 Jahren das Leben genommen, weil sie die sexuellen Exzesse meines Stiefvaters (...) nicht mehr ertragen konnte. (...) Meine Mutter war Ärztin und konnte sich auf eigenes Rezept die Schlafmittel besorgen. Später hat (mein Stiefvater) (...) den Rest der Tabletten geschluckt und ist freiwillig aus dem Leben geschieden. Er hat sich tatsächlich wegen seiner jungen Geliebten, die ihn verlassen hat, das Leben genommen. Er war schon 83 Jahre alt. Mit dem Thema »Sterben« und eben auch Suizid musste ich mich schon sehr früh und sehr schmerzhaft auseinandersetzen. Meih Sohn hat sich mit 19 Jahren das Leben genommen, er war hochbegabt und schwer depressiv. Er ist mit seinem Motorrad einfach an einen Baum gefahren. Meine familiären Erfahrungen mit dem Suizid haben mich sicherlich so geprägt, dass ich eine tolerante Einstellung Menschen gegenüber habe, für die das Leben nicht mehr lebenswert ist. Ich fühle für diese unglücklichen Menschlein sehr viel Empathie.«

Das hat mir sehr zu denken gegeben. Sie hat Recht. In die Auseinandersetzung um die Sterbehilfe ist die eigene biografische Erfahrung untrennbar und unübersehbar hineinverwoben. Die eigenen Enttäuschungen und Hoffnungen sind das Fundament, auf dem sich Urteile über Suizid entwickeln. Und darum ist es unzulässig, über die Entscheidungen anderer abfällig oder sogar mit Hass zu urteilen. Ich spüre den großen Schmerz, den der Selbstmord ihrer Mutter und der Selbstmordversuch ihres Sohnes bei der älteren Dame ausgelöst haben. Dass sie mir in einem weiteren Brief »unter Tränen« berichtet hat, wie sie sich gemeinsam mit einer Ärztin gegen die Reanimierung ihres auf dem Motorrad verunglückten Sohnes entschieden hat und diese schmerzhafte Entscheidung mit Empathie erklärt hat, ist mir unvergesslich. Hinzu kommt noch der Selbstmord ihres Stiefvaters. Seit dieser Begegnung bin ich nachdenklicher geworden. Ja, es gibt Menschen, die niemandem zur Last fallen wollen.

Und doch empfinde ich diesen Satz als das eigentliche große Drama, das im Hintergrund der Sterbedebatte spielt, die derzeit unsere Gesellschaft erfasst hat: Die apokalyptische Erzählung der Medien über die Überalterung unserer Gesellschaft macht all denen, die alt werden, ein schlechtes Gewissen. Ja, es ist teuer, viele alte Menschen zu pflegen. Aber erstens werden wir nicht nur älter, sondern bleiben auch zunehmend länger gesund, wie medizinische Studien belegen. Und zweitens sind wir immer noch eine wohlhabende Gesellschaft, die den größeren Pflegebedarf durchaus schultern kann. Wir sollten uns doch darüber freuen, dass viele von uns ein hohes Alter erreichen, und das in einer guten Verfassung! Die Sterbehilfedebatte bekommt vor diesem Hintergrund etwas Perfides, nach dem Motto: Wenn ihr niemandem zur Last fallen wollt, dann gibt es ja noch den assistierten Suizid. In was für einer Welt leben wir? Wollen wir den Zynikern das Feld der öffentlichen Meinung über das Sterben überlassen?

Leider sind es nicht nur ein paar ökonomisch fixierte Intellektuelle, die so denken, vielmehr zieht sich die Vorstellung dieses Nicht-zur-Last-fallens quer durch unsere Gesellschaft. Viele ältere Menschen, die den Zweiten Weltkrieg und die Nachkriegszeit erlebt haben, die durch Elend und Not gegangen sind, wissen sehr genau, wie anstrengend das Leben sein kann. Inzwischen alt und hilfsbedürftig, sagen sie nun: Was soll ich hier eigentlich noch, ich bin ja zu nichts mehr nütze und will den anderen nicht zur Last fallen. Aber am Nutzen bemisst sich nicht ein Menschenleben! Im Gegenteil: Es ist beschämend für unsere Gesellschaft, wenn sie alten Menschen dieses Gefühl der Nutzlosigkeit vermittelt. Seit Jahren steigen die Alterssuizide in der Bundesrepublik an. Das ist ein Zustand, gegen den wir arbeiten müssen und den wir nicht noch mit einem entsprechenden Klima unterfüttern sollten. Von meinem Bruder, einem Psychoanalytiker, habe ich gelernt, dass Suizidwillige sich sehr wohl dem Leben wieder zuwenden – wenn sie rechtzeitig Hilfe bekommen. Als Spezialist für Depressionen und Suizidgefährdung – inzwischen ist er pensioniert – hat er sein Leben lang viele, viele Patienten begleitet, die sich selbst töten wollten. Depression ist eine Krankheit, die man bekämpfen kann. Viele der Suizid-Überlebenden, die mein Bruder behandelt hat, seien wieder auf die Beine gekommen. Und da er ein ausgesprochen medizinkritischer Mediziner ist, hat mich das immer sehr beeindruckt.

Es gibt nicht *den* Suizid, sondern es gibt die unterschiedlichsten Anlässe, an denen Menschen verzweifeln, so dass sie sich umbringen oder es versuchen. Suizide sind auch immer Vorwürfe an die Gesellschaft. Ob es viele Suizide gibt oder wenige, ist auch immer eine Antwort auf gesellschaftlichen Druck. Es kommt nicht von ungefähr, dass es heute zunehmend Menschen im höheren Alter sind, die sich umbringen. Es ist uns offensichtlich nicht in der Breite gelungen, ein attraktives, reizvolles Angebot an Lebensmöglichkeiten für Ältere zu präsentieren. Zu viele fühlen sich an den Rand gedrängt, nicht wahrgenommen und überzählig.

Der Soziologe Werner Schneider nähert sich in dem Buch »Sterbehilfe oder Sterbebegleitung?« (hrsg. v. Michael Brand, Freiburg: Herder 2015) sehr sorgfältig den gesellschaftlichen Fragen an, die das Thema »Sterbehilfe« aufwirft. Schneider spricht in diesem Zusammenhang von »Sterben machen«. Das trifft den Kern eines vorzeitigen und bewussten Beendens des Lebens viel eher als »selbstbestimmtes Sterben« oder »Sterbehilfe«, worunter jeder etwas anderes verstehen kann, ein würdevolles, leid- und schmerzfreies Sterben mit Hilfe der Palliativmedizin oder einen selbst gewählten Suizid mit oder ohne Hilfe. Unsere moderne Gesellschaft zeichnet sich durch die »Verheißung und Illusion eines leidfreien Lebens von der Wiege bis zur Bahre« aus, schreibt Schneider. In diesem Kontext verspricht die Sterbehilfe ein »Sterben in Würde«. In Anbetracht dessen, welchen Wert die »Selbstbestimmung« in einer individualisierten Gesellschaft wie der unseren hat, werden somit aber alle jene Lebenssituationen entwertet, »in denen man von anderen existentiell abhängig ist«, warnt Schneider. Also Krankheit, Behinderung, Alter und Sterben. Dieser Entwertung müssen wir entgegenarbeiten.

Ich merke selbst schon, wie wichtig Anregung für mein tägliches Leben ist. Ich brauche täglich Anlässe – die große Veranstaltung oder den kleinen Einkauf –, um mich mobilisieren zu können. Wenn ich die nicht habe, dann werde ich müde, dann verliere ich einen ganz wesentlichen Teil meiner Vitalität. Wenn das mir schon so ergeht, als altem Mann, der von Ehefrau, Freunden und Kindern umgeben ist – wie ergeht es dann erst einem Menschen, der einsam und gebrechlich ist? Wenn ich mich jeden Tag auf etwas freuen kann, wenn ich mir jeden Tag etwas vorgenommen habe, dann kann ich dadurch vermeiden, in eine depressive Falle zu geraten, aus der ich nicht mehr herauskomme. Meine schönste Anregung hole ich mir persönlich jede Woche im Umgang mit Kindern. Wenn ich das Glück habe, mit Kindern zusammen zu sein, wenn ich das Glück habe, dass Kinder sich auf mich freuen, wenn ich zum Vorlesen komme oder zum Schwimmen, dann ist das eine Lebenshilfe für mich selbst. Das ist etwas, das mich von meiner eigenen Verzagtheit, von meinem eigenen Verdruss abbringt. Mein politisches Vorbild Heinrich Albertz hat in seinem letzten Lebensjahr oft gesagt: Ich bin lebenssatt, ich muss jetzt nicht mehr weiterleben. Ich habe dann immer erwidert: Heinrich, dir fehlen die vielen jungen Leute, die dich ein Lebtag muntergehalten haben, jetzt bist du im Altersheim, und da wirst du weniger angeregt, als du es bräuchtest.

Ich bin davon überzeugt, dass es gerade der Umgang mit Menschen ist, vor allem auch mit jüngeren, der uns vor Trostlosigkeit im Alter schützt. Es ist traurig, dass alte Menschen sich gar keine Jüngeren vorstellen können, die gerne mit ihnen zusammen sein möchten, die ihre Erfahrung und Kommunikationsstärke bewundern. Was die Psychologen Resilienz nennen, die seelische Stärke, sich von Schicksalsschlägen zu erholen und Gebrechlichkeiten zu kompensieren, können die Jungen sich bei den Alten abschauen. Es ist ein Geschenk, wenn ein Jüngerer an einem gelebten Leben Anteil nehmen kann, das ist eine Ermutigung für das eigene Leben.

Ich habe im Laufe meines Lebens immer wieder alte Menschen kennengelernt, die für mich Hoffnungsträger waren und sind. Menschen wie Nelson Mandela, der ein ganzes Land gerettet hat, aber auch tapfere afrikanische Großmütter, die ihre verwaisten Enkelkinder, deren Eltern an Aids gestorben sind, unter ärmlichsten Bedingungen großziehen. Oder ältere Freunde, die den Nazis widerstanden haben. Wenn ich solche Menschen kennengelernt habe, habe ich nicht auf die Falten gestarrt, auf die steifen

Beine und Arme, auf den gebeugten Rücken. Wenn ich solche Menschen kennengelernt habe, habe ich gedacht, so möchte ich auch alt werden – so zugewandt und offen für Neues, so mitteilsam und interessiert, so sensibel und nicht rechthaberisch. Und es gibt andere Menschen, die so denken wie ich. Wenn ein alter Mensch spürt, dass er wertgeschätzt wird, ist das der beste Schutz vor der Altersdepression. An solch einer lebenswerten Gesellschaft, auch für alte und sterbende Menschen, müssen wir arbeiten.

Ein Schutzraum für Arzt und Patient

Die öffentliche Diskussion über die demografische Entwicklung unserer Gesellschaft – Deutschland ist nach Japan das Land mit der zweitältesten Bevölkerung – transportiert leider zu oft einen altenfeindlichen Subtext, der natürlich auch die Debatte über die Sterbehilfe beeinflusst. Was der Bundestag hierzu im Spätherbst 2015 beschlossen hat, macht mich einerseits froh – die Abgeordneten waren sich in der großen Mehrheit darüber einig, dass kommerzielle Sterbehilfe in Deutschland nicht erlaubt werden darf. Man hat damit auf die Machenschaften des Sterbehelfers Roger Kusch und seinen Verein abgezielt und auch getroffen. Gut so. Aber andererseits bin ich skeptisch, ob dieses neue Gesetz nicht auch die sehr wichtige Arbeit unserer Palliativmediziner erschwert und vielleicht sogar gefährdet. Denn die Übergänge zwischen Linderung von Schmerzen, Ängsten und Luftnot einerseits und dem In-Kauf-Nehmen eines schneller eintretenden Todes durch starke Medikamente andererseits sind in der Palliativmedizin fließend.

Dass in den Standesregeln der deutschen Ärztekammern die Sterbehilfe so unterschiedlich geregelt ist, ist nicht günstig. Die einen überlassen die Gewissensentscheidung dem einzelnen Arzt, die anderen untersagen Sterbehilfe gänzlich. Da erhoffe ich mir eine sich entwickelnde Verständigung unter den Kammern. Im Grunde wünsche ich mir bei der Befassung mit der ärztlichen Sterbehilfe – die kommerzielle ist selbstverständlich ein Tabu – ein Vorgehen, wie es in der deutschen Rechtsprechung üblich ist: Die Gerichte folgen dem bewährten Verfahren, ein abweichendes Urteil der nächsten Instanz vorzulegen. Auf diese Weise haben wir in ganz vielen delikaten, schwierigen Fällen in Deutschland eine sich abstimmende Richterrechtskultur entwickelt. Eine solche Abstimmungskultur brauchen auch die Ärzte im Umgang mit Sterbenden. Ich rate der Politik dringend ab, hier irgendwelche Hürden aufzubauen. Denn die können nur willkürlich sein. Im Sterben zählt der Einzelne, es gilt der Einzelfall. Und da muss man genau hinsehen, was noch geht und was nicht.

Wie soll und darf ein Arzt mit einem Sterbenden umgehen, der nach allen Regeln der medizinischen Kunst austherapiert ist, der seinem Tod entgegensieht? Man sollte von einem sich quälenden, sterbenden Menschen keinen Durchhaltewillen verlangen. Der große Psychiater und Philosoph Karl Jaspers sprach hier einmal von der »Leidensmüdigkeit«. In einem solchen Fall zu handeln, verlangt einen Schutzraum – für Arzt und Patient. Dieser Schutzraum wird auch gestützt durch den Respekt vor dem Suizid. Wer sich selbst tötet oder jemandem hilft, dies zu tun, wird nicht dafür bestraft. Der Schriftsteller Wolfgang Herrndorf, tödlich erkrankt an einem Hirntumor, hat sich 2013 mit 48 Jahren, nach drei Gehirnoperationen, zwei Bestrahlungen und drei Chemotherapien, erschossen. Es war klar, dass er diesen Weg nur wenige Tage später nicht mehr hätte nehmen können – und sein Vertrauen in die Medizin war aufgebraucht. Er wollte nicht mehr leiden. Man muss Herrndorfs Selbstmord nicht richtig finden, aber man muss ihn als selbstbestimmt gewählt respektieren.

Darum ist diese über 140 Jahre in Geltung gebliebene Entscheidung von 1871, den Suizid nicht unter Strafe zu stellen, so kostbar. Selbstmord – nach der christlichen Lehre eine Sünde, den Nationalsozialisten galt er als Feigheit – ist ein Akt der Selbstbestimmung. Selbst konservative Politiker tasten heute die Straffreiheit des Suizids nicht an. Mit Strafjustiz und Kriminalisierung kommt man einem leidens- und lebensmüden Menschen nicht bei. Helfen kann da nur der Mediziner und Psychologe, der das Leiden hoffentlich lindern kann. Aber nur aus einem Prinzip heraus, nur weil jemand sagt, den Selbstmord hat uns Gott verboten, oder auch aus anderen Gründen, dürfen wir die Betroffenen nicht dämonisieren und kriminalisieren. Nein, wir müssen einen barmherzigen, das Leben schützenden und dem Menschen sowie seinem Wohl in dieser schwierigen Lage zugewandten Umgang mit dem Thema Suizid pflegen. An das Bett eines lebens- und leidensmüden Menschen gehört kein Staatsanwalt, kein Kriminalbeamter. Dorthin gehört ein Arzt. Und es ist furchtbar, sich neben dem Arzt einen Staatsanwalt vorzustellen. In einem solchem Land würde ich nicht leben wollen. Wollen wir Verhältnisse wie in den USA, wo jeder Arzt fürchten muss, auf Schmerzensgeld verklagt zu werden? Das Arzt-Patienten-Verhältnis lebt vom Vertrauen, ja, von Zuversicht. Ich bin meinem Arzt nicht ausgeliefert, sondern ich verlasse mich auf ihn. Ich habe vor Jahren in einem Gespräch unter Freunden gesagt: Ich hoffe, wenn es für mich ans Sterben geht, auf einen barmherzigen, gütigen Arzt, der mich begleitet und versteht und in dessen Händen ich mich geschützt fühle.

Meine älteste Schwester Renate ist seit Jahren Witwe und lebte in einem lange von der Familie genutzten Reihenhaus mutterseelenallein. Ihre drei Kinder leben in Süddeutschland und in New York. Vor mehreren Monaten stürzte sie auf der Treppe und zog sich einen Bluterguss zu, der, weil er nicht behandelt wurde, ihr Leben zu bedrohen begann. So kam sie als Notfall ins Krankenhaus und musste dringend operiert werden, da sie sonst ihr Bein verloren hätte. Aber sie wollte nicht. Sie hatte Panik, war nicht ansprechbar. Die Ärzte alarmierten uns nachts um zwei, halb drei und sagten, sie müssten jetzt sofort operieren, oder das Bein müsse amputiert werden. Dann haben wir gemeinsam, die Kinder und ich, auf sie eingeredet. Am Schluss hat sie irgendwann gesagt: Ja, wenn ihr das alle meint, dann ist das wohl in Ordnung. Das war dann ihre Einwilligung. Sie wurde sofort operiert und läuft heute wieder. Dieses Vertrauen, das ich schon in einer normalen Arzt-Patienten-Beziehung brauche, ist auch am Ende eines Lebens die Basis, auf der ich aufbaue. Ohne Vertrauen geht es nicht bei Fragen auf Leben und Tod.

Sie zog dann aus der Reha in ein in unserer Nachbarschaft liegendes Stift der Bremer Heimstiftung. Hier veranstalten wir beide nun einen wöchentlichen Lesezirkel mit einer erstaunlich guten Beteiligung aus dem Haus und der Nachbarschaft. So haben wir beiden Geschwister nach jahrzehntelanger Distanz auf unsere alten Tage eine neue Nähe gefunden. Mir macht es Freude, die Gedichte, Balladen und Kurzgeschichten, die ich oft fünfzig Jahre nicht mehr vor Augen gehabt habe, wieder lebendig werden zu lassen. Fontane, Storm, Wolfgang Borchert. Auch meine Schwester entdeckt so auf ihre alten Tage nach jahrzehntelanger Einsamkeit wieder ihre Jugendzeit.

Die Palliativmedizin bringt Hilfe

Um es klar zu sagen: Ich bin gegen geschäftsmäßige Sterbehilfe. Das verbieten schon die Erfahrungen aus dem Ausland. Die Niederlande, Belgien, Schweiz, der Bundesstaat Oregon der USA – überall, wo Sterbehilfe zugelassen ist, steigen die Fall-Zahlen seit Jahren. In Belgien ist der assistierte Suizid selbst für Kinder möglich und in den Niederlanden auch für nichteinwilligungsfähige Personen, also auch für psychisch Kranke. Was geschieht dort? Senkt die Sterbehilfe die Suizid-Rate, wie Befürworter sagen? Oder zieht das Angebot die Nachfrage nach sich? Ich wage nicht, einen direkten Zusammenhang zwischen Suizid und assistiertem Suizid herzustellen, denn die Datenlage ist kompliziert. Aber eines kann ich sagen: Mir graut vor diesem Geschäft. Ich habe in einer Sendung von Anne Will neben dem Geschäftsführer eines Sterbehilfe-Vereins aus der Schweiz gesessen. Das war ein Anwalt, der mit allen Wassern gewaschen war. Jeder seiner Sätze saß wie ein Hieb. Mitten in der Sendung präsentierte Anne Will seine ehemalige Geschäftsführerin, die im Streit bei ihm ausgeschieden war. Diese Frau berichtete sehr glaubhaft, wie er Menschen in den Suizid trieb, die immer wieder gezögert hatten. Dazu muss man wissen, dass für seinen Verein erst Geld floss, wenn die Sterbewilligen auch den Selbstmord vollzogen hatten. Grauenhaft. Was ist das für ein Milieu, in dem sich die Verzweifelten bewegen! Ich möchte keinen Grenzgänger wie den selbsternannten Sterbehelfer Roger Kusch an meinem Bett sitzen haben, wenn es zu Ende geht. Mir ist die Sterbehilfeszene zutiefst suspekt. Schon die Nationalsozialisten haben ihre systematisch betriebene »Euthanasie« an behinderten und psychisch kranken Menschen mit Barmherzigkeit verbrämt. Und sie haben Mediziner gefunden, die diese »Barmherzigkeit« exekutiert haben. Der Arzt als Scharfrichter, der über lebenswertes oder nicht mehr lebenswertes Leben entscheidet – genau dies ist die Situation, die wir vermeiden müssen. Denn das Arzt-Patienten-Verhältnis muss unbedingt ein Vertrauensbereich bleiben.

Der erwähnte Soziologe Werner Schneider macht sehr richtig darauf aufmerksam, dass unser Sterben tatsächlich in einem hohen Maße davon abhängt, wie wir gelebt haben. Da unser gesamtes Gesundheitssystem sozial ungleich ist, überrascht es nicht, dass das im Sterben auch so ist. Je höher Bildung, Einkommen und beruflicher Status, desto gesünder und länger lebt man. Er fragt daher ganz richtig: »Wie viel ›Kapital‹ braucht man heute und in Zukunft, um in dieser Gesellschaft gut sterben zu können?« Geld, Wissen über Versorgungsstrukturen und soziale Netzwerke bestimmen darüber, wie wir von dieser Welt kommen. Angesichts dieser grundlegenden Aspekte gerät die Sterbehilfedebatte für mich zum Nebenkriegsschauplatz.

»Die Hospizbewegung, nicht die Euthanasiebewegung ist die menschenwürdige Antwort auf unsere Situation. Wo Sterben nicht als Teil des Lebens verstanden und kultiviert wird, da beginnt die Zivilisation des Todes«, schreibt der Philosoph Robert Spaemann in dem Buch »Vom guten Sterben« (Freiburg: Herder 2015). Wir brauchen keine neue Form der Euthanasie. Was wir brauchen, ist der gut ausgebildete Palliativmediziner im Krankenhaus und den in Palliativmedizin fortgebildeten Hausarzt, der einen unheilbar kranken oder sterbenden Menschen so gut versorgt, dass sich die Frage nach dem assistierten Selbstmord gar nicht erst stellt. Das Arzt-Patienten-Verhältnis muss von der Zuversicht geprägt sein, dass man die schwierige Situation gemeinsam in den Griff bekommen kann. Das muss unser Ziel sein.

Die palliativmedizinische Versorgung hat zwar zugenommen, aber sie ist immer noch ein Mangelgebiet. Nur etwa 15 Prozent der deutschen Krankenhäuser verfügen überhaupt über eine Palliativstation. Durchschnittlich stehen in Deutschland derzeit etwa 40 Palliativbetten je einer Million Einwohner zur Verfügung. Der Bedarf ist jedoch etwa doppelt so hoch. Auf dem flachen Land fehlen die Einrichtungen meist ganz – und, schlimmer noch, es fehlen die niedergelassenen Ärzte, die Sterbende qualifiziert versorgen könnten. Es ist leider noch ganz und gar nicht selbstverständlich, dass jeder Hausarzt sich auch palliativmedizinisch qualifiziert hat. Viele Allgemeinmediziner kommen auch nicht dazu, weil sie so viele Patienten versorgen müssen, dass sie für Weiterbildung keine Zeit haben. Bislang haben etwa 10 000 von 365 000 berufstätigen Ärzten und Ärztinnen eine palliativmedizinische Zusatzausbildung absolviert und 20 000 Pflegekräfte eine Weiterbildung in palliativer Pflege. Das reicht nicht. Wir haben hier ein gewaltiges Ausbildungsproblem und ein noch viel größeres Fortbildungsproblem in der Ärzteschaft. Deswegen bin ich auch überzeugt, dass wir nicht darauf warten können, bis die angehenden Mediziner sich für die Palliativmedizin entscheiden. Was wir brauchen, ist ein verlässliches Netz von Allgemeinmedizinern, die für die Familien erreichbar sind und einen Sterbenden palliativmedizinisch versorgen können. Mediziner, die die gesamte Familie begleiten, eine Adresse für die Kinder wie für die gebrechliche und demente Großmutter sind. Kluge Mediziner, die nah am Patienten und nah an einer Versorgungsstruktur sind, die garantiert, dass medizinische und pflegerische Hilfe auch da ankommt, wo sie gebraucht wird.

Ich hoffe, dass die öffentliche Debatte über das Sterben der Entwicklung der Palliativmedizin starken Rückenwind verschafft. Die Menschenwürde ist unantastbar, das gilt auch für unsere Sterbenden. Diese Würde werden wir ohne Palliativmedizin nicht gewährleisten können. Die Debatte, die wir derzeit erleben, könnte ein Anfang sein, könnte eine Aufwertung im Umgang mit unseren gebrechlichen und sterbenden Menschen – und mit ihren Angehörigen – bringen. Die Politik kann nur den Rahmen schaffen. Das zeigt auch das Hospiz- und Palliativgesetz, das Ende 2015 verabschiedet wurde. Es ist ein Anfang, eine Stütze, mehr nicht. Schon jetzt ist klar, dass das, was da beschlossen wurde, nicht ausreichen wird. Es ist gut, dass ein Aufenthalt in einem Hospiz nicht mehr Privatsache ist, sondern über die Pflegeversicherung abgerechnet werden kann. Aber dieses Gesetz wird die flächendeckende Versorgung Sterbender in den Krankenhäusern, Pflegeheimen und zu Hause nicht garantieren. Es muss dringend mehr in die Fort- und Ausbildung von Palliativmedizinern investiert werden.

Weglaufen ist keine Lösung:
Sich verantwortlich machen

Wir haben aber auch eine zivilgesellschaftliche Lücke zu füllen. Und dazu braucht es nicht nur Profis, dazu braucht es auch uns, jeden von uns. Dem Sterben einen angstfreien, schmerzfreien und menschlichen Raum zu geben – das wäre für mich ein qualitativer Schritt in einer solidarischen zivilgesellschaftlichen Nachbarschaft. Und machen wir uns nichts vor: Nur wenn wir dies für Nahestehende tun, tun es Nahestehende auch für uns. »Es besteht aber die Gefahr, dass das Lebensende von bezahlten Dienstleistungen überwuchert wird«, sagt Reimer Gronemeyer. Das Sterben dem Markt zu überlassen, den Anbietern, ist keine Lösung. Und wir wissen das. Wir möchten bloß lieber nichts damit zu tun haben. Aber Weglaufen war noch nie eine Lösung.

Es gibt immer wieder Situationen im Leben, nicht nur im Sterben, in denen Menschen durchhängen, einbrechen, völlig verzweifelt sind, nicht ein noch aus wissen. Und da wünsche ich mir, dass sie nicht mit ihrer Not allein bleiben, sondern Menschen finden, denen sie sich offenbaren können, die ihnen zuhören, einen Arzt, der vielleicht sogar ein Medikament hat, mit dem er ihnen helfen kann. Das wünsche ich den Alten, den Sterbenden. Aber das wünsche ich auch jungen Leuten, die verzweifelt sind, die nicht mehr weiterwissen. »Lass uns noch mal darüber reden. Lass uns noch mal darüber schlafen. Lass uns gemeinsam eine Lösung finden«: Das klingt so banal und ist doch existenziell. Ich lebe ja nicht, weil ich mit mir allein im Reinen bin, sondern ich lebe, weil ich andere erreiche und von ihnen etwas zurück bekomme. Das ist die Basis unserer Existenz. Wir sind keine Solitäre, die einsam durch die Welt laufen und denen es egal ist, was links und rechts von ihnen geschieht. Im Gegenteil: Wir alle leben davon, egal in welchem Alter und egal in welcher Notlage, dass wir ein Gegenüber haben, mit dem wir uns austauschen können. Ohne den anderen erfahren wir uns selbst nicht. Und das ist in schwierigen und existenzbedrohlichen Situationen und auch am Ende eines Lebens noch viel wichtiger als im Alltag.

Ich möchte gerne, dass jeder von uns sich für das Sterben der anderen verantwortlich macht. Ich wünsche mir, dass wir uns nicht davor drücken. Ich möchte nicht, dass wir das Sterben wegretuschieren oder ausblenden, sondern dass wir das Sterben in unser Leben integrieren.

Ich will versuchen, an einem Beispiel, das mit dem Sterben gar nichts zu tun hat, deutlich zu machen, was ich meine. In unserer Nachbarschaft gibt es eine Unterkunft für Flüchtlinge aus Afrika, Syrien und Afghanistan. Meine Frau und ich kümmern uns gemeinsam mit anderen ehrenamtlichen Helfern um die Menschen, die dort leben. Inzwischen gibt es eine Vertrauensbasis. Die Erwachsenen erzählen uns immer mehr über ihre Flucht und ihr früheres Leben, und zwei Kinder sind anhänglich geworden, sie spielen bei uns oder machen hier ihre Schularbeiten. In den Sommerferien habe ich mich mit meiner Frau darin abgewechselt, mit den Kindern zum Schwimmen zu gehen. Nach einer halben Stunde Schwimmunterricht bin ich mit den Kindern etwas länger geblieben und habe mit ihnen im Wasser getobt. Am Schluss bin ich ins tiefe Wasser gegangen und habe sie ermutigt, selbst ins Becken zu springen. Da standen sie am Rand und sind tatsächlich nach nur zehn Tagen

Schwimmunterricht ins Wasser gesprungen und zu mir geschwommen – Kinder, die gerade mal ein paar Schwimmzüge gelernt hatten. Dieses Vertrauen, das sie mir entgegengebracht haben, hat mich glücklich gemacht. Es hat mich sehr berührt, wie Menschen, die sich kaum kennen und nur schlecht verständigen können, sich derart aufeinander einlassen und verlassen können.

Sicher, hier geht es nicht ums Sterben. Hier geht es um einen Sprung ins tiefe Wasser. Aber es geht ebenso darum, Angst zu überwinden, sich auf andere zu verlassen, einander nicht alleinzulassen, miteinander eine schwierige Situation zu meistern. Wir sind unser ganzes Leben lang auf andere angewiesen und schaffen gemeinsam mit anderen Dinge, die wir allein nicht schaffen würden – im Teamwork bei der Arbeit, beim Kindergroßziehen zu Hause, beim Sporttreiben im Verein, beim Engagement in der Gemeinde.

Gemeinsam ist so vieles möglich. Und wenn Fremde einander schon eine solche Stütze sein können, wenn Kollegen bei der Arbeit einem so nah sein können, dann sollte man meinen, dass Angehörige sich gegenseitig auch in einer existenziellen Phase stützen können. Natürlich ist so etwas Lebensbejahendes wie Schwimmenlernen nicht vergleichbar mit etwas so Schmerzlichem wie Sterbenmüssen, aber ich bin mir sicher, dass das eine wie das andere besser geht, wenn man zusammenhält.

Der Tod ist immer gleich, er ist das absolute Nichts. Aber das Sterben ist noch Teil des Lebens, es ist wandelbar, ich als Sterbender und auch die Menschen um mich herum haben darauf einen Einfluss! Vielleicht habe ich furchtbare Schmerzen, vielleicht kann ich nur noch schlecht schlucken, vielleicht habe ich Luftnot und Angst – aber ich lebe noch. Das bedeutet, dass ich Hilfe brauche. Aber das bedeutet auch, dass ich noch mittendrin sein kann. Und das möchte ich mir nicht nehmen lassen. Ich will nicht, dass irgendjemand sagt, das ist jetzt aber nicht mehr lebenswert. Ich allein entscheide, ob ich in einer solchen Situation noch leben will oder nicht, nicht jemand anderes. Und wenn ich noch leben will, trotz harter Einschränkungen, da brauche ich, da braucht jeder von uns einen Menschen verlässlich an seiner Seite, der sagt: Wir wollen mal sehen, was wir jetzt noch machen können. Ein Mensch, der dafür sorgt, dass unsere Lebensqualität an unserem Ende so gut wie möglich ist. Und das muss ein uns nahestehender Mensch übernehmen. Der Arzt kann die Medikamente verabreichen, das Sauerstoffgerät einstellen, aber auf uns und darauf achten, wie es uns geht und ob es uns besser gehen könnte – das kann nur unser Nächster übernehmen.

Ich habe als Jugendlicher während der Sommerferien in Bethel gearbeitet. Meinem Vater war sehr wichtig, dass jeder von uns Jungen dort vor dem Abitur eine Zeit lang in der Pflege hilft. Ferienzeit ist ja auch Urlaubszeit, insofern war meine Arbeitskraft und die meiner Brüder hochbegehrt. Wir mussten Männer pflegen, die hilflos wie Babys waren. Damals habe ich eine Nacht lang Sitzwache bei einem ehemaligen Anwalt gehalten. Der Mann war Alkoholiker im Delirium tremens, er lag im Sterben, ohne Angehörige. Also saß ich, ein 17-jähriger Junge, bei ihm. Ich habe diese Nacht bis heute nicht vergessen. Der Mann hat die ganze Zeit geredet, er hat sein ganzes Leben erzählt, als ließe er es noch einmal als Film vor sich ablaufen. Er hat mir Dinge aus seinem Leben erzählt, aus seinem Elternhaus, seiner Jugend, aus dem Krieg und seiner Familie.

Diese Nacht war für mich ein schrilles Erlebnis, denn ich hatte erwartet, dass ich jemanden überwachen werde, der still einschläft – so hatte ich mir zumindest das Sterben vorgestellt. Aber dieser Mann vor mir war ganz wach, dabei stand er kurz vor dem Tod. Manche Momente waren wie ein Wolkenriss, der den Blick auf den klaren Himmel freigibt – so sprach dieser sterbenskranke, streckenweise verwirrte Mann über sein Leben. Damals war ich unglücklich, fühlte mich überfordert. Was sollte ich junger Kerl diesem Sterbenden denn sagen? Was konnte ich ihm raten oder entgegenhalten? Heute weiß ich, dass es gar nicht darum ging. Dieser Mann brauchte nur jemanden, dem er alles erzählen konnte, was er noch loswerden musste. Er brauchte einen Menschen an seiner Seite. Mehr nicht, aber auch nicht weniger. In einer solchen Situation kann man nicht weglaufen, da kann man nicht sagen: Mir reicht es jetzt, ich will mich jetzt hinlegen und schlafen. Da muss man ihn reden lassen. Und er redete und redete sich seine Lebensgeschichte vom Herzen. Ich hatte damals das Gefühl, dass er sich auf diese Weise entlastete, befreite, erleichterte. Gegen Morgen wurde er still, und dann war er tot.

Ein Stück weit aushalten können – auch das gehört zum Leben. Ich kann einem Deliriker unmittelbar vor seinem Tod nicht seine Alkoholsucht vorwerfen, das ist absurd. Da stirbt ein Mensch, und ich muss ihn aushalten, so wie er ist. Sterbebegleitung heißt dabei nicht, dem Elend zuzusehen. Sterbebegleitung heißt, ganz nah an den Sterbenden heranzugehen, ganz offen seinen noch möglichen Äußerungen oder Gesten oder Wünschen gegenüber sein, ihm das Gefühl der Nähe und des Verstandenseins und des Nichtalleingelassenseins geben. Das ist unser aller Part, das ist

145

nicht Aufgabe eines Arztes oder einer Pflegerin. Die übernehmen die medizinische Versorgung. Für die menschliche Fürsorge müssen wir schon selbst einstehen. Wir wünschen uns ja auch, dass es jemand für uns tut.

Nur das Zusammenarbeiten von Angehörigen, Pflegern, Hospizhelfern und Ärzten wird ein würdevolles, ein barmherziges Sterben ermöglichen können. Der Arzt, der mir die Schmerzen nimmt, die Pflegerin, die meinen Rücken einreibt, die Hospizhelferin oder meine Lieben, die mir die Hand halten und mir zuhören – die geben Zuwendung, die ich uns allen wünsche, wenn wir sterben müssen.

Ich glaube, dass das Vertrautwerden mit Sterbenden eine besonders intensive Form des Miteinanderlebens ist. Es hat damit zu tun, den anderen in seiner letzten Not als jemanden anzunehmen, der begleitet und gestützt und getragen werden will. Johannes Rau, der sehr gläubig war, hat mir, als er alt wurde, immer wieder gesagt, er fühle sich getragen. Er meinte dabei den lieben Gott. Ich habe dann immer erwidert: Wenn du das für dich sagen kannst, ist das großartig – ich kann das nicht. Aber deswegen bin ich doch nicht ohne Trost. Ich fühle mich von den Menschen um mich herum getragen. Menschen, die sagen, es ist uns nicht egal, wie es dir geht. Menschen, die sagen, wir bleiben bei dir, bis zum Schluss. Menschen, die alles Menschenmögliche tun, damit es mir bestmöglich gehen wird, wenn ich sterben muss. Das ist meine Lebenshilfe und das ist meine Sterbehilfe. Und die wünsche ich allen anderen Menschen auch.

6 An der Seite der Sterbenden bleiben

Annelie Keil

Alles braucht seine Zeit: unterschiedliche Zeiterfahrungen

»Der Tod kann auch freundlich kommen zu Menschen, die alt sind, deren Hand nicht mehr festhalten will, deren Augen müde sind, deren Stimme nur noch sagt: Es ist genug. Das Leben war schön.« So die Todesanzeige für Dr. Walter Franke, den ehemaligen Senator für Bildung in Bremen, im November 2015. Hier hat mitfühlende Begleitung und Nachdenklichkeit den einverständlichen Abschied sicher erleichtert. Von der Freundlichkeit des Todes ist in Todesanzeigen eher selten die Rede. »Gekämpft, gehofft und doch verloren«, heißt es in anderen Anzeigen meistens dann, wenn dem Tod eine schwere Krankheit vorausgeht und die begleitenden Menschen bis zuletzt in den aufreibenden Lebenskampf des Patienten einbezogen waren und wenig Zeit für die Annahme des Abschieds blieb.

Alles braucht seine Zeit. Der schwer erkrankte Mensch braucht für die geballte Energie seiner peinigenden Schmerzen eine andere Zeit als die alte Dame, die während der Nacht friedlich einschläft. Ärzte und Pflegende stecken in Zeitschienen, die die individuelle Begleitung von Patienten oft schwer machen, und Angehörige kämpfen ebenfalls mit knappen Zeitbudgets zwischen Beruf und Familie, um

Raum für den Abschied von einem geliebten Menschen zu finden. In Danksagungen, die Hospiz, Palliativstation, ambulante Pflegedienste oder ehrenamtliche Helfer manchmal erreichen, werden vor allem Zeit, Geduld und die persönliche Zuwendung hervorgehoben, die dem Verstorbenen so gutgetan hätten.

Die Uhren für die Einstellung auf das Unvermeidliche, für die Dauer des jeweiligen Sterbens oder für die Erinnerung der Umstände zum Zeitpunkt des Todes ticken und messen Zeit anders als im Takt von Stunden. Körper, Geist und Seele brauchen unterschiedliche Zeiten, wenn es um den endgültigen Abschied geht. Manchmal braucht die Seele mehr Zeit als der Körper, oder der Geist eilt in Gedankenflucht allem voraus. Im begleiteten Sterben spürt man besonders, wie fließend und individuell die Grenzen sind. Innere und äußere Prozesse überlappen sich, Abläufe geraten in Unordnung. Auch im Sterben bleibt der Mensch ein lebendiges, weniger ein logisches Beispiel des Lebens. Ein anschauliches Beispiel ist der Bericht von Harald Alexander Korp. Über das Sterben seiner Mutter schreibt er: »Arzt und Krankenschwester stehen mit ernstem Gesicht am Bett meiner Mutter, die nur noch flach atmet. Ich befürchte das Schlimmste. Plötzlich schlägt meine Mutter die Augen auf, blickt uns verdutzt an und fragt: ›Kann man den Tod nicht abbestellen?‹ Sie schmunzelt und wir können nicht anders, als berührt zu lachen. Im Heim für betreutes Wohnen muss man, was man haben will, bestellen – und wenn man es nicht will, eben abbestellen. Warum also nicht auch den Tod abbestellen? Sie lächelt mich an und gibt Anweisung, ich solle ihr erst mal einen starken Kaffee holen ... Eine kleine und doch hilfreiche Insel des Aufatmens im Meer des Leidens.« (vgl. Harald Alexander Korp: Am Ende ist nicht Schluss mit lustig, Gütersloh: Gütersloher Verlagshaus 2014)

Von Sterbenden neu lernen, was Menschsein heißt

»Wenn das Annehmen wichtiger wird als das Machen«, sind kranke Menschen in der Palliativmedizin und in der palliativen Pflege angekommen, sagt der Mediziner Giovanni Maio. Jetzt geht es vorrangig um die Begleitung. Um ihren Abschied leben zu lernen, müssen sich Menschen und ihre Begleiter besondere Fragen stellen. Wie kann man sein Leben unter den schwierigen Umständen am Ende noch annehmen lernen? Haben Autonomie und Selbstbestimmung noch Bestand? Was geht verloren? Lohnt sich eine Weiterbehandlung, und was bedeutet der Zeitgewinn einer Lebensverlängerung persönlich und was für die Angehörigen? Marcel Proust schrieb über seine Gefühle nach dem Tod seiner Mutter, wenn er sicher gewesen wäre, seine Mutter irgendwo wiederzufinden, hätte er sofort sterben mögen.

Die Erfahrungen im begleiteten Sterben an den verschiedensten Orten zeigen vor allem eines: Jeder Mensch stirbt auf seine Weise, denn es gibt so viele Arten zu sterben wie es unterschiedliche Prägungen des Lebens gibt. Da gibt es Kämpfer und Sieger, Klag- und Kampflose, die Stolzen und die Gedemütigten, die Tapferen, Gläubigen und Zweifler. »Ich spüre, Erlösung wäre wichtig, aber ich habe den Faden zu diesem Wort verloren«, sagt eine Patientin wenige Tage vor ihrem Tod. Wie können wir »klug« werden, und wer könnte uns »lehren«, worum es geht, wenn wir andere Menschen im Sterben begleiten? Und wie erfahren wir, worum es geht, wenn unser eigenes Leben zu Ende geht. Werden wir an einem geeigneten Ort angekommen sein, der uns erlaubt, den Faden zu uns selbst und unserem Leben aufzunehmen? Werden wir uns begleiten lassen oder es überhaupt wollen?

In der Begleitung leidender, schwerkranker und sterbender Menschen stoßen wir zusammen mit ihnen auf die Essenz menschlichen Daseins. Sterblich zu sein, heißt für jeden, ins Leben hineinzuwachsen, Gebrechlichkeit spüren zu lernen und am Ende zu vergehen. Wir haben es bereits gesagt: Der erste große Abschied im Leben ist die Geburt. Im Akt der Entbindung wird bereits deutlich, wie schmerzlich Abschiede, Wandlungs- und Entwicklungsprozesse auch im weiteren Verlauf des Lebens sein können. Niemand weiß, was ihm das Leben bis zum Zeitpunkt des Todes bescheren wird, welche Fragen gelöst sein und welche bleiben werden. Die Fragen, die sich am Lebensende stellen, drehen sich um Medizin, Psychotherapie, Theologie, Kultur, Ethik und um die sozialen Begleitumstände und biografischen Prägungen derer, die Abschied nehmen müssen. Es geht um Eingeständnisse, Erfüllung, Erlösung und vor allem um das Erleben der unmittelbaren Bedrohung von allem, was der jeweilige Mensch bisher war, im begleiteten Sterben immer noch ist, aber bald nicht mehr sein wird. Vieles muss gelernt, neu gesehen oder umgedeutet werden.

Mensch sein heißt auf Hilfe angewiesen zu sein, abhängiger zu werden, in der Anwesenheit von anderen, auch fremden Menschen sich seiner Gefühle nicht zu schämen, auch wenn die Angst vor Ablehnung, Ausgrenzung und dem Verlust von Autonomie und Selbstbestimmung besonders groß ist.

Mensch sein heißt, Regisseur und Autor des eigenen Lebens zu bleiben, den vielen Arten von Bevormundung und Fremdbestimmung entgegenzutreten und gleichzeitig verbunden zu bleiben, Vertrauen zu haben, immer noch kleine Netzwerke aufzubauen und wieder zu verlassen, wenn es notwendig oder zu mühevoll wird.

Mensch sein heißt besonders im hohen Alter, leichter verletzt werden zu können, Ungerechtigkeit zu erfahren, nicht ernst genommen und übersehen zu werden. Es heißt aber umgekehrt auch, fordernd, selbstgerecht, überheblich, verletzend, dominant und oft auch undankbar gegenüber denen zu werden, die als Angehörige und professionelle Helfer an der Seite der alten Menschen um deren Wohlbefinden bemüht sind.

Die Begegnung mit Sterbenden und ihren Angehörigen, ihren Schicksalen, Lebensmustern, ihrer Rückschau auf das bisherige Leben und letztlich ihre aktuelle Begegnung mit dem Tod ist eine Lebenserfahrung, die über das Fassbare hinausgeht und die ungeheure Dynamik verdeutlicht, die im ewigen Gesetz des »Stirb und Werde« steckt. Dabei entsteht ein Wissen, auf das eine Kultur der Menschlichkeit am Lebensende nicht verzichten kann. Menschen sind wie Bäume, Heiligtümer der Schöpfung, schreibt Hermann Hesse. Passend zur Begleitung sterbender Menschen heißt es bei ihm sinngemäß: Wer mit ihnen zu sprechen, wer ihnen zuzuhören weiß, der erfährt die Wahrheit, denn sie erzählen vom Urgesetz des Lebens, dem Kern, Gedanken und Funken, der in jedem Menschen verborgen ist. Wenn Menschen sterben, betreten ihre Begleiter mit ihnen zusammen einen Raum, der auf eine besondere Weise gefüllt und leer zugleich ist und der in seiner Präsenz besondere Wachheit, Achtsamkeit und Ehrfurcht vor dem Geheimnis des Lebens verlangt, das in jedem sterbenden Menschen noch einmal hervortritt.

Die kleine Maria war Ausdruck dieses Geheimnisses. Sie hatte in ihren wenigen Jahren die Bedeutung des »Stirb und Werde« am eigenen Leibe erfahren. Als sie erkannte, dass sie sterben würde, war sie auf besondere Weise »klug« geworden.

Die Trauma- und Musiktherapeutin, die sie in ihrem Sterben begleitet hat, erzählt: »Maria war 9 Jahre, als ich sie kennenlernte, und litt an einer angeborenen Immunerkrankung. Sie war klitzeklein und schwach, aber sie malte viel, spielte Querflöte mit gebogenem Mundstück, obwohl sie vor Schwäche nicht mehr laufen konnte. Die Beziehung Mutter–Tochter war sehr eng. Die Mutter konnte sich ein Leben ohne ihre Tochter nicht vorstellen. Die Familie war sehr gläubig, mit Maria konnte ich offen über ihren Tod sprechen, sie hatte sehr genaue Vorstellungen, dass sie dann bei Gott sein und es ihr gut gehen werde. Und trotzdem war sie unendlich traurig, weinte viel. Ich spürte immer, dass irgendetwas anderes sie sehr bedrückte. Und dann sagte sie eines Tages: »Ich kann doch nicht für meine Mama am Leben bleiben – wenn ich tot bin, kümmerst Du Dich dann um Mama?« Ich versprach es, und so geschah es nach ihrem Tod.«

Maria hat ein mündliches Testament gemacht und eine Erbin eingesetzt.

Sie hatte kein Geld oder Haus zu vererben, aber wollte sich um ihre Mama kümmern, gerade weil sie nicht wegen ihr am Leben bleiben konnte. In der Sterbebegleitung geht es nicht nur um die Sterbenden selbst, sondern immer auch um die Zurückbleibenden. Maria wurde konkret. Selbstsorge und Fremdsorge gehen Hand in Hand, und wenn nötig, muss man Kummer und Sorgen delegieren.

Ein anderes Beispiel zeigt, wie sich in der Sterbebegleitung der Wunsch nach Wahrhaftigkeit ausdrückt. Einem elfjährigen Mädchen war es trotz aller Versuche nicht gelungen, mit ihren Eltern ins Gespräch zu kommen. Sie wusste, dass sie sterben würde und auch, dass sie AIDS hatte, obwohl über beides nicht mit ihr gesprochen wurde. Eines Tages fragt sie eine ihrer Begleitpersonen: »Redest du mit den Kindern auch, wenn die Eltern das nicht wollen?« – »Ja, auch dann. Wenn die Kinder mit mir darüber reden möchten, dann tue ich das auf jeden Fall. Wenn die Eltern das nicht wollen, erfahre ich es manchmal sowieso erst hinterher, manchmal gar nicht und manchmal sind sie auch böse mit mir. Aber dann versuche ich mit den Eltern darüber zu reden.« – »Weißt Du, jetzt bin ich richtig froh, und wenn du morgen kommst, dann reden wir darüber.«

Auch dieses Mädchen führt uns in jenen Raum beim begleiteten Sterben, in dem es um die Wahrheit und den Respekt gegenüber denen geht, die sich ihrem Sterben stellen müssen, dabei an ihre Grenzen geraten und zunächst um nichts weiter als ein Ohr bitten, das zuhören kann. So schwer es ist, Kinder in ihrem Sterben zu begleiten, so wissen wir von ihren ärztlichen und anderen Begleitern, wie berührend es ist, zu erleben, wie offen und ehrlich, oft um die Eltern besorgt, tapfer und lebenszugewandt sich viele Kinder ihrem Lebensende stellen und wie verschlossen, nur auf sich bezogen, lebensmüde statt lebenssatt viele Hochbetagte das Lebensende nur noch ertragen.

Wenn der Tod den Raum betritt, öffnet sich der Blick

Irreversibel treibt uns die Lebenszeit voran, fragt nicht nach woher und wohin. »Was vorüber ist, ist nicht vorüber«, schreibt die Lyrikerin Rose Ausländer, und jeder Trauernde weiß, wie ambivalent das Gefühl im Augenblick des Todes eines geliebten Menschen ist, ob alles nun endlich vorüber ist oder nie vorüber sein sollte, damit die Erinnerung einen festen Ort hat. Wenn der Tod in den Raum tritt, ist fast alles anders, die Verwirrung noch größer, durch die Stille geht ein Schrei und löst gleich wieder Stille aus. Seelische und geistige Lebenskonzepte brechen zusammen. Der Sinn des Bisherigen scheint entwichen. Manche und manches steht Kopf, anderes wird auf die Füße gestellt. Vorher und Nachher haben die Rollen gewechselt, was zur Sprache kommt, ist ungewiss. Anton Tschechow, nicht nur Dichter, sondern auch Arzt, schrieb nach dem Tod seines Vaters kategorisch: »Das wäre nicht geschehen, wenn ich zu Hause gewesen wäre. Ich hätte es nicht zum Tode kommen lassen.« (Zit. bei Barbara Dobrick: Wenn die alten Eltern sterben, Stuttgart, Kreuzverlag 1989.)

Wir würden dem Tod gern Paroli bieten. So überwältigend und unerwartet es sein kann, wenn Sterben und der Tod an die Tür klopfen, so sicher haben wir bis dahin jeden Tag gelebt, schmerzhafte Abschiede erfahren haben und erlebt, wie wir älter werden. Immer gibt es auch vor dem Lebensende Anlässe, sich der vergänglichen Seite des Lebens zuzuwenden, die zu unserem Leben gehört, auch wenn sie meistens im Schatten unseres Bewusstseins liegt. Am Ende legt uns das Leben eine Art Protokoll vor, aus dem hervorgeht, dass nichts so geblieben ist wie es war! Es wird sichtbar, was wunschgemäß und erfolgreich verlaufen oder liegen geblieben ist, welche Fragen beantwortet und welche immer noch auf der Tagesordnung stehen. Was wird zum »Nachlass«? Wer soll etwas erben? Wo bleibt das seelischgeistige Erbe, und wo bleiben die persönlich bedeutsamen Dinge, die niemand haben will? Wer soll sich um uns oder um die kümmern, für die wir bisher Hilfe waren? Welcher Streit ist noch zu schlichten? Welche Kränkung wartet auf Vergebung? Über was wäre mit wem noch zu sprechen?

»Jetzt, wo mein Bruder gestorben ist, weiß ich ganz genau, ich muss alles für ihn mitarbeiten und mittun, was er nun nicht mehr tun kann«, zitiert ein Therapeut seinen sechsjährigen kleinen Patienten, der seine Ahnung ausdrückt, dass ihn dieser Abschied noch lange in seinem Leben beschäftigen wird.

»Manchmal hasse ich meine Schwester dafür, dass sie gestorben ist. Alles ist anders als vorher. Sie hat alles kaputtgemacht«, sagt ein kleines Mädchen in der Therapiestunde. Jedes Familienglied hat seine eigene Trauer, die zuhörende Anerkennung und vielleicht besondere Begleitung braucht.

Die Lebens- und Gefühlslandschaften, die in der Begegnung mit Tod und Sterben ans Tageslicht kommen, sind bunt, überraschend, nicht nur schwarz. Im Sterben zeigt sich menschliches Leben in allen Farben, Schattierungen, Gefühlslagen und Denkmustern. Es gibt nichts mehr zu verlieren, wenn das Ganze sich auflöst. Wenn es konkret wird, stehen unterschiedlichste Reaktionen im Raum: Schock, Weinen, Starre, Verzweiflung, Hadern und Trauern, manchmal aber auch Lachen, Dankbarkeit, Demut, das Gefühl von Erlösung, Befreiung oder Vertröstung.

In den Zeitungen in den USA wurde berichtet: Als John, der Sohn von Präsident Kennedy, nach dem Tod seines Vaters ins Weiße Haus zurückkam und die frühere Sekretärin seines Vaters traf, sah er sie an und fragte: »Wann kommt mein Vater zurück?«

Earl A. Grollman erzählt in seinem Buch »Mit Kindern über den Tod sprechen« (Neukirchen–Vluyn: Aussaat 2004) von einer Frau, deren Ehemann gerade bei einem Autounfall gestorben war. Wie konnte sie ihrer vierjährigen Tochter die schreckliche Nachricht mitteilen? Sie sagte: »Papa ist für lange Zeit verreist!« Das kleine Mädchen wurde wütend, war keineswegs beruhigt, sondern über alle Maßen enttäuscht. »Warum hat er nicht tschüss gesagt?« schrie sie.

Kinder brauchen Klarheit, über das, was passiert ist, um sich ein Bild zu machen, dass der Realität entspricht. Und manchmal phantasieren sie sich eine Welt herbei, in der ihre Liebsten hinübergegangen sind, um mit ihnen zu singen oder zu sprechen.

Mit solchen tröstlichen Phantasiewelten kommen Behörden weniger klar. Ein Beispiel: Die katholische Afrikanerin Augustine va Kintimba will nach heimatlichem Brauch beerdigt werden, allerdings in Aachen. Die ganze Familie der alten Dame begleitet den Trauerzug mit Trommeln und Trompeten zur Grabstätte. Die Hinterbliebenen singen, tanzen, lachen und freuen sich, dass die Verstorbene von ihren Schmerzen erlöst in eine bessere Welt gewandert ist. So eine Totenfeier hat der Aachener Friedhof noch nicht erlebt, die Stadtverwaltung verhängt ein Bußgeld wegen Verstoßes gegen die kommunale Bestattungsordnung und die Justizbehörde begründet den Strafbefehl wie folgt: »Die Beisetzung unter Trommelbegleitung erfolgte nicht in der Form eines ruhigen Trauerzuges, sondern tanzenderweise, wobei der Sarg mehrmals hochgeworfen wurde.« Übrigens wurde der Sarg immer wieder auch aufgefangen, wenn er im Rhythmus der Musik hochgeworfen wurde. (Vgl. H. A. Korp: Am Ende ist nicht Schluss mit lustig, Gütersloh: Gütersloher Verlagshaus 2014.)

Die Angst vor dem Abschied vom Leben und die Folgen

Nicht den Tod fürchten sie, sagen die gesunden Alten und Hochbetagten, die noch munter unterwegs sind, ihre Jahre genießen, keine großen Sorgen haben, sich selbst versorgen können oder gut versorgt sind. Das Schlimmste, was ihnen passieren könnte, wären ihrer Meinung nach Gebrechlichkeit und Pflegebedürftigkeit, die sie unselbständig und von fremder Hilfe abhängig machen würden. Nicht zuletzt um dieser Fremdbestimmung zu entkommen und dennoch medizinisch gut »versorgt« aus dem Leben scheiden zu können, ist eine leidenschaftliche Debatte um das Recht auf selbstbestimmtes Sterben durch »assistierten Suizid« entstanden, für das sich aktiv eher eine Minderheit alter Menschen einsetzt. Für die vielen anderen Alten und Hochbetagten aber, die sich relativ lange gesund fühlen, sich aber gleichzeitig zunehmend mit ihren vielfältigen Ermüdungs- und Abnutzungserscheinungen, dem Verlust ihres Hör- und Sehvermögens, ihrer Zähne, ihrer Mobilität oder ihres Gedächtnisses auseinandersetzen müssen, geht es am Lebensabend vorrangig nicht um die Frage der Selbsttötung oder darum, den eigenen Todeszeitpunkt selbst bestimmen zu können. Sie fragen eher nach der Lebensqualität für die verbleibenden Jahre. Hochbetagt und lebenserfahren wollen sie weiterhin ihren Lebensabend meistern, dem endgültigen Abschied standhaft entgegengehen, weiterleben, ihre Würde nicht verlieren und um so viel Selbst- und Mitbestimmung wie möglich kämpfen. Die meisten Alten wollen unabhängig von der nötigen Pflege und Versorgung ihr Leben selbst in der Hand behalten. So ist für pflegebedürftige wohnungslose Menschen, die das übliche Wohnen mehr oder weniger verlernt haben, der Einzug in ein Pflegeheim fast undenkbar, weil sie sich dort gegenüber anderen alten Menschen eher fehl am Platz, unerwünscht und ausgegrenzt fühlen. Aus Angst vor dem Verlust ihrer Autonomie in einer Einrichtung leben sie lieber bis zum Tod auf der Straße.

Gesund und ohne Befund, an Erfolgen und Jahren reich, selbstbestimmt und glücklich alt geworden zu sein, ist jene Erfolgsgeschichte des Alters, die alle Menschen lieben und für die in Hochglanzbroschüren Werbung gemacht wird. Wer als sportlicher Mann über 90 Jahre alt wird, keinen Bauch hat und nicht dement ist, das vierte Mal heiratet, frei und selbstbestimmt durchs Leben geht und dazu noch Marathon läuft, ist nicht einfach nur ein »biologisches Wunder«, sondern wird als realistische Möglichkeit für jedermann propagiert. Für die Mehrheit der Alten ist dies eine schreckenerregende Überforderung. Das Foto von der hochbetagten Dame im Spagat am Laternenpfahl in New York ist für viele Frauen zur Ikone geworden. Wer im Angesicht solcher Helden nur 80 Jahre alt wird, über kleinere Spaziergänge nicht hinauskommt, Einbrüche in der Alltagsbewältigung als kleine Katastrophen erlebt, sich mehr nach Hilfe denn nach Autonomie sehnt, muss sich angesichts solcher Schwächen fragen, was er eigentlich falsch gemacht hat: Warum ist das Alter für ihn selbst tatsächlich nichts anderes als eine Dauerkrankheit und ein gemeiner Dieb von Selbständigkeit und Selbstbestimmung? Menschen beklagen sich oft eher über ihr Alter als sich zu freuen!

Mit Glück und entsprechenden Ressourcen, sorgfältiger Lebensführung und medizinischer Hilfe können Menschen heute relativ lange leben und im Lebensalltag zurechtkommen. Die Lebenserwartung ist gestiegen, die Risiken des täglichen Überlebens sind überschaubar. Der Medizin ist es gelungen, auch schwere Krankheiten wie Herzinfarkte, Krebs, Atemwegserkrankungen, Schlaganfälle und andere so zu behandeln, dass sie nicht zum sofortigen Tod führen, sondern ein Leben danach in guter Qualität auch für längere Zeit möglich ist. Dass das längere Überleben aber gleichzeitig für viele chronisch kranke Menschen auch mit Hilfsbedürftigkeit und Abhängigkeit verbunden bleibt, ist die andere, eher verdrängte Seite der Medaille. Zusammenbrüche können hinausgezögert, Prozesse des Verfalls verlängert, Burnouts »gelöscht«, Fett und Falten, wenn erwünscht, weggesaugt werden. »Fit und gesund bis hundert« heißt das Kampflied. Krankenkassen zählen die Hundertjährigen, während den Kommunen Geld und Personal für die Übergabe der Blumensträuße ausgehen! Die jungen Alten fürchten sich schon in den mittleren Jahren vor natürlichen Alterungsprozessen, vor Wechseljahren aller Art und den sichtbaren Folgen. Wer vergisst, sieht sich bereits als dement. Normalität wird zur Wahnvorstellung gesteigert. Eingestimmt auf den unaufhaltsamen Fortschritt der Medizin, den festen Glauben an Ersatzteile und eine Pille für jedes Problem, ziehen Menschen in den reichen Zivilisationsgesellschaften in den Krieg gegen Alterserscheinungen. Hauptsache gesund! Das Leben selbst verblasst in der Statistik. Die Erinnerung an Verletzlichkeit und Endlichkeit verliert ihre produktive Rolle im Bewusstsein der Menschen, denn weitgehend herrscht Schweigen über das, was jeden Menschen angeht und irgendwann trifft. Außer in Nachrichtensendungen, Filmen und Büchern haben Gebrechlichkeit, Sterben und Tod so lange im Alltagsleben keinen Platz, bis es um den eigenen oder den Tod von Angehörigen und Freunden geht. Dann aber ist guter Rat teuer!

Telefonnummern für Bestattungsunternehmen findet man im Branchenverzeichnis. Das konkrete Wissen und die lebenspraktischen Erfahrungen im Umgang mit schwer kranken und sterbenden Menschen sind verblasst. Die Totenglocke läutet immer für andere, und Menschen beschließen schon früh, dass sie auf jeden Fall zu Hause im engsten Familienkreis gepflegt werden und sterben wollen, wie unrealistisch das auch sein mag. Viele sind schon lange erwachsen, bis sie den ersten Toten sehen oder mit einem Sterbenden in Berührung kommen. Auch auf Intensivstationen, in Alten- und Pflegeheimen, in Nachbarschaften, Wohnblocks und auch in Familien herrscht in der Regel selbst auferlegtes Rede- und Denkverbot. Möglichst nichts soll daran erinnern, dass Gebrechlichkeit, Hilfsbedürftigkeit und der Tod in jedem Augenblick, an jedem Ort, unabhängig vom Alter und mitten in der hochdosierten Welt der Medizin um die Ecke biegen können und sich vor uns nicht rechtfertigen müssen.

An Stelle klärender Gespräche mit Familie und Freunden, vorzeitiger Information über Wohnformen im Alter und rechtliche Vorgaben, über Formen der Begleitung, Begleitpersonen, über Hospizarbeit und Nachbarschaftshilfe füllen viele Menschen heute immerhin ersatzweise eine vorformulierte Patientenverfügung aus, damit irgendein Gefühl von Vorsorge, Selbstbestimmung bleibt und Vertrauenspersonen im Ernstfall handlungsfähig bleiben. Der Tod wird fixiert, bestimmte Maßnahmen werden festgelegt und andere kategorisch abgelehnt. So nützlich solche Verfügungen sein mögen: Statt Urkunden braucht es eine eigene sinnstiftende Vorbereitung und vor allem vertraute und greifbare Gefährten, damit das Sterben weniger trostlos in eine Kultur der mitmenschlichen Begleitung eingebettet wird. Solche Verfügungen haben auch nur dann Sinn, wenn sich die Palliativmedizin im Umgang mit Sterben und Tod zu dem erforderlichen Perspektivwechsel entschließt, vor allem aber, wenn wir insgesamt zu einer sprechenden und »hörenden Medizin« kommen, wie der Palliativmediziner Gian Domenico Borasio fordert. Zu den größten Hindernissen für eine echte Selbstbestimmung am Lebensende gehören die mangelhafte Arzt-Patienten-Kommunikation, die ressourcenfressende Überdiagnostik, die Übertherapie sowie die gleichzeitig unzureichende palliative und pflegerische Versorgung. Für die Beseitigung dieser Hindernisse bedarf es auf allen Seiten des Entschlusses, dem letzten Tabu, über das Sterben zu reden und den Abschied leben zu lernen, entschiedener entgegenzutreten.

Im ständigen Aufwind und stürmischen Vorwärtsdrängen ist das Leben zwischen sinnvollem Leistungsstreben, Selbstoptimierung und dem Wunsch nach einem »guten« Leben aus der Balance geraten: durch Sinnentleerung, Sprachlosigkeit, Leistungsdruck bis weit in die Privatsphäre, individuelle Konsumräusche und Selbstausbeutung, durch eine Zusammenballung von Selbstbestimmung, Enteignung und Fremdbestimmung. Die Fähigkeit, in Würde alt zu werden und selbstbestimmt sterben zu können, ist beschädigt worden, weil das Nachdenken über die Bedingungen eines selbstbestimmten Lebens schon vorher auf der Strecke blieb. Der Lebenshaushalt ist lange vor dem Lebensabend nicht mehr ausgeglichen, vielen Menschen fehlen die motivierenden Kräfte, sich dem Lebensabschied lernbereit zuzuwenden. Weniger lebenssatt als altersmüde, spüren viele Menschen in ihrer Alltagshetze nicht mehr, wann die Zeit gekommen ist, in der das Leben in eine andere Richtung einschwingt, der langen Aufbauphase nun Abbauprozesse folgen, wenn Lebenskonzepte überdacht werden müssen, Unsicherheiten zunehmen und der Alltag mehr und andere Hilfe nötig macht.

Dass Menschen länger, gesünder und selbstbestimmter leben können, ist ein Segen, der ohne Zweifel auch der Medizin und der Gesundheitsvorsorge zu verdanken ist. Aber das Wissen, dass zur »Aufwärtsbahn« im Rhythmus des Lebens die natürliche »Abwärtsbahn« gehört, wurde mehr und mehr aus dem Bewusstsein gedrängt. Alter, Gebrechlichkeit und Tod wurden mehr oder weniger auf ein medizinisches Problem reduziert, dem man mit Medikamenten, Operationen und technischen Geräten zu Leibe rückt. Es wird bis zum letzten Atemzug behandelt. Dabei ginge es doch viel mehr darum, einzusehen, dass es am Lebensende um einen Zustand geht, in dem Menschen nicht nur weniger Medizin, sondern vor allem mehr personenbezogene Hilfe und Sorge für die Qualität eines Lebens brauchen, das nach wie vor so erfüllt und sinnvoll wie nur möglich sein soll. Nicht allein sein, weniger leiden, im Dialog bleiben: Das ist, was gegen Ende und bis zuletzt zählt.

»Ich mag allein nicht gehen«

Julie von Hausmann hat vor mehr als 150 Jahren mit einem der bekanntesten Kirchenlieder »So nimm denn meine Hände und führe mich« dem besonderen Abschiedsgefühl vieler Menschen am Ende ihres Lebens Ausdruck verliehen. Müdigkeit, Angst und Trauer mischen sich oft mit festem Glauben und verknüpfen die Suche nach Hilfe mit der Bitte um Führung. Die Hoffnung, dass alles ein gutes Ende nehmen möge, trägt nicht nur die Gläubigen. Seit jeher verbinden Menschen die Erfahrung von Bedrohung mit der Bitte um Hilfe und Begleitung. Der Gläubige ruft nach Gott, das Neugeborene nach der Mutter, der Kranke bittet den Arzt um Hilfe, der Flüchtling hofft auf Asyl. In dem Lied bittet der Sterbende im Vertrauen auf Gott um dessen Führung und Geleit bis zum seligen Ende. Ein sterbender

Vater bittet seinen Sohn, eine Frau ihren Arzt, ein sterbendes Kind die Krankenschwester um Geleit und eine Hand, an der sie gehen können. *»Ich mag allein nicht gehen, nicht einen Schritt!«* Sterbende wollen mit der Welt verbunden bleiben und begleitet werden. In unterschiedlicher Weise wollen fast alle Menschen am Ende des Lebens noch gehört werden. Sie wünschen sich, nicht allein zu gehen, eine Hand zu spüren, die Halt auch dann bietet, wenn sie zittert. Sie möchten Erbarmen, Vergebung und Annahme spüren, um die Welt hinter sich lassen zu können, zur Ruhe kommen und vertrauen, was auch immer geschieht.

Die Begleiter von heute sind die Sterbenden von morgen

Leben und Sterben machen immer gemeinsame Sache, hängen immer zusammen und stiften auch dann zur Hilfe an, wenn wir uns dieser verweigern möchten. Miteinander sprechen, Gefährten suchen, auf Familien, Nachbarschaften und Gemeinschaften vertrauen, auch am Ende zusammen mit anderen noch die kleine, verbliebene Umwelt gestalten, das sind die oft wenig beachteten Gestaltungsprinzipien des Lebendigen. Das Geschenk der nackten Geburt ist von Anfang an auf Solidarität, Begleitung und gemeinschaftliches Miteinander angelegt. Es verlangt unter allen Bedingungen und gerade am Lebensende eine Kultur der Menschlichkeit, die praktisch wird und Güter und Ressourcen, Liebe und Beziehungen, Familien und Nachbarschaften teilt.

Nicht allein sein, weniger leiden, im Dialog bleiben – das sind die Kerngedanken im begleiteten Sterben und die stützenden Säulen, wenn man über das Sterben reden und den Abschied leben lernen will. Manche Sterbende sind sehr jung, andere fühlen sich in der Mitte ihres Lebens, und wieder andere sind hochbetagt und rechnen trotzdem nicht mit dem Lebensende. Sie sterben zu Hause, in Krankenhäusern, Pflegeheimen, Hospizen oder als Wohnungslose auf der Straße. Sie sterben allein, werden von Angehörigen, Freunden, Nachbarn und ambulanten Diensten begleitet, wollen selbst bestimmen, mit nichts etwas zu tun haben oder sich einfach anvertrauen. Manchen Menschen ist das Abschiednehmen dadurch erschwert, dass sie eine schwere Krankheit durchleiden müssen, die ihre ganze Energie beansprucht und wenig Raum lässt, das Sterben zu lernen. Sterben hat viele Gesichter, und so vielfältig sind auch die Aufgaben im begleiteten Sterben, wenn es darum geht, die Zeit und den Raum zwischen Leben und Tod zu gestalten.

Von einer gelungenen Begleitung berichtet eine Hospizhelferin im Gemeindebrief einer Kirchengemeinde: »Vor einigen Jahren wurde ich gebeten, einen alten Mann zu besuchen, der an einem Tumorleiden in der Endphase litt und bettlägerig war. Er lebte allein, seine Frau war gestorben und sein einziger Sohn kam selten zu Besuch, denn der alte Mann mochte seine Schwiegertochter nicht. Tagsüber wurde er privat gepflegt, ich kam nachmittags und blieb einige Stunden. Er war ein sehr schwieriger alter Herr, verschlossen und verbittert. Ich weiß, dass es für einen Kranken besonders schwer ist, sich an einen fremden Menschen an seinem Bett zu gewöhnen, und ich beschloss, sehr behutsam mit ihm zu sein und ihm Zeit zu lassen mit einer Annäherung. Ich hatte mir ein Buch mitgebracht, denn er schlief sehr viel. Aber schon bald sagte er, dass er es nicht gern habe, wenn ich lese. Also legte ich das Buch beiseite und die Hände in den Schoß, jedoch auch das gefiel ihm nicht. So schlug ich vor, meine Handarbeit mitzubringen. Das fand seine Billigung, ich saß strickend an seinem Bett, und er sagte mir, so fühle er sich wohl, weil ich ihn an seine Mutter erinnerte. Damit hatte ich Zugang zu ihm gefunden, und er begann langsam aus seinem Leben zu erzählen. Eines Tages ging mir die Wolle aus, und ich sagte spontan: ›Nun kann ich nicht länger stricken, der Faden ist zu Ende.‹ Er erwiderte sehr schnell: ›Auch mein Faden ist am Ende, mein Lebensfaden.‹ Und er begann von seiner Schwiegertochter zu sprechen, wie sehr er darunter leide, dass er ihr Unrecht getan habe, aber dass es nun zu spät sei. Mich rührte sein Schmerz und ich fragte ihn, ob er einverstanden sei, wenn ich mit seinen Kindern sprechen würde. Er nickte und gab damit sein Einverständnis. Die Kinder hatten wohl schon lange auf ein Zeichen des Vaters gehofft, aber nicht mehr damit gerechnet. Sie haben nicht gezögert, den Vater gleich zu besuchen. Es hat eine Aussprache und eine Versöhnung stattgefunden. Mein Patient hat nicht mehr lange gelebt, aber er ist ruhig und friedlich heimgegangen.«

Im Kern geht es in der Begleitung und Betreuung sterbender Menschen um die Erhaltung und Verbesserung ihrer Lebensqualität, um die Unterstützung derer, die als begleitende Angehörige mit besonderen Problemen konfrontiert werden, die mit einer lebensbedrohlichen Krankheit einhergehen.

Palliativmedizin, palliative Pflege, psychosoziale Dienste und Hospizarbeit sollen je nach Aufgabenstellung professionell helfen, indem sie Leiden vorbeugen und sie lindern. Sie sollen die »Sachlage« frühzeitig erkennen, Schmerzen und andere Beschwerden körperlicher, psychosozialer und spiritueller Art einschätzen und behandeln. Dementsprechend geht es im System von Palliative Care und in der Versorgung sterbender Menschen und ihrer Angehörigen um emotionale, informatorische, um soziale und materielle Unterstützung. Es geht auch um Hilfen bei der Selbsteinschätzung und angemessenen Selbstbewertung, die Menschen brauchen, um sich selbst zu vertrauen. Signale der Wertschätzung und Achtung, Eröffnung von Handlungsmöglichkeit gehören ebenso dazu wie die Bereitstellung von finanziellen und praktischen Hilfen, Kontakte, Austausch, Gespräche oder Zerstreuung. Im Wesentlichen geht es um Grundbedürfnisse, Gefühle, Sorgen und Ängste des Menschen, die ihn letztlich nicht erst am Lebensende bewegen: im Sterben nicht alleingelassen zu werden; nicht unter starken körperlichen Schmerzen und Beschwerden leiden zu müssen; gemeinsam mit anderen die Regelung »letzter Dinge« vorzunehmen; die Sinnfrage und die Frage nach dem »Danach« je nach Bedürfnis einbringen zu können.

Es ist immer überwältigend zu erleben, wie viel Menschen über die medizinische Begleitung hinaus noch klären und erledigen wollen, wenn die Zeit knapp wird. Eine Kultur der Menschlichkeit am Lebensende braucht mehr als eine gute Ausstattung. Was zählt, ist die Fähigkeit des Systems und der handelnden Personen, bei und mit den Menschen zu sein, sich ihnen mit all ihren Bedürfnissen, unterschiedlichen Lebenslagen und Ängsten zu stellen: der Angst vor körperlichem und seelischem Leiden, vor dem Verlust der liebsten Menschen, der Angst vor den Folgen für die Angehörigen, vor Einsamkeit, Demütigung, Ausgrenzung und Isolation, vor dem Verlust von Hab und Gut, der Angst vor Bestrafung und Aggression, der Angst davor, anderen zur Last zu fallen oder vor der vermeintlichen Sinnlosigkeit all dessen, was der Sterbende bisher gelebt und vollbracht hat.

Jenseits der professionellen Hilfe braucht es alle Arten menschlicher Zuwendung, die schon immer gutgetan haben. Es braucht Menschen, die Geschichten erzählen, vorlesen, Lieder singen und Musik machen, die Lieblingsessen kochen, Tiere mitbringen, die zaubern können, Humor haben, die wissen, wie man mit Scham umgeht. Wir brauchen Menschen, die Brücken für Gedanken und Gefühle bauen, die anerkennen, passiv sein und Partei ergreifen können, die sich wundern und von ihrem Glauben erzählen, die Sinn stiften und die vor allem wissen, dass sie selber sterben werden und mit jeder Begleitung eines Menschen klüger werden können.

Wie das soziale Netzwerk der Helfer wirkt

So wichtig es für die meisten Menschen ist, ihre Liebsten um sich zu haben, so schwierig kann es in der Zusammenarbeit mit ihnen werden, wenn diese zu sehr in Probleme »verwickelt« sind, den Sterbenden eher belasten und selbst Beistand und Begleitung brauchen. Für die verschiedenen Aufgaben der medizinischen, psychischen, sozialen, rechtlichen, seelsorgerischen und finanziellen Unterstützung stehen heute in der Regel mehr oder weniger abgesicherte Verfahren und eine große Zahl von Spezialisten zur

Verfügung, deren Vernetzung und Zusammenarbeit nicht immer einfach ist. Ein Überblick über das Hilfssystem in der palliativen Versorgung verdeutlicht, wie komplex diese Vernetzung sein muss. Wer dies liest, kann sich fragen, wie es um sein persönliches Netzwerk steht, wie informiert oder aktiv beteiligt er oder sie ist, um sich auf das eigene Lebensende vorzubereiten.

»Habt ihr's schon gemerkt? Ich bilde euch gerade zu Hinterbliebenen aus«, sagt ein Bewohner im Hospiz lachend zu seinen Angehörigen. Er bringt auf den Punkt, dass die Begleitung auf allen Seiten eine gute Information und kontinuierliche Reflexion braucht. Sie bedarf je nach Aufgabe im Netzwerk der Helfer begleitender Weiter- und Fortbildung. Guter Wille allein genügt nicht. Wie setzt sich das System der palliativen Sorge zusammen? Wer hilft und wie finden sich Betroffene und ihre Zugehörigen im Netz der Hilfe zurecht?

Da ist die *Familie,* ein System, das sich historisch von einer generationsübergreifenden Großfamilie mit vielen Verwandten zu einer Kleinfamilie mit weniger Angehörigen entwickelt hat. Anders als die Ehepartner und anfangs die eigenen kleinen Kinder leben Geschwister und weitere Familienmitglieder, später auch die erwachsenen Kinder mit ihren eigenen Familien meistens nicht vor Ort und können die Alltagskontakte weniger intensiv pflegen. Je größer die Entfernung, je beschwerlicher das Reisen, je fremder die Lebenswelten, desto größer wird die Distanz und das Gefühl der Ab- und Ausgrenzung oder der Vereinsamung. Für alte Menschen ist es nicht leicht, aus der Distanz die speziellen Dynamiken, Konfliktbereiche und Strukturen moderner Familien (von der alleinerziehenden Tochter bis zum Sohn in gleichgeschlechtlicher Ehe, von den Enkelkindern aus zwei und mehr Ehen bis zum eigenen Dasein als Witwe oder Witwer) zu verstehen und sich im eigenen Familiensystem die Hilfe zu holen, die sie sich wünschen oder die überhaupt möglich ist. Vor allem von Familie und Angehörigen erhoffen alte und sterbende Menschen sich Begleitung, aber wenn es konkret wird, wissen beide Seiten manchmal nicht, was zu tun ist. Ohne die freiwillige Familienarbeit wäre das gesamte öffentliche Pflegesystem in der Versorgung kranker, älterer und sterbender Menschen längst zusammengebrochen. Gesellschaft und Politik wissen das und betonen die Bedeutung des Angehörigensystems, ohne es genügend zu unterstützen. Selbstverständlich ist Familienhilfe nicht und, je nach Konfliktlage, oft auch nicht erwünscht oder nützlich! Abschied leben lernen heißt für jeden Menschen in Partnerschaft, Familie oder im engeren Freundeskreis über die gegenseitigen Wünsche, Erwartungen, Ängste und Bitten um Hilfe sprechen zu lernen.

Für die, die auch bisher in schweren Lebenskrisen nicht auf Familienangehörige zurückgreifen konnten und am Lebensende in besonderer Weise emotionale und praktische Hilfe brauchen, ist das *Netzwerk der Freunde* von hoher Bedeutung. Diese Art von Wahlverwandtschaften gehört zur *Gruppe der Alltagshelfer* im begleiteten Sterben. Bekannte, Nachbarn, Kollegen übernehmen zum Erstaunen der Betroffenen kleine Aufgaben, leisten praktische Hilfe, beraten und begleiten, sind Ansprechpartner bei Versorgungsproblemen und für Angehörige, die nicht vor Ort sind. Sie kümmern sich um Haus und Wohnung, Hund oder Katze, um die Verlegung in ein Hospiz oder den Kauf einer Grab-stätte. Freundschaften müssen gepflegt, Freunde infor-miert und, wenn nötig, mit Vollmachten versehen werden. Nachbarn und Kollegen sollten erfahren, dass ihre Hilfe ge-braucht und gewünscht wird. Eine Kultur der Menschlich-keit am Lebensende wird nur dann wirksam, wenn wir sie vorher mit anderen Menschen bei jeder Gelegenheit üben und uns miteinander bekannt machen.

Im Zentrum der öffentlichen palliativen Versorgung stehen die *Teams der professionellen Helfer,* deren Kompetenz und Empathie, Kooperation und Kommunikation von besonde-rer Bedeutung für den Erfolg einer patienten- und subjekt-orientierten Sterbebegleitung ist. Haus- und Fachärzte, sta-tionäre wie ambulante Pflegedienste, Krankenhäuser mit ihren onkologischen Abteilungen, Intensiv- und Palliativ-stationen, Schmerzambulanzen, Alten- und Pflegeheime, Hospize, Sozialdienste, psychologische Dienste, juristische Instanzen und Ethikkommissionen, Kirchen, Seelsorge und Bestattungsunternehmen gehören in je eigener Verantwor-tung, Qualität und Ausrichtung zur palliativen Versor-gungslandschaft und können einen wichtigen Beitrag zu einer Kultur der Menschlichkeit am Lebensende leisten. Dabei müssen Politik, Gesellschaft, Ehrenamt und zivilge-sellschaftliches Engagement »auf Augenhöhe« zusammen-wirken. Da wir selbst irgendwann sterben werden, sollten wir wissen, wie das System professioneller Hilfe um uns herum konkret aussieht. Welchen Arzt, welches Kranken-haus, welchen ambulanten Pflege- oder Hospizdienst, wel-che stationäre Pflegeeinrichtung, welches Bestattungsunter-nehmen kennen wir, welche würden wir wählen?

Die *Hospizbewegung* mit über 100 000 Menschen, die sich mit hohem Engagement, mit viel Empathie und Selbstreflexion an der palliativen Versorgung beteiligen, ist sicher der überzeugendste Beleg für die große Bedeutung, die das System der ehrenamtlichen Hilfe für die Begleitung sterbender Menschen und ihrer Familien hat. Das erklärte Ziel, in der Sterbebegleitung für andere Menschen da zu sein, ihren Lebenswillen und ihr Leben bis zuletzt zu unterstützen, stellt sich der Bedrohung des menschlichen Zusammenlebens durch die »Globalisierung der Gleichgültigkeit« und die Tabuisierung von Sterben und Tod entgegen. Oft haben fremde Menschen mehr Möglichkeiten, Vertrauen zu erarbeiten, Sachverhalte und schwierige Dinge zu klären, Sprachlosigkeit zu überwinden oder wichtige Entscheidungen vorzubereiten, weil sie in die Lebensgeschichte und Beziehungskonflikte ihres Gegenübers nicht verstrickt sind. Ehrenamtliche bringen mit ihren Besuchen geistige Nahrung, können Geschichten erzählen und sich welche erzählen lassen, Bücher vorlesen, gemeinsam Radio hören und fernsehen, Fotoalben anschauen, Spaziergänge machen, schweigen, den Sterbenden in seiner Müdigkeit behüten. Kennen wir ein Hospiz, vielleicht die Hospizgruppe in unserer Umgebung? Waren wir schon einmal auf einer Informationsveranstaltung?

Wichtig und unverzichtbar für den Umgang mit dem Lebensende und die Sicherung der Lebensqualität ist die *Unterstützung und Hilfe durch das Gesundheits- und Sozialsystem.* Jedem der Beteiligten im großen Netzwerk der professionellen öffentlichen und privaten Hilfe für das Lebensende traue ich zu, das viel beschworene »Beste« wirklich zu wollen. Die Vorstellungen und Konzepte aber stehen nicht nur wegen ihrer Finanzierung immer wieder zur Diskussion. Sie bedürfen der Abwägung und müssen sich dem Vergleich mit anderen Handlungsfeldern im Gesundheitssystem stellen. Krankenkassen, Versicherungen, Wohlfahrtsverbände, Selbsthilfegruppen, Arbeitgeber und Angehörigenverbände ringen um die finanzielle Ausstattung und Struktur der palliativen Versorgung, um Leistungsbeschreibung, um Anspruch und Rationierung. Können Arbeitnehmer für die Pflege ihrer Angehörigen freigestellt oder beurlaubt werden? Was bezahlt die Kranken- und was die Pflegeversicherung? Wer hilft den Betroffenen, die komplizierten Antragsverfahren zu verstehen und einzusetzen? Was wissen wir darüber, und mit wem können wir einmal darüber sprechen, bevor wir einen Antrag stellen müssen?

Was am unvermeidlichen Ende von Bedeutung ist

Welche Rolle spielen *Gesellschaft und Kultur* bei der Entwicklung einer Kultur der Menschlichkeit am Lebensende, in deren Zentrum der einzelne Mensch als Mitglied der Menschenfamilie steht? Debatten werden um die Fragen geführt, wie Sterbende begleitet werden sollen, was geschäftsmäßige Angebote zur Suizidhilfe für Menschen bedeuten, die sich zu schwach für das Leben oder als Last für andere fühlen, welches Recht es auf den ärztlich assistierten Suizid geben soll. Diese Diskussionen zeigen in erster Linie, vor welchen Herausforderungen Gesellschaft, Kultur und Ethik stehen, wenn um es um Sterbehilfe und Sterbebegleitung geht, um Palliativmedizin und Hospiz, um Lebenshilfe, Begleitung und Bedürfnisse nach Schutz und

Sicherheit. In diesen Diskussionen wird aber auch deutlich: Die Frage nach der Lebensqualität am Lebensende ist maßgeblich mit dem Verlust von Selbstbestimmung und mit der Wahrung der Würde des Menschen verbunden. Im hohen Alter und am Lebensende erscheint die Freiheit des Einzelnen stärker bedroht, das Gefühl von Gleichheit und bisheriger Akzeptanz steht auf der Kippe. Die normale Teilhabe am gesellschaftlichen und kulturellen Leben wird weniger selbstverständlich, sondern zum gnädigen Zuteilungsakt derer, die noch im Besitz aller Ressourcen von Selbstbestimmung sind. Der gesellschaftskritische Diskurs um eine neue und differenzierte Sorgekultur, um Würde im Pflegealltag für alle Seiten, um kompetente und verständnisvolle Begleitung, um die Tabuisierung von Aggression und Gewalt gegen Betroffene, Angehörige und Pflegekräfte, um Empathie und Achtsamkeit im Umgang mit pflegebedürftigen und sterbenden Menschen hat endlich begonnen. Sie ist wichtige Voraussetzung für eine Kultur der Menschlichkeit am Lebensende.

Was am unvermeidlichen Ende wirklich von großer und zwingender Bedeutung ist, ist der Mensch in seinem Verlangen nach Würde, Autonomie, Zuwendung. Wir brauchen eine Kultur der Menschlichkeit, die viele Ebenen umfasst und darin auch eine angemessene medizinisch-pflegerische Versorgung garantiert. Jede noch so gute interprofessionelle wie ehrenamtliche palliative Begleitung und Versorgung steht, jenseits ihrer Leitbilder und Präambeln, angesichts der praktischen Umsetzung vor Ort, der subjektiven Herausforderung der Sterbenden, der behandelnden Teams und sonstigen Begleiter immer wieder auch zur Disposition, muss überdacht, angepasst und verändert werden.

Grundbedürfnisse als Wegweiser

Nie wusste der Mensch genau, was im Leben auf ihn zukommen würde, was wichtig und weniger wichtig sein oder sich am Ende als das Wesentliche herausstellen würde. Aber je näher er dem Lebensende kommt, desto deutlicher werden der Abschiedsschmerz und das, was er verliert. Was bisher im Zentrum seines Lebens stand, auch die Liebe zum Leben und seine Lebensziele, die ihn durch manche Krise getragen haben, muss der Sterbende loslassen: geliebte Menschen, Haus und Hof, Sicherheit, Selbstkontrolle, das Glück der Gesundheit, den klaren Kopf, die nötige Energie für Selbstbehauptung und Selbstbestimmung. Nicht allein sein, weniger leiden, im Dialog bleiben – das bleibt. Die genannten Grundbedürfnisse sterbender Menschen sind ein Wegweiser für seine Begleitung und beschreiben die Aufgaben der verschiedenen Formen der Unterstützung.

In der *somatischen Sorge und Behandlung* geht es um spezifische körperliche Symptome, die Linderung von Schmerz, um Körperpflege und Berührung, aber auch um Essen und Trinken, um frische Luft, das richtige Bett oder einen erholsamen Blick aus dem Fenster.

Es bedarf *seelischer und geistiger Unterstützung* im Umgang mit der Vielzahl von Ängsten rund um die Begegnung mit dem Tod, mit Scham, mit sichtbarer Gebrechlichkeit, mit der Angst vor Demütigung und Ausgrenzung oder der Befürchtung, anderen zur Last zu fallen. Es geht um Gespräche, um die gute Medizin von Humor, um die heilende Wirkung von Musik und Kunst.

Die Erledigung vorletzter und letzter Dinge, die Regelung wichtiger Angelegenheiten, Vollmachten, Vermächtnisse oder Patientenverfügungen zu erstellen oder zu überprüfen, falls gewünscht: dies gehört zur *sozialen Unterstützung*.

Offenheit für die Sinnfragen und Gesprächsbereitschaft für die Suchbewegungen am Ende des Lebens, kirchliche und andere Formen der Seelsorge gehören zur *Unterstützung der spirituellen Dimension* des Lebens und des Sterbens.

Kreativität ist gefragt

Am Lebensende sind Gesundheit und Krankheit, Hoffnung und Verzweiflung, Liebe und Wut noch einmal auf besondere Weise ineinander verstrickt. Stimmungen verändern sich ständig im Wechselbad der Gefühle. Manche Menschen klammern sich verzweifelt an den Rest ihres Lebens, andere bitten um ein schnelleres Ende, und wieder andere lassen geschehen, was geschieht, und folgen ergeben dem höchst eigenwilligen Rhythmus des menschlichen Sterbens. In diesen ambivalenten Prozess sind die Begleitenden mit unterschiedlichen Rollen, Gedanken und Gefühlen einbezogen, und alle zusammen müssen sich den unverhofften Fragen öffnen, die in dem jeweiligen Sterbeprozess entstehen. Helfer und Helferinnen müssen sich im Kontext äußerer Organisationsstrukturen, professioneller Kompetenz oder persönlicher Bindung an den Sterbenden auf einen *inneren Dialog* einlassen und dabei auch die eigenen Grenzen erkennen. Dazu gehört: mit allen Sinnen wahrnehmen, sich ein eigenes Bild von der Situation machen, Wünsche und Widerstände einschätzen, nicht vorschnell bewerten, sich immer wieder mit den Betroffenen abstimmen, einen Plan für das eigene Vorgehen entwickeln, Perspektiven mit allen Beteiligten abstimmen und immer wieder überprüfen, ob Vorgehen und Umsetzung der angedachten Hilfe wirklich passen und die gewünschte Qualität erreicht wird. Leben ist auch in dieser Situation ein Weg durch die Fremde, aber indem wir an der Seite der Sterbenden bleiben, lernen wir die Sterbenden und uns selbst kennen und versuchen zusammen das Beste aus der Begleitung zu machen.

Der Tod hat keinen festen Ort und viele Gesichter. Wie ein Nomade zieht er durchs Land, kommt an jede Tür und macht, was er will. Das natürliche Ende des Lebens ist in jeder Hinsicht unberechenbar und in seinen Wirkungen unvorhersehbar. Es verlangt inmitten der jeweils besonderen Situation die Bereitschaft, sich dem Geschehen offen zu stellen. Nichts ist versprochen, aber vieles möglich. So merkwürdig es klingt: Kreativität ist gefragt. Tun, was möglich ist, und lassen, was nicht nötig ist. Jeder Sterbende ist wie jeder Lebende ein »kasuistisches Original« (V. von Weizsäcker), ein Mensch, der wie alle anderen sterblich ist, aber gleichzeitig ein Original, das sich in seinem persönlichen Sterben von allen anderen unterscheidet. Im Lebendigen gibt es keine Kopie, aber bei aller Einzigartigkeit machen Menschen ähnliche Erfahrungen, können sich austauschen, voneinander lernen und sich je nach Einbindung mit sozialen, kulturellen wie religiösen Hilfen und Ritualen auch auf das Sterben und seine Phasen vorbereiten. Nicht nur die tibetischen, ägyptischen, islamischen oder keltischen Totenbücher widmeten sich diesem aus Erfahrung und Reflexion gespeisten Wissen. Auch andere religiöse, philosophische, literarische und autobiografische Texte haben auf ihre Weise zur Lebenskunst, das Sterben zu lernen, beigetragen. Das vermehrte Nachdenken über die subjektiven wie gesellschaftlichen Einstellungen zum Umgang mit schwerer Krankheit, Sterben und zum Tod hat dabei zu einem öffentlichen Diskurs über die Suche nach einem Weg geführt, der sich um ein menschenwürdiges, selbstbestimmtes und tröstlicheres Lebensende für möglichst viele Menschen bemüht. Zugleich geht es darum, die gemeinsame Sorge jenseits der erfolgreichen Medizin, jenseits von Staat, Kirchen und großen Wohlfahrtsverbänden, zu einem zivilgesellschaftlichen Anliegen aller Menschen zu machen. Als Teil einer Kultur der Menschlichkeit ist die Begleitung kranker und sterbender Menschen keine »Verwaltungsarbeit«, die nach festen Regeln und bürokratischen Abläufen den Sterbeprozess eines Menschen verwaltend reguliert, wenngleich es auch um Formalitäten, Finanzen, bürokratische Hürden, um Patientenverfügungen und manchmal um unerbittliche Entscheidungen geht.

Sterbebegleitung ist kein »Totenlied« und kein müder Abgesang. Vielmehr bedeutet sie, in einem lebendigen Prozess eine Begleitmusik zu komponieren. Dabei gilt das Prinzip der schöpferischen Phantasie, des Teilens, des Hörens und Zuhörens, des Sehens und Gesehenwerdens, der Fähigkeit zum fairen Umgang mit Ungewohntem und Fremden. Dieses Prinzip kann auch als ein »Zentrum einer Liebe« gedacht werden, das im Ausgleich der vielen Interessen, Sorgen und Wünsche um den anderen bemüht ist und bei dem bleibt, was noch nötig ist, wenn alles zu Ende geht.

»Schokoladen-Eis essen und Football im Fernsehen schauen können«, zitiert der Arzt Atul Gawande (in seinem Buch »Sterblich sein«, Frankfurt a.M.: Fischer 2015) die Antwort eines Patienten mit einem Tumor in der Wirbel-

säule, der von den Ärzten vor die Frage gestellt wurde, was er denn nach der risikoreichen Operation mit Aussicht auf Querschnittslähmung mindestens noch können wolle. Die Angehörigen zeigten sich schockiert, denn sie hatten eine weniger banale Antwort erwartet.

»Dass wir miteinander reden können, macht uns zu Menschen« – dieser Satz des Philosophen Karl Jaspers ist zentral. Eine andere Einsicht, ein Rat, den wir beherzigen sollten, stammt von dem Theologen Dietrich Bonhoeffer: »Wir müssen lernen, den Menschen weniger auf das, was er tut oder lässt, als auf das, was er leidet, anzusprechen.« Das könnten Leitsätze sein für eine Kultur der Menschlichkeit am Lebensende und Kerngedanken für die ehrenamtliche wie professionelle Sorge und Begleitung schwer kranker und sterbender Menschen.

7 Das persönliche Umgehen mit dem Tod

Henning Scherf

Das traditionelle Ritual

Im vergangenen Jahr ist mein angeheirateter Vetter, ein Landwirt aus Vehrte, gestorben. Zu seiner Beerdigung kamen 300 bis 400 Menschen. Viele von ihnen verabschiedeten sich von dem Verstorbenen zunächst auf dem Hof, wo der Sarg offen aufgebahrt war – nicht irgendwo in einem Beerdigungsinstitut oder in einer Kapelle. Die Nachbarn und die Angehörigen hatten zuvor Totenwache gehalten, auch nachts. Dann erst wurde der Verstorbene zur Kirche transportiert, wo es einen großen Gottesdienst gab. Der Schützenverein war da, die Jägergemeinschaft, das Landvolk. Von der Kirche ging es in einem langen Trauerzug auf den Friedhof, wo die Familie mit dem Pastor vorne am Grab stand. Der Sarg wurde heruntergelassen, der Pastor segnete ihn aus, die Fahnen der Vereine wurden gesenkt, die Jäger bliesen ihr Halali, die Trauergäste nahmen den Hut ab oder senkten den Kopf. Sand und Blumen wurden auf den Sarg geworfen. Zu einer solch traditionellen Beerdigung gehört es auch, dass die Angehörigen nicht weglaufen, sondern die gesamte Zeremonie durchhalten. Und natürlich muss jeder Trauergast zur Witwe ans Grab gehen und sein Beileid bekunden. Das dauert. Danach geht es für fast alle in ein großes Lokal. Da sitzen die Familien und die Nachbarn zusammen, die Schützenbrüder und die

Landvolkleute. Man hält Smalltalk und die Witwe geht von Tisch zu Tisch und bedankt sich dafür, dass man gekommen ist. Das ist eine große Aufgabe, die sehr anstrengend ist. Unsere Cousine war gefasst, auch weil ihr Mann lange gelitten hatte. Sie hatte sich während eines längeren Zeitraums darauf einstellen können, dass er sterben würde. Später wurde auch gelacht, es herrschte nicht nur Grabesstimmung. Irgendwann, als ein Schnaps dazugekommen war, wurden auch die frechen Sachen erzählt. Ich empfinde das nicht als Stilbruch. Man holt auf diese Weise den Toten wieder zurück, tauscht aus, was man an gemeinsamer Erfahrung mit ihm hatte. Die Gespräche über das Sterben und über das Leben gingen ineinander über. Die Besorgten wollten wissen, wie es mit dem Hof weitergehe, denn die Enkel sind noch klein. So ist dieser traditionelle Trauertag zu Ende gegangen.

In der Stadt sieht Beerdigen schon seit Langem anders aus. Dort bekommt man eine so große Trauergemeinde nicht zusammen, es sei denn, es ist ein Prominenter gestorben. Wenn bei der Einäscherung, die in Bremen inzwischen die Regel ist, 50 oder 60 Leute im Krematorium zusammenkommen, dann ist das eine große Beerdigungsgesellschaft. Ich erinnere mich an keinen Trauerzug in der Großstadt Bremen – das ist logistisch gar nicht zu machen. Jeder muss selbst sehen, wie er von der Kirche oder den Räumen der Bestattungsinstitution zum Friedhof oder Krematorium kommt. Erst auf dem Friedhof kann dann die Trauergruppe dem Sarg oder der Urne bis zum Grab folgen.

Als ich meine Mutter beerdigt habe, wollte ich eine Trauerfeier in der Kirche. Mein Vater war Kirchenvorsteher gewesen, und es war zu erwarten, dass viele Gemeindemitglieder kommen würden. Der Bestattungsunternehmer zögerte, denn eine große kirchliche Trauerfeier kannte er gar nicht mehr. Wir mussten ihm regelrecht beibringen, wo der Sarg in der Kirche aufgebahrt wird und wie so ein großer Kirchenraum für eine Bestattung geschmückt wird. Der Transport zur Kirche und der Transport zum Friedhof, die Ausstattung der Kirche mit Kerzen, Samttüchern, Blumen – das alles war dem Bestatter fremd. Er hatte seine kleinen neutralen Räume, wo schon alles vorbereitet war, wo auch die Sargträger ihren Weg kannten. Beerdigungen sind ja auch eine Kostenfrage und eine Routinesache. Es war eine richtige Anstrengung, eine traditionelle kirchliche Beerdigung mit diesem Bestatter in der Stadt zu organisieren. Wir mussten das üben.

Die Bestattungskultur wandelt sich

Diese städtische Entwicklung setzt sich seit wenigen Jahrzehnten auch in der Kleinstadt und auf dem Land durch. Die relativ kleine, private Bestattung greift jetzt auch in der Fläche Raum. Das hat eine Studie des Max-Planck-Institut festgestellt. Unsere Bestattungskultur mit dem Begräbnis, das das gesamte Dorf einbezieht, hat zunehmend ausgedient. Auch die Ausgestaltung eines Begräbnisses wird zunehmend individueller. Bis in die Neunzigerjahre war es mehr oder weniger Konsens, wie eine Bestattung abzulaufen hatte: in Westdeutschland das christlich geprägte Erdbegräbnis mit Priester, in Ostdeutschland die sozialistisch-freidenkerische Feuerbestattung mit Trauerredner, und danach stets Trauerzug und Kaffeetafel.

Dass aus dem öffentlichen, sozialen Ereignis zunehmend ein individuelles, privates Ereignis wird – das sich dann nochmals ausdifferenziert und entweder mit sehr viel Liebe und Sorgfalt ausgestaltet wird, oder möglichst billig, schnell und unkompliziert vonstatten gehen soll –, hat seine Gründe.

Zum einen verlieren der christliche Glaube und damit auch die traditionellen christlich-kirchlichen Rituale an Bindungskraft. Diese Entwicklung gibt es schon seit Langem. Das kann man auch daran ablesen, dass in Nord- und in Ostdeutschland wegen der geringen katholischen Bindung fast nur noch Urnenbestattungen stattfinden. Bis 1963 konnte man sich als frommer Katholik nicht verbrennen lassen – daher gab es im Süden Deutschlands auch mehr Erdbegräbnisse.

Aber auch veränderte Familienstrukturen beeinflussen die Bestattungskultur. Man lebt nicht mehr gemeinsam an einem Ort. Das hat Folgen für die Bestattung – vielleicht können nicht alle kommen, etwa wenn ein Teil der Familie im Ausland lebt. Und es hat Folgen für die Grabpflege, etwa wenn niemand mehr vor Ort ist, der sich um das Grab kümmert. Entweder gibt man dann die Grabpflege in Auftrag, oder man wählt ein möglichst pflegefreies Grab.

Und letztlich verändert die Individualisierung unsere Bestattungskultur. Während es früher üblich war, das zu tun, was die Gesellschaft von einem erwartete, soll heute eine Beerdigung oft so sein, wie die verstorbene Person es sich zu Lebzeiten wünschte oder wie ihre Angehörigen es möchten.

Wie man beerdigt wird, hängt heute stark damit zusammen, wie man sein Leben gelebt hat. Schon lange lässt sich kaum noch jemand, wie früher, von den Kirchen vorschreiben, wie man zu leben hat, was wichtig ist und was nicht wichtig ist.

Neben die christliche Leitkultur hat sich die der Aufklärung geschoben. Der Philosoph Immanuel Kant, dessen Denken großen Einfluss auf die deutsche Gesellschaft genommen hat, hat gegen die kirchliche Bevormundung deutlich opponiert. Ich stelle ihn mir immer als einen ganz sorgfältigen, disziplinierten Intellektuellen vor, der sich drei Mal überlegte, mit wem er es aufnahm. In diesem Punkt aber stellte er sich klar gegen die Kirchen. Er sagte: Ich bin derjenige, der bestimmt, was mir wichtig ist, woran ich mich orientiere, mit wem ich worüber rede – ich, und nicht der Pastor oder Pfarrer.

Heute kann man aus dem Beerdigungsritual viel über das Leben des Verstorbenen und seiner Angehörigen lernen: Ob es den Familien zum Beispiel gelungen ist, zusammenzubleiben, ihre Alten bis zum Tode in der Familie zu halten. Wenn das der Fall ist, beerdigen diese Familien natürlich auch Großmutter und Großvater gemeinsam. Man kann erfahren, ob es der Familie finanziell gut ging – denn dann wird eine großzügige Bestattung ausgerichtet. Wenn beides nicht der Fall war oder ist, dann ist eben auch die Beerdigung billig und unpersönlich – eine schnelle Entsorgung, für die es in der Großstadt heutzutage den Bestattungsdiscounter gibt.

Es gibt keine einfachen Erklärungen für veränderte Rituale und Umgangsformen. Die Geschichte, kulturelle Gepflogenheiten, die Biografie des Verstorbenen – all das spielt eine Rolle. Viele wollen ihre Beerdigung oder die Beerdigung ihrer Lieben nicht einfach einem professionellen Bestatter überlassen. Sie überlegen sich sehr genau, wie die Beerdigung vonstattengehen soll: Passt der Bestatter? Wer soll reden? Worüber soll gesprochen werden? Was wollen wir in die Totenanzeige schreiben? Wen wollen wir einladen? Welche Blumen nehmen wir für den Kranz? Wo wollen wir uns anschließend treffen? Was soll es zu essen geben? Wer soll im Lokal eine Rede halten? Es gibt viele Trauerfeiern, die nicht einfach nur mit Essen und Trinken enden. Angehörige und Freunde melden sich zu Wort, man steht nach der Rede gemeinsam auf und gedenkt des Toten. Das gehört auch zu einem Abschiedsritual.

Den Anlass für individuelle Abschiede nutzen

Ich habe für mehrere mir nahestehende SPD-Kollegen aus der Fraktion, die nicht in der Kirche waren, die Beerdigung ausgerichtet. Die Angehörigen hatten mich darum gebeten. Zunächst musste ich einen geeigneten Raum finden. Das war einmal eine Friedhofskapelle, aber ein anderes Mal mussten wir auch ins Bürgerhaus ausweichen. Ich habe die Bestuhlung dann immer so angelegt, dass der Sarg in der Mitte war, wir uns also um den Toten versammelten. Dann habe ich Lieder der Arbeiterbewegung herausgesucht, die sich für eine Trauerfeier eignen, zum Beispiel »Wann wir schreiten Seit' an Seit'« von Hermann Claudius. Ich habe Zettel mit den Liedtexten ausgeteilt, wir haben uns um den Sarg gestellt, uns an den Händen gefasst und gesungen. Und um nicht der Einzige zu sein, der eine Rede hielt, habe ich immer versucht, mindestens drei, vier Trauergäste dazu zu bringen, auch etwas zu sagen. Das ist nicht leicht, denn die meisten haben große Scheu vor Grabreden.

Wir haben auch die Grablegung gemeinsam vorgenommen: den Sarg getragen, ins Grab abgesenkt und ihn zugeschaufelt. Es tut gut, noch etwas für den Toten tun zu können. Der inzwischen selbst verstorbene Bestatter Fritz Roth, der eine bekannte Trauerakademie gegründet hatte, hat einmal gesagt, dass Emotionen nach Bewegung, nach Handlung rufen. Da ist etwas dran. Viele empfinden es als erleichternd, sich nach der Trauerfeier bewegen zu können, hinter dem Sarg herzugehen, eine Blume ins Grab zu legen, eine Kerze anzuzünden. Warum soll man eine Trauerfeier, zu der nicht gerade 300 Menschen zu erwarten sind, nicht zu Hause ausrichten? Warum soll sie nicht dort stattfinden, wo der Verstorbene gelebt hat? Man kann auch bei einer Beerdigung vieles selbst in die Hand nehmen. Und diejenigen, die das getan haben, wissen, wie gut es tut, bei einem solch traurigen Anlass etwas tun zu können.

Wenn ich es auf den Trauerfeiern, für die ich verantwortlich war, nicht geschafft habe, jemanden für eine Rede zu gewinnen, dann habe ich anschließend im Lokal Einzelne gezielt angesprochen. So war es auch bei der Beerdigung meines Freundes Gerd Fischer aus der Bürgerschaft. Ich hatte sieben Freunde gefragt, ob sie etwas sagen könnten, aber keiner wollte oder konnte anfangen. Da bin ich auf seine kleine Enkeltochter zugegangen und habe gesagt: Du, die haben alle keine Traute. Tu mir den Gefallen, stell Dich hier auf den Stuhl, ich stehe neben Dir, und Du erzählst uns allen, was Du mit Deinem Opa erlebt hast. Das hat die Kleine getan. Oma Anne, also die Witwe, und der Papa waren glücklich. Damit war das Eis gebrochen. Plötzlich wurden auch die, die ich vorher vergeblich gefragt hatte, mutig und begannen zu reden. Alle haben ihre Hemmungen überwunden und konnten nun erzählen, was sie mit ihrem Freund erlebt hatten. Der Witwe tat es gut zu hören, dass und wie ihr Mann im Gedächtnis seiner Freunde geblieben war. Sie hat sich später bei allen bedankt und sie gebeten, ihre Geschichten aufzuschreiben, damit sie sie nachlesen könne. Die Freunde hatten Fotos von dem Verstorbenen mitgebracht, die ihn auf dem Kilimandscharo und in den Anden zeigten – er war ein begeisterter Bergsteiger gewesen. Daraus stellten sie später einen Bildband zusammen. Das sind wunderbare Geschenke. Normalerweise schenkt man ja einen Kranz, der nach ein paar Wochen entsorgt wird. Aber etwas zu schenken, das die Witwe mit nach Hause nehmen kann, worin sie dann noch ein paar Jahr später lesen kann – das ist kostbar, das ist eine Erinnerungsbrücke, etwas, das lebendig geblieben ist. Kant soll gesagt haben: »Wer im Gedächtnis seiner Lieben lebt, der ist nicht tot, der ist nur fern; tot ist nur, wer vergessen wird«. Dem kann ich etwas abgewinnen – diesem Lebendighalten in der Erinnerung. Wir wollen, weil der Verstorbene sich das gewünscht hätte, seinen Tod zum Anlass nehmen, aufeinander zu achten, vielleicht sogar mehr als vorher, und einander nicht alleinzulassen. Das ist nicht kirchlich verordnet, sondern das müssen die Hinterbliebenen selbst schaffen: einen solchen Anlass zu nutzen, um zusammenzurücken.

Neue Freiheiten in der Bestattungskultur

Für mich ist die Individualisierung der Bestattungskultur kein Anlass, kulturpessimistisch zu werden. Im Gegenteil: Ich empfinde es als dürftig, auf veränderte gesellschaftliche Verhältnisse durch einen Rückgriff auf die Vergangenheit zu antworten und sich dadurch zu retten, dass man versucht, so zu leben wie unsere Großeltern und Urgroßeltern. Das empfinde ich als eine hilflose Geste. Nein, ich wünsche mir nicht nur im Sterben, sondern auch im Leben, dass wir uns auf die Gegenwart einlassen, auf veränderte Bedingungen und auf eine immer bunter werdende Gesellschaft.

Früher waren in einer süddeutschen Dorfgemeinde alle Bewohner katholisch und taten, was der Priester sagte. Heute ist doch selbst eine Dorfgesellschaft ganz bunt geworden. Da leben Protestanten, die Ende des Zweiten Weltkriegs durch die Flucht ins Dorf gekommen sind. Da leben Muslime, die als Gastarbeiter ins Dorf gekommen sind. Da leben Atheisten, die aus Ostdeutschland ins Dorf gekommen sind. Da leben Esoteriker, die sich einen neuen Glauben gesucht haben. Darauf kann ich doch nicht mit Rückgriffen auf die Vergangenheit antworten und allen Menschen eine Leitkultur verordnen, nur weil früher im Dorf ausschließlich katholisch gelebt und beerdigt wurde. Ich wünsche mir, dass diese veränderte Gesamtlage Toleranz mit sich bringt – auch im Umgang mit unseren Verstorbenen. Ich wünsche mir, dass die Menschen neugierig darauf sind, wie andere Menschen leben – nicht nur beim Beerdigen, sondern auch beim Essen, Erziehen, Feiern, Lernen, im nachbarlichen Umgang miteinander. Es gibt unendlich viele Anlässe, sich auf Neues einzulassen. Wer dazu in der Lage ist, wird auch den Reiz des Neuen entdecken können. Und es ist sehr traurig, wenn man sich vor lauter Angst, dass das Neue einen überfordern könnte, krampfhaft an Überkommenem festhält.

In Bremen ist seit 2015 der Friedhofszwang aufgehoben. Das bedeutet, dass Angehörige ihre Verstorbenen auf deren ausdrücklichen und schriftlich niedergelegten

Wunsch hin auch außerhalb eines Friedhofs bestatten können: im eigenen Garten etwa. Das ist, bundesweit gesehen, der bisher radikalste Schritt, der neuen Bestattungskultur Rechnung zu tragen. Nach langen Kämpfen – die Kirchen, die CDU, mein Nachfolger als Bürgermeister waren dagegen – hat die Bürgerschaft das durchgesetzt. Sie wollten die Art, wie Beerdigungen stattfinden, öffnen. Sie wollten den Menschen Freiheiten geben, auf ihre Weise mit dem Tod umzugehen. Das entfaltet sich langsam, das geht nicht von heute auf morgen, aber da entsteht etwas Lebendiges, Buntes. Lebendig, weil das Erinnern an den Toten nicht einfach nur ritualisiert der Kirche oder dem Bestatter delegiert wird, sondern weil es zum Anlass genommen wird, neue Formen von Gemeinsamkeit zu entwickeln.

Mir ist bewusst, dass es viele Kritiker dieses Schrittes gibt. Auch Annelie. Für sie gehören Friedhöfe zu den wichtigsten Kult- und Kulturstätten der Menschheit, sie sind aus ihrer Sicht öffentliche Erinnerungspfade zu unseren Ahnen und den Generationen, die ihre Spuren dort hinterlassen haben. Eine »Privatisierung« der Erinnerung erscheint ihr grundsätzlich eher als eine Gefahr für diese selbst, denn als ein notwendiger Weg zur Befreiung Einzelner von bürokratischer Bevormundung. Zu fragen sei auch, wer eigentlich privat angemessene, würdige Plätze besitzt, um seine Toten zu begraben, und was die anderen Menschen mit den Urnen tun, wenn die nicht auf dem Friedhof bleiben sollen? Sie befürchtet auch, dass an einem privaten Grab nicht mehr jeder trauern kann, der um den Verstorbenen trauern möchte: Die Freunde oder die Geschwister, die mit der Witwe zerstritten sind, oder die Geliebte, die schlecht an der Tür des Trauerhauses klingeln kann. Diese Sorgen sind berechtigt.

Doch soweit ich das beobachte, gibt es keine Probleme, keine Pietätsverletzungen oder Kränkungen. Die befürchtete Beschädigung der schützenswürdigen, frommen, christlichen Gemeinden ist nicht eingetreten. Man kann sich in Bremen auf kirchlichen, kommunalen oder auch gewerblichen Friedhöfen beerdigen lassen. Natürlich haben sich nun neue Beerdigungsunternehmer etabliert, die anders vorgehen als ihre traditionellen Kollegen, und die auch eine neue Konkurrenz darstellen. Es gibt inzwischen eine ganze Reihe von professionellen Beerdigungsrednern, die nicht mehr mit Goethe anfangen, sondern sich in die Biographien der Toten und in die Trauergesellschaften, die sie ansprechen wollen, hineindenken. Es wurde befürchtet, dass nur die Wohlhabenden, die große Grundstücke besitzen, sich Privatbeerdigungen leisten, nur sie die Erinnerung an ihre Verstorbenen pflegen können. Diese privaten, traditionellen Familiengrüfte gibt es in Bremen aber schon lange. In meiner Gemeinde St. Stephani hat diese Liberalisierung und gleichzeitige Spezialisierung zu einem eigenen Gottesdienst für die verstorbenen Obdachlosen geführt. Da kommen erstaunlich viele Menschen zusammen, um der verstorbenen Obdachlosen zu gedenken. Das hat es früher nicht gegeben. Früher wurden verstorbene Obdachlose verscharrt, entsorgt. Heute wird derjenige, der nicht vorher etwas abgeklärt hat – und das kommt selten vor –, auf dem kommunalen Friedhof beerdigt. Manch ein Obdachloser, der früher vielleicht Matrose war, möchte seebestattet werden. Manche möchten ins anonyme Gräberfeld oder in den neuen Friedwald, in dem ihre Asche verstreut werden kann. Das wird aus dem Sozialhilfefonds bezahlt. Diese neuen Wahlmöglichkeiten finde ich gut und richtig.

Die Frage, was mit einem Grab auf einem privaten Gelände passiert, wenn der Eigentümer wechselt, kann man regeln. Das hängt immer vom Einzelfall ab. Auch auf den Friedhöfen werden die Gräber nicht unbegrenzt gepflegt. Ich kenne viele, die eine Grabstätte der Familie nach einer gewissen Zeit aufgeben. Und dann kommt dahin eben ein neues Grab. Der Steinmetz holt den Stein, schleift ihn ab und macht dann den nächsten Grabstein daraus. Und genauso kann ich mir das mit den privaten Gräbern vorstellen: Bei einem Eigentumswechsel kann man etwa festlegen, dass man den Verstorbenen umbetten lässt oder aber das Grab aufgibt.

Ich selbst habe für das Grab meiner Familie eine andere Lösung gefunden. Als meine Geschwister unsere Familiengrabstelle aufgeben wollten, habe ich unsere Mitbewohner gefragt, ob ich den Stein zu uns in den Garten holen könne. Nun haben wir hinter unserem Haus den Grabstein der Familie Scherf aufgestellt, ganz diskret. Die meiste Zeit des Jahres liegt Laub darauf oder Schnee, aber er ist da. Für mich ist es ein schönes Gefühl, den Grabstein meiner Eltern und meiner Großeltern bei mir zu Hause zu haben.

Wir können das Erinnern dadurch, dass wir Orte schaffen, Erinnerungsgegenstände behalten, in unseren Alltag hineinholen. Dann ist Erinnern nicht eine intellektuelle Anstrengung, vielmehr kann man seinen lieben Verstorbenen emotional dadurch begegnen, dass man mit ihren Möbeln, Büchern und Fotos lebt. Die Wohnung meiner Familie ist im Krieg ausgebrannt, aber ein paar angekohlte Fotoalben sind übrig geblieben. Sie wurden aus dem Trümmern herausgeholt, und wir alle, auch unsere Enkelkinder, finden sie ganz ergreifend.

So ist es auch mit einer privaten Grabstätte. Es sind alles Hilfen, sich darüber klar zu werden, wo wir herkommen, wo wir angekommen sind, wer uns geprägt hat. Je älter ich werde, desto mehr bin ich damit einverstanden, dass ich einen Rucksack von Lebensgeschichten und Erfahrungen mit mir herumschleppe, den meine Eltern, Großeltern und andere Vorangegangenen mir gepackt haben. Das ist Teil meines Rüstzeugs.

Ich werde bestattet, wie ich gelebt habe. Das gilt auch für die vielen Beerdigungsangebote, die es heute gibt. Die einen wünschen es reibungslos, schnell und billig und gehen zum Begräbnis-Discounter. Die anderen wünschen sich eine aufwändige, individuelle Beerdigung und lassen sich zum Schluss vielleicht sogar einen Diamanten aus der Asche des Toten pressen. Die Erkenntnis, dass der Konsum, den unsere Gesellschaft bietet, auch auf die Beerdigungskultur übergreift, ist so spektakulär nicht.

Wenn man es positiv nimmt, dann bietet der Konsum Entscheidungsmöglichkeiten, das zu finden, was zu einem passt. Schwierig ist, dass die identitätsstiftenden Kräfte schwinden und eine Beerdigung etwas Beliebiges bekommt. Aus dieser Fremdbestimmung komme ich nur heraus, wenn ich mich mit anderen darüber austausche, was einen Verstorbenen ausgezeichnet hat, was zu ihm passt. Wenn wir nicht wollen, dass eine Bestattung nur zu einem weiteren Konsumgut wird – egal ob Schnäppchen oder modernes Prunkbegräbnis –, dann müssen wir selbst es verhindern. Diese Freiheit haben wir heute, aber diese Freiheit nimmt uns eben auch in die Pflicht. Den großen Rahmen gibt uns unsere Verfassung vor, die jeden Einzelnen schützt: Die Würde des Menschen ist unantastbar. Das macht auch vor dem Grab nicht Halt.

Das Ritual mit Leben füllen

Unsere Freundin Rosmarie hat sich ihre Beerdigung bis ins Detail überlegt und festgelegt. Sie hat bestimmt, welche Musik gespielt wird, wer die Predigt hält, auf welchem Friedhof sie beerdigt wird, wo wir uns danach zusammensetzen. Da kann ich doch nicht sagen: Das wollen wir aber nicht. Im Gegenteil, ich habe Respekt vor einem solchen Wunsch und will ihn erfüllen. Ich habe diese Trauerfeier mit Rosmarie als sehr dicht und sehr bewegend erlebt – gerade weil sie so sehr zu ihrem Leben passte.

Rosmarie hatte sich gewünscht, dass unser gemeinsamer Mitbewohner und Freund Hanns Keßler ihre Beerdigung ausrichtet. Seine Predigt – er ist katholischer Priester – hat mich damals sehr beeindruckt und bewegt mich bis heute. Er thematisierte in dieser Predigt den Zweifel und die Verzweiflung an Gott, hatte nicht letzte Antworten für uns parat, sondern stellte mit uns anhand von Rosmaries Leben die richtigen Fragen. Hanns hat es fertiggebracht, aus einem verzweifelten und bitteren Tod für uns das Vermächtnis ihres Lebens herauszuarbeiten. Rosmarie hatte ja nicht sterben wollen, sie war noch jung gewesen, hatte drei Kinder und ihre Berufung als Schauspielerin gehabt, sie hatte gehadert, es als ungerecht empfunden, dass sie sterben musste. Diese Bitterkeit wurde nicht weggewischt, sondern aufgenommen. Rosmarie war zuerst Lehrerin und Hochschullehrerin gewesen und hatte dann all das aufgegeben, um ans Theater zu gehen. Sie wollte keine Routine. Sie war eine Frau, die sich dem bedrohlichen Neuen ausgesetzt hat und daraus wieder etwas Tragendes, Lebenserhaltendes gesponnen hat. Hanns hat uns mit seiner Predigt damals die Möglichkeit gegeben, die Verzweiflung über diesen Tod zu flankieren mit der Sinnhaftigkeit dieses Lebens. Das ist mir ein Trost bis heute.

Im Grunde hatte Rosmaries Beerdigung schon damals, zu Beginn der Neunzigerjahre, den heutigen Trend vorweggenommen – sich nämlich nicht in die Etikette zurückzuziehen, sondern eine Beerdigung möglichst individuell, passend zum Leben des Verstorbenen auszugestalten. Das war damals möglich, weil der Priester zugleich ihr Freund war und aus dem traditionellen katholischen Requiem etwas Persönliches machte.

Ein altes Ritual mit Leben zu füllen, ist schwer. Aber ohne ein Ritual, welches auch immer, geht es auch nicht. Wir brauchen etwas, woran wir uns in der Trauer, im Abschied festhalten können, wir brauchen einen würdigen Rahmen. Niemand will einfach so verscharrt werden. Doch die christlichen Rituale haben es in unserer heutigen Gesellschaft schwer. Wenn der Pastor die Bibelworte spricht: »Ich bin die Auferstehung und das Leben, wer an mich glaubt, wird leben, auch wenn er gestorben ist« (Joh 11,25), dann wird das heute meist nur noch grammatikalisch verstanden, aber nur noch wenige in einer aufgeklärten Gesellschaft fühlen und erkennen, was diese Worte bedeuten.

Bei Rosmaries Beerdigung waren viele Trauergäste über das Requiem erstaunt und sagten: Dass es das noch gibt.

Das katholische Requiem ist dabei über-individuell, ist von seinem Ansatz her zunächst gar nicht auf die Person abgestimmt – im Tod sind wir alle gleich.

Rosmarie hatte sich für ihre Beerdigung eine Lesung aus dem Buch Hiob gewünscht. Ein Text, der wenig mit Auferstehungshoffnung zu tun hat, ein Text, der das Leid des Menschen thematisiert. Das passte zu ihrem Leben.

»Der Mensch, vom Weibe geboren, ist kurzen Lebens und voller Unruhe. Wie eine Blume geht er auf und welkt dahin, flieht wie der Schatten und hat nicht Bestand.« Diese doch wenig tröstliche Botschaft hatte Hanns damals mit der Auferstehungshoffnung des Johannesevangeliums verbunden, in dem Jesus sagt »Ich bin die Auferstehung und das Leben«. Aber auch mit der Unsicherheit, die die Jünger beim letzten Abendmahl bewegt, die Jesus fragen, wohin er denn gehe. Diese Eckpfeiler seiner Ansprache – das Leid, der Zweifel und die Hoffnung – hat er sehr subtil mit Rosmaries Leben verbunden. Sie war Theaterschauspielerin; so hat er einen Bühnentext eingearbeitet, Georg Büchners Woyzeck, die Szene »Straße«:

Woyzeck (erscheint): »Marie!«
Marie (erschreckt): »Was ist, Woyzeck?«
Woyzeck: »Marie, wir wollen gehen, es ist Zeit.«
Marie: »Wohin?«
Woyzeck: »Weiß ich's?«

Dieser Gedanke: »weiß ich's«, »weiß ich nicht« spielte in der gesamten Ansprache eine tragende Rolle. Hanns hat das Ritual, so habe nicht nur ich es auf dieser großen Trauerfeier mit Hunderten Gästen damals empfunden, sprechen lassen.

Rücksicht auf die Individualisierung –
das passende Ritual

Heute werden Beerdigungen und Trauerfeiern individueller. Sie schwinden aus dem sozialen Raum, werden zur privaten Angelegenheit. Die Trauerfeier bewegt sich weg vom festen christlichen Ritual. Viele versuchen, ein eigenes Ritual zu finden oder mischen Rituale aus verschiedenen Religionen oder Kulturkreisen.

Denn ohne Ritual will kaum jemand bestattet werden. Das Ritual ist der Rahmen. Jedes Ritual birgt universelle Elemente, die sich überall wiederfinden lassen: Die Begrüßung der Trauergemeinde, die Nennung des Toten, die Verabschiedung des Toten, die Grablegung oder Verbrennung. Auch Musik spielt meist eine tragende Rolle. Im Zusammenhang mit dem Ritual brachte Annelie in unserem Gespräch einen schönen Satz aus der chinesischen Philosophie ins Spiel: »Ein Haus hat Fenster und Türen, der Raum dazwischen macht des Hauses Bewohnbarkeit.« So ist es auch mit dem Ritual: Es muss den Zwischenraum so füllen, dass sich die Anwesenden darin wohl fühlen und der Tote seinen Platz findet. Wie dieser Raum gefüllt wird, muss jeder für sich, müssen, wenn vorher nicht darüber gesprochen wurde, die Angehörigen entscheiden. Hanns etwa möchte so wie Rosmarie bestattet werden. Er kenne kein besseres Ritual, sagt er, »keines, das besser zu Menschen, die aus der Welt kommen, in der ich existiert habe und in der ich noch existiere, passen würde«. Es ist immer noch Teil seiner Beheimatung in der Welt. Der Rahmen ist, wenn er passen soll, aus dem, was jemand gelebt, gedacht, gefühlt hat. Und für jemand anderen sieht dieser Rahmen eben anders aus.

Dass wir heute Ungleichzeitigkeiten erleben, dass etwa

ein überzeugter Atheist von seiner gläubigen Frau nach christlichem Ritus bestattet wird, müssen wir ertragen – auch in ihrem gemeinsamen Leben hat es diesen Dualismus ja gegeben. Leben bedeutet Wandel, und der geht nicht immer logisch oder geordnet vonstatten. Es gibt heute weithin keine bestimmte Form von Beerdigung mehr. Das ist unsere Freiheit, aber auch unsere Unsicherheit. Wer jemanden zu verabschieden hat, muss viele Entscheidungen treffen, und das ist anstrengend.

Vor einiger Zeit ist eine enge Freundin von uns gestorben. Ihr Mann und ihre beiden gerade erwachsenen Söhne haben keine Trauerfeier abgehalten. Sie konnten es nicht, ihr Schmerz war zu groß. Sie sagten: Wir haben weder zu der christlichen noch zu einer anderen Tradition eine Verbindung, wir haben nur die Verbindung zu unserer geliebten Toten. Also haben sie ihre Frau und Mutter im Stillen verbrennen lassen, nur eine Woche nach dem Tod. Sie waren eigens nach Holland gefahren, um die Asche mit nach Hause nehmen zu können. Danach überlegten sie, wie sie ihre Tote bestatten wollen. Innerhalb eines Vierteljahres verteilten sie die Asche auf die Orte, die unsere Freundin geliebt hatte – in Griechenland, in der Schweiz und zu Hause. Zu dritt, Söhne und Vater, fuhren sie an die Lieblingsorte der Toten, umarmten einander und streuten an dieser Stelle die Asche aus. Erst später haben sie die Freunde zu einem Fest eingeladen, um aus dem Leben der Toten zu erzählen, sich an sie zu erinnern und sie zu ehren. Ein selbst erfundenes Ritual, aber die Hinterbliebenen fühlten sich wohl damit. Ein anderes war ihnen nicht möglich. Und auch dies war ein würdiger Abschied der Toten, der das Leben, das diese Familie miteinander gelebt hatte, noch einmal aufleben ließ.

Selbst die Trauer im öffentlichen Raum hat sich gewandelt. Das konnte man an der Trauerfeier nach dem großen Zugunglück in Bad Aibling im Februar 2016 ablesen. Dort, im traditionell katholischen Bayern, gab es eine ökumenische Feier. Das wäre nur wenige Jahre zuvor so nicht denkbar gewesen. Gerade bei öffentlichen Traueranlässen müssen wir in einer multikulturellen Gesellschaft offizielle Feiern so gestalten, dass sich alle aufgehoben fühlen können. Das Ritual muss Rücksicht auf die Individualität der Verstorbenen und der Hinterbliebenen nehmen, sagt Hanns. Der ausschließliche Anspruch der Kirche, über Taufe, Kommunion, Trauung und Beerdigung das Leben der Menschen zu regeln, ist nicht mehr durchzuhalten, jedenfalls nicht in Westeuropa. Auch deshalb müssen die alten Rituale mit neuem Leben gefüllt werden. Das gelingt vielen Pfarrern und Pastoren, das misslingt aber auch zu oft. Und genau da werden die alten Rituale erodieren und neue an ihre Stelle treten. Vielleicht kristallisieren sich in nur wenigen Jahrzehnten neue Formen heraus, mit denen wir unsere geliebten Verstorbenen verabschieden.

Ich bin, anders als Annelie, nie aus der Kirche ausgetreten, weil ich dort immer wieder Menschen finde, die für mich durch ihren Alltag und ihr Leben, ihr Engagement und ihren Einsatz für andere Vorbilder sind. Daran möchte ich teilhaben, da möchte ich mich nicht ausschließen und sagen: Ihr seid alle auf dem falschen Dampfer. Dennoch ist die Kirchengeschichte voller Machtstreben – ebenso wie die anderer Institutionen und Apparate, die sich selbst erhalten wollen. In dem Film »Don Camillo und Peppone« gibt es eine Szene, in der die beiden – der Priester und der Kommunist – sich um einen Toten streiten. Der Anspruch, ein Terrain zu verteidigen, gilt also auch für andere Institutionen, Ideologien oder Glaubenskonstrukte.

Übrigens hat die Hälfte der freien Trauerredner Religionswissenschaften oder Theologie studiert. So haben viele, die ein neues Ritual leben und gestalten wollen, ihre Wurzeln in der christlichen Welt. Das zeigt, dass hier Menschen in ganz ähnlicher Richtung unterwegs sind, sie wollen nur nicht mehr die alten Rituale fortführen, weil sie ihnen nichts mehr sagen. Und natürlich ist auch ein freier Redner kein Garant für eine gelingende Trauerfeier.

Dass die Verabschiedungsrituale nicht mehr festgelegt sind, bedeutet auch: Ich kann ein Ritual so gestalten, wie ich es aushalten kann. So eine Beerdigung muss ja auch ertragen werden. Ich kenne viele, die das nur mit beruhigenden Medikamenten durchstanden. Migräne und Herz-Rhythmus-Störungen beschreiben viele Hinterbliebene und Trauergäste als Symptome auf Beerdigungen. Annelie und ich glauben, dass dies auch etwas mit dem aufgezwungenen Ritual zu tun hat. Je unwahrer eine Beerdigung ist, je weniger sie dem Toten und seinen Angehörigen gerecht wird, umso schwerer ist sie zu ertragen. Dass nicht jeder etwas Neues will, dass nicht jeder sein eigenes Ritual erfinden will, ist uns auch bewusst. Auch das hat seine Berechtigung. Aber man sollte sich im Ritual aufgehoben fühlen, und wenn das nicht der Fall ist, können Rituale auch belasten.

Entscheidend ist bei einer Trauerfeier, das sagt Hanns, wer was tut. Und nicht immer ist es gut, wenn die Freundin eine Ansprache hält. Was ist, wenn ihr die Stimme versagt? Manchmal ist der Pastor oder Trauerredner auch eine neutrale Figur, die durch so eine schwere Stunde leiten kann, gerade auch, wenn Konflikte mit dem Toten unausgesprochen blieben. Spricht man die an oder verschweigt man sie lieber? Ein Aussegnungstext kann da vieles anklingen lassen, auch wenn er nicht ausdrücklich auf Problematisches eingeht. Hanns sagte bei Rosmaries Aussegnung damals die Worte: »Was sie gewollt hat, was sie getan hat, was ihr getan wurde, was ungesagt blieb, was unversöhnt blieb, was unerkannt blieb, all das Bedrückende nimm von ihr.«

Die anonyme Bestattung

Ich kenne die Diskussion unter Psychologen, die sagen, dass der Mensch einen Ort für seine Trauer braucht. Das ist sicher richtig. Aber ich würde mich hüten, das zu generalisieren. Ich war damals als junger Abgeordneter dabei, als wir in Bremen ein anonymes Gräberfeld ermöglicht haben. Das ist inzwischen voll akzeptiert und in unseren schönen Friedhof Riensberg wunderbar integriert. Dort kann man spazieren gehen, dort kann man Bremens Stadtgeschichte nachvollziehen, und man kann an vielen Grabsteinen jemanden begrüßen, den man kennt oder von dem man etwas gehört hat. Mittendrin, sehr schön, sehr gepflegt, liegt das anonyme Gräberfeld, an einem See. Angehörige können dort Blumen pflanzen, wertvolle Sträucher und Gehölze stehen dort, und es gibt wunderschöne Sitzgelegenheiten. Dahinter liegt das alte Krematorium, das einer historischen Tempelanlage nachempfunden ist. Heute wird es als Lesungs- und Konzertraum genutzt. Alles in allem ein stiller Ort. Zu behaupten, dass die Angehörigen hier keinen Ort fänden, an dem sie trauern könnten, kommt mir überhaupt nicht in den Sinn. Ich habe den Eindruck, dass die, die dort liegen, nicht vergessen und weggeräumt worden sind, sondern in die Stadtgesellschaft integriert wurden.

Unsere ehemalige Arbeiterwohlfahrt-Landesvorsitzende Ella Ehlers und ihr Mann, Bürgermeister Adolf Ehlers, liegen zum Beispiel dort. Ella war eine wunderbare Frau, die im Nationalsozialismus als Kommunistin gegen die Nazis gekämpft hat. Ich habe sie sehr gemocht und verehrt. Die Ehlers' hatten keine Kinder und wollten daher auf dem anonymen Grabfeld bestattet sein. Wenn ich auf diesen Friedhof gehe, denke ich an Ella Ehlers. Diese Frau ist in ihrem ganzen Leben immer auf der Suche gewesen, sich mit anderen zu verbünden, sie hielt nie etwas von liberaler Individualisierung, und das ist ihr selbst im Grab noch gelungen. Sicher, bundesweit fünf Prozent anonyme Bestattungen sind nicht viel. Das sagt mir auch, dass die Mehrheitsgesellschaft sich einen konkreten Ort für ihre Trauer wünscht. Aber ich wehre mich gegen die Auffassung, dass diese fünf Prozent ein Anlass zu Trauerneurosen sein sollen. Anonyme Bestattungen sind Ausdruck einer besonderen Lebenssituation, und es ist gut, dass es diese Möglichkeit gibt. Auch die Kultur der Seebestattung ist im Grunde anonym, mehr als ein paar Koordinaten, wo die Asche versenkt wurde, bleiben nicht. Wenn sich das jemand wünscht, gehört das mit zu dessen Biografie – zum Beispiel als Seemann, als jemand, der mit dem Meer besonders verbunden war. Die anonyme Bestattung ist für mich Ausdruck dessen, dass hier jemand eben gerade kein Denkmal will, sondern aufgehen möchte in einer größeren Gruppe oder in der Natur, aus dem alles Leben einst gekommen ist. Solchen Wünschen begegne ich mit Toleranz und Respekt.

Neue Rituale als Bereicherung

Annelie ist im Sammeln von Ritualen eine Künstlerin. Sie hat von überall, wo sie gelebt und gearbeitet hat, etwas mitgenommen. Sie ist nicht nur die distanzierte Wissenschaftlerin, sondern hat sich immer auch in die Lebenskultur anderer einbeziehen lassen. Ich finde es wunderbar, wenn jemand sich diese näher zusammengerückte Welt, die ja durch die elektronischen Medien in Echtzeit erreicht und erlebt werden kann, aneignen und dies auch anderen vermitteln kann. Wer seine Scheuklappen wegwerfen kann, die uns Erziehung und Tradition manchmal angelegt haben, kann andere Kulturen entdecken, die mit dem Menschheitsthema Tod andere Erfahrungen gemacht und dafür andere Bearbeitungsformen entwickelt haben. Das ist eine große Bereicherung. Wir können von anderen Sterbe- und Trauerkultur lernen.

Ich persönlich wünsche mir, dass meine Hinterbliebenen sich an meine Fröhlichkeit und meine Begeisterung für Menschen erinnern, an meine Toleranz und meine Liebe zu Kindern, an meine Neugierde und meine Musikalität. Solche Dinge sind das Entscheidende an einem Menschen – und nicht so sehr, ob jemand Muslim, Buddhist, Christ oder Atheist war.

Wir erleben derzeit eine Wiederkehr des religiösen Fundamentalismus. Wir erleben Menschen, die sich nicht trauen, ihre Fragen, ihre Zweifel zu artikulieren, sondern in einer streng verregelten Dogmatik leben, an die sie sich klammern und die sie anderen aufzwingen wollen. Dem müssen wir etwas entgegensetzen: die Attraktivität der Freiheit, die Attraktivität der Buntheit, die Attraktivität der Toleranz und des Respekts vor anderen. Und das spiegelt sich auch im Umgang mit dem Sterben und dem Tod.

Nehmen wir an, ich finde den Schamanismus Zentralasiens großartig und eigne mir davon etwas an. Warum soll ich mir auf meiner Beerdigung kein schamanisches Ritual wünschen? Das steht dann nicht für Beliebigkeit, sondern für mein Leben, so, wie ich es gelebt habe. Dass die Hinterbliebenen das respektieren und möglich machen, ist das Minimum, meine ich. Jemand anderes kann sich ja etwas anderes für seine Bestattung aussuchen. Aber das muss niemanden in Angst und Schrecken versetzen, sondern das ist die Entscheidung des Betreffenden, der das in sein Testament geschrieben und mit seinen Verwandten oder Freunden so besprochen hat.

In der Debatte um die Aufhebung des Friedhofzwangs in Bremen hat sich ein CDU-Mitglied zu der Befürchtung verstiegen, die Menschen würden die Asche ihrer Toten auf Hundeplätzen verstreuen. Der Mann meinte, die einzige Garantie für einen respektvollen Umgang mit den Verstorbenen sei der Friedhof mit einer Mauer drum herum, der nachts zugeschlossen wird. Alles andere liefere den Verstorbenen aus. Einer solchen Haltung fehlt der Glauben an den Menschen, das Vertrauen in sein ethisches Vermögen. Der Mensch hat schon vor 90 000 bis 120 000 Jahren begonnen, seine Verstorbenen würdevoll zu bestatten. Wir sollten uns davor hüten, bestimmte überlieferte Bestattungsformen vorzuschreiben – und nicht vor bemalten Särgen, Rockmusik auf dem Friedhof oder sogar vor einem Schuss Schnaps ins Grab.

8 Selbstbestimmt bis zum Ende

Annelie Keil

Wenn das bisherige Lebensgefühl bröckelt

Selbstbestimmt leben zu können und bis zuletzt genug Lebenswillen und Lebenskraft zu haben, ist der tiefe Wunsch vieler Menschen. Das aber ist und verlangt auch mehr, als das Leben nur »auszusitzen«. Wenn es ihr eigenes Leben werden soll, müssen Menschen es an die Hand nehmen und es bis zum Ende so gut es geht selbst bestimmen. Besondere Bedeutung gewinnt dieser Wunsch, wenn Menschen Ressourcen verlieren, die für das Gefühl und die Erfahrung von Selbstbestimmung wichtig waren: Geld und ein ausreichendes Einkommen, die eigene Wohnung, stabile Beziehungen, Respekt und Anerkennung für ihr Tun. Ältere Menschen verlieren diese Ressourcen manchmal einfach aufgrund ihres Alters und spezifischer Lebensveränderungen. Sie fürchten dann umso mehr, ihre Selbstbestimmung zu verlieren, weil sie etwas Bestimmtes nicht mehr können, Partner verlieren, die eigene Wohnung aufgeben oder in ein Alten- oder Pflegeheim ziehen müssen, in finanzielle Abhängigkeiten geraten, dement werden, plötzlich auf mehr Unterstützung angewiesen sind und vielleicht bei schwerer Krankheit zu lange auf den Tod warten müssen. Mit dem Verlust der Selbstbestimmung gerät die gefühlte Würde in Gefahr, der freie Wille und andere Freiheiten des Einzelnen erscheinen bedroht, das Selbstbild gefährdet und Mut und

Kraft zu selbständiger Lebensgestaltung schwinden. Teilhabe, das Zusammenleben mit der Familie und mit anderen Menschen werden schwieriger. Reste von Selbstbestimmung erscheinen wie eine gnädige Zuteilung derer, die noch ihr Leben selbst bestimmen können. Das bisherige Lebensgefühl bröckelt, und die Veränderungen und Verluste erzeugen vorzeitig das Gefühl, das tatsächliche Lebensende sei schon erreicht.

Menschliche Würde, der Wert eines Lebens und das Glück scheinen zumindest in unserem Kulturkreis wesentlich nur auf der Basis von Selbstbestimmung möglich, was auch immer subjektiv darunter verstanden wird. Was also bedeutet dieser Wunsch, und welche Vorstellung von Leben liegt ihm zugrunde? Wie praktizieren wir ein selbstbestimmtes Leben, und welche besondere Bedeutung steckt in dem Zusatz »bis zuletzt«? Gibt es einen Anspruch auf professionelle Hilfe, wenn ein Mensch den Willen äußert, den Zeitpunkt seines Todes selbst zu bestimmen, es aber ohne fremde Hilfe nicht vollziehen kann? Menschen wollen durch alle Lebensphasen hindurch im Einklang mit ihren Gedanken, Gefühlen und Wünschen leben, nicht isoliert und ohne Anerkennung sein, ein relativ selbstbestimmtes und selbständiges Leben in einer Gemeinschaft leben, in der rechtliche und moralische Regeln soziale Sicherheit und Identität schaffen und in der jeder seinen Weg gehen kann. Der Diskurs über das Verhältnis von Idee, Realität und Umsetzung dieser Vorstellungen vom selbstbestimmten Leben in Familie, Schule, Arbeit und Gesellschaft ist eher zurückhaltend. Die Debatte über das selbstbestimmte Sterben, etwa in der Frage des »assistierten Suizids«, zeigt den Mangel an Tiefenschärfe und

Selbstreflexion, die den Begriff der Selbstbestimmung umstellen.

Selbstbestimmtes Leben braucht Zeit, um sich unter den jeweiligen Lebens- und Arbeitsverhältnissen zu entwickeln. Es kostet Kraft, Geduld, Interesse und persönlichen Mut, um Anpassungsdruck zu durchschauen, Prägungen zu erkennen und herauszufinden, was der Einzelne wirklich will, was einem Menschen gut tut, was er unabhängig von anderen Meinungen wirklich selber denkt und fühlt. Selbstbestimmung ist nicht leicht zu haben. Es bedarf immer wieder neu der Festigung der inneren Selbständigkeit, um Bevormundung und Bedrohung von außen abzuwehren. Und es bedarf der Entscheidung, auf die eigene Innenwelt Einfluss zu nehmen und die Regie in seinem Leben selbst zu übernehmen. Spannungen und Erstarrungen müssen hautnah gespürt werden, damit sie verändert und aufgelöst werden können. Wenn von dem Wunsch, selbstbestimmt zu leben, die Rede ist, dann ist das ein Aufruf, nicht blind vor sich hinzuleben, alles geschehen und sich treiben zu lassen, sondern sich selbst auch im Scheitern mit seinem Fühlen, Denken und Handeln zum Thema zu machen, das bisher Unmögliche wie auch die Realität im Blick zu behalten und an den Brüchen des Lebens nicht zu scheitern. Das ist generell für alle Menschen eine große Herausforderung. Manchmal bleibt von dem Entschluss und dem harten Versuch, sich selbst zu finden und ein selbstbestimmtes Leben auf die Beine zu stellen, im Gegenwind des Lebens nur noch die Kraft zu der Entscheidung, wenigstens selbstbestimmt aus dem Leben zu gehen und sich selbst zu töten. Davon erzählt das folgende Beispiel.

»Ich halte das einfach nicht mehr aus«

Luzius M. war dreißig Jahre alt, als er seinem Leben im Januar 2016 ein Ende setzte. Wie so oft hatte der Tag für ihn ganz gut begonnen. Dann aber kamen die schwarzen »Geister« wieder, die er schon seit Jahren trotz großem Bemühen und professioneller Hilfe nicht abschütteln konnte. »Ich halte es einfach nicht mehr aus«, war die letzte Botschaft, die Eltern und Freunde zwar schon kannten, die aber nun endgültig war. Immer wieder hatte Luzius in seinem langen Kampf mit den dunklen Mächten in seiner Seele, die ihm das Leben zunehmend unerträglich machten, ein Schlupfloch für die Hoffnung gefunden. Luzius war ein sehr phantasievolles, offenes und kontaktfreudiges Kind, sagt seine Mutter. Er wurde geliebt, hatte einen schelmischen Humor, war kreativ und hatte vor allem ein offenes Ohr für die, die auch am Leben zu kauen hatten. Er betrieb Kampfsport, wurde nach der Lehre für seine besonderen Leistungen ausgezeichnet, spielte sehr gut Schlagzeug und malte. Er liebte leibliche Genüsse, und seine Bonsaizucht war mehr als ein normales Hobby. Die kleinen zarten Bäumchen, sagt die Familie, hätten ihm sehr viel bedeutet. Irgendwann in der Pubertät hatte er sich auf der Suche nach sich selbst verloren, fing an zu kiffen, wollte einfach etwas tun, das sonst niemand in der Familie tat.

Schon wenige Jahre später erkennt er, dass dies nicht sein Weg ist. Psychische Probleme und dunkle Mächte übernehmen die Regie. Klinikaufenthalte, Medikamente und das psychiatrische Programm folgen. Manchmal geht es eine Weile gut. Dann wieder Einbrüche. In seinem Tagebuch schreibt er, dass die Suizidgedanken zunehmen, dass er oft Angst hat, allein in seiner Wohnung zu sein. »Ich habe andauernd Hochs und Tiefs. Ich falle immer wieder ins Loch und kämpfe mich dann wieder hoch.« Der Wunsch, sein bedrängtes und überforderndes Leben beenden zu wollen, lässt ihn nicht mehr los. Luzius bekommt Hilfe, wenn er ruft. Er spürt die Liebe der Eltern und Geschwister, aber sein Lebensohr ist kaum noch erreichbar. Er schreibt seine Gebete auf, in denen er Gott um die Kraft bittet, mit den schwierigen Gedanken umgehen zu können. »Er hat es einfach nicht mehr ausgehalten, was ihm sein Leben immer wieder neu auferlegt hat, und darum hat er sich am Nachmittag von Epiphanias, unserem Dreikönigstag, in die Hände seines Schöpfers fallen lassen«, sagt der Pfarrer, ein Freund der Familie, bei der Beerdigungsfeier. Und er sagt auch: »Wir sind zusammengekommen, um uns Luzius in dieser Stunde noch einmal miteinander vor Augen zu halten – in *allem*, was er war, nicht nur im Krankheitsbedingten –, um uns dies vor Augen zu stellen und so in Liebe und Achtung von ihm Abschied zu nehmen.«

Luzius hatte eine schwere Entscheidung getroffen, als er sich das Leben nahm. Er hat den Zeitpunkt und die Art seines Sterbens selbst bestimmt. Im Leben fand er viel Assistenz und Hilfe. Sie konnte ihn nicht retten. Im Suizid wollte er keine Assistenz. Er ging allein, selbstbestimmt, in eigener Verantwortung. Viele Fragen bleiben.

Die Sehnsucht nach einem selbstbestimmten Leben bis zuletzt

Wer lebt, freut sich nicht immer des Lebens. Aber solange der Mensch lebt und nicht eingreift, wird er älter, auch wenn die Lebensumstände seinen Wünschen in die Quere kommen und die Lebensfreude sich in Grenzen hält. Älterwerden ist bis zum Lebensende mit all seinen unbekannten Zumutungen die logische Folge des Lebens. Auf der allgemeinen, unpersönlichen Ebene sind dem Leben die menschlichen Stimmungen und Kommentare gleichgültig. Es hört nicht zu. Es ist, was es ist! Das Leben selbst stirbt nicht. Es lebt in unterschiedlichen Formationen, auch in der nächsten Menschengeneration weiter. Nur die gegenwärtig Lebenden sterben. In dieser Tatsache ist beides enthalten: Verzweiflung auf der Seite des einzelnen Lebewesens, das sterben muss, und Hoffnung auf der Seite der nächsten Generationen von Lebewesen. Das endliche Leben eines Menschen macht sozusagen bis zum Ende dieses Individuums mit dem weiter, was diesen konkreten Menschen aufgetragen ist, nämlich sich in all seinen Beziehungen und Bezügen, so gut es geht, lebendig zu erhalten. Ein Versprechen, dass das Leben gut wird und lange währt, gibt es nicht. Auf diese »erfolgreiche« Arbeit des Lebens setzen wir unsere Hoffnung, aber dennoch ist auf Dauer die einzige Sicherheit, dass nichts so bleibt wie es ist, und dass neben der Lebensstärke und dem gelingenden Leben Gebrechlichkeit, Hilfsbedürftigkeit und auch das Lebensende auf der Tagesordnung stehen. Was immer wir tun und hoffen, alles wird ein Ende haben. Zeit, Ort, Art und Weise des Sterbens stehen dem Menschen im Tod als letzte Herausforderung gegenüber. Der Tod ist nicht verhandelbar. Der natürliche Tod als das gewisse Lebensende bietet dem freien Willen des Menschen und der Selbstbestimmung die Stirn und speist den fragenden Menschen mit der kargen und nichtssagenden Antwort »irgendwann, irgendwo und irgendwie« ab. Die meisten Menschen finden sich mit diesem offenen und unbekannten Ausgang ihres Lebens ab. Sie leben in einer Art »Wartestellung«, denn die Arbeit am Leben und die Suche nach Selbstbestimmung kann man sich trotz des »gesetzten« Endes nicht ersparen. Von Zeit zu Zeit, wenn ein geliebter Mensch Abschied nimmt, wenn die Bilder von Sterben und Tod in den Kriegen und auf der Flucht über die Medien in jedes Haus dringen, wenn eine schwere Krankheit den Tod in Sichtweite bringt, oder wenn ein Nachbar sich das Leben nimmt, dann scheint greifbarer, was vom Recht auf Selbstbestimmung ausgeschlossen ist. Meistens aber fühlt es sich eher wie eine »Gnade« an, dass Zeitpunkt, Ort und Form des Todes offen sind. Und viele Menschen leben lebenslang mehr oder weniger mit dem Gefühl, dass alles zu seiner Zeit geschieht. Sie denken weniger darüber nach, was die Ungewissheit des Todes für die Anstiftung zum Leben bedeuten könnte. Mit Testament und Patientenverfügung scheint das Wichtigste erledigt. Eine Überraschung scheint der Tod am Ende allerdings immer zu sein, egal wie alt oder krank die Menschen sind. »Plötzlich und unerwartet« steht über vielen Todesanzeigen, auch wenn dem Sterben eine lange Ankündigung vorausging.

»Ich habe den Tod vor Augen, aber mit dem Leben noch nicht abgeschlossen«, schreibt der bekannte Neurologe Oliver Sacks, der mit seinen neurologischen Fallgeschichten Millionen Leser weltweit erreicht hat, in seinem kleinen Buch über die »Dankbarkeit« (Reinbek b. Hamburg: Rowohlt 2015). Als er schon von Alter, Krankheit und Tod gezeichnet ist, schreibt er:»Und jetzt, schwach, kurzatmig, meine einst festen Muskeln vom Krebs aufgezehrt, stelle ich fest, dass sich meine Gedanken immer weniger mit den übernatürlichen und spirituellen Dingen beschäftigen, sondern zunehmend mit der Frage, was es heißt, ein gutes und erstrebenswertes Leben zu führen – und seinen inneren Frieden zu finden.« Im Moment des nahenden Abschieds geht es weniger um fröhliche Selbstbestimmung. Neben Demut und Unterwerfung unter das absehbare Schicksal, neben Abschiedsschmerz und Verzweiflung kann bei Menschen jetzt auch Widerstand und Trotz gegen die Herrschaft des Todes entstehen. Er fordert dann sein Recht auf Freiheit und Selbstbestimmung nicht nur für sein Leben, sondern auch für sein Sterben und will aus unterschiedlichen Gründen selbst den Schlusspunkt setzten.

Selbsttötung – wenn einer selbst den Schlusspunkt setzt

Lutz hatte bei mir studiert, war Lehrer geworden, hatte kurz hintereinander Frau und Tochter verloren, hatte sich vorzeitig pensionieren lassen und lebte in großer Angst vor Krankheit und Gebrechlichkeit im Alter. Er wollte nicht auf den unbestimmten Tod warten und entschied sich zur Selbsttötung. In meiner Rede zur Trauerfeier habe ich in Briefform das Gefühl zum Ausdruck gebracht, das uns Freunde bewegte. Ein Auszug:

»Lieber Lutz,

die Nachricht von Deinem Tod hat mich und viele Deiner Freunde nicht unvorbereitet getroffen, aber in ihrer ganzen Unabänderlichkeit und der Klarheit Deiner Entscheidung stand diese Nachricht doch so plötzlich mitten im Raum unseres Lebens, dass der Boden unter unseren Füßen erzitterte. Dein Mut und Deine Kraft, Dich nicht halten zu lassen und unsere Ohnmacht, Dich nicht halten zu können, verdichteten sich zu einem Schmerz, in dem die hereinbrechenden Gefühle und Gedanken Unterschlupf suchten und jeder von uns für sich selbst und auf seine je spezifische Weise eine neue innere Ordnung für die Beziehung zu Dir schaffen musste. Der schwankende Boden trug uns dennoch, denn die Freundschaft und Liebe, die uns mit Dir verbindet, ist unverbrüchlich in ihn eingelassen ... Der Respekt und die Achtung vor Deiner Entscheidung enthebt uns nicht der Verantwortung für die Frage, wie lange schon und weshalb unsere Stimmen Dich nicht mehr erreichten, wir kein Anker für eine gemeinsame Zukunft sein konnten, kein Landeplatz für Deine Wünsche, keine Schutzhütte für Deine Angst. Einer hat Zukunft, solange er nicht weiß, dass er keine Zukunft hat oder andere in ihm die Stimme der Zukunft noch entzünden können, die ihn durch die Gegenwart trägt. Wir konnten zunehmend spüren, wie Dein Gefühl und Dein Wissen, dass Du für Dich keine lebenswerte Zukunft siehst, stärker und die Stimme, leben zu wollen, schwächer wurde ...

Du hattest im Angesicht des Sterbens von Anke und Deiner eigenen Erkrankungen Angst, ein Pflegefall werden zu können. Das hat dich immer wieder zu Ärzten getrieben, hat Symptome ausgelöst, Du fühltest

Dich früher als ein alter Mann, wolltest es gar nicht werden. Die Angst vor Abhängigkeit und Entmündigung begleitet unser aller Leben, und wir wollen vergessen, dass Freiheit und Abhängigkeit sich wie Geschwister unser Leben teilen, dass der Beginn wie das Ende unseres Lebens uns mehr als andere Lebensphasen auf die Notwendigkeit der Koexistenz verweisen. Woher aber kam Deine große Angst vor Überwältigung, Fremdbestimmung und Freiheitsverlust für den Fall der Krankheit, woher die Sicherheit, jede Art der Selbstbestimmung zu verlieren, so dass der selbst gewählte Tod für Dich zur letzten Freiheit wurde? ...

Es gibt ein Recht, oder, besser ausgedrückt, so viele Gründe, das Leben nicht als die bessere Alternative zum Tod zu sehen. Wer das leugnet, ist nicht wirklich in Berührung mit dem Leben oder hat die Komplexität des Lebens auf das eigene Leben reduziert. Die Welt braucht den Zweifler, den Nein-Sager, und wir müssen uns durch Dich, lieber Lutz, infrage stellen lassen. Wir können der Angst und ihren Folgen nicht ausweichen, sind auf sie angewiesen, auch wenn wir Deine Angst gerne in die Kraft, bei uns zu bleiben, verwandelt hätten.

Mit tiefem Respekt stehen wir vor der Kraft Deiner Entscheidung, den Tod zu wählen. Die Sorgfalt, mit der Du Deine Entscheidung vorbereitet hast, treibt mich bis heute um, weil ich die Einsamkeit dieses Weges kaum aushalte. Du hast es uns leicht gemacht, zu glauben, dass wir uns auf Deine Entscheidung verlassen können, dass wir keinen Hilferuf übersehen haben – aber wir würden Dich nicht lieben, wenn wir nicht auch daran zweifeln würden, dass alles getan wurde, nicht um Dich ins

Leben zu retten, sondern von einem Leben unter uns zu überzeugen. Wir haben Dich auf unterschiedliche Weise geliebt, und das Band dieser Liebe ist nicht gerissen. Was wir aus Deinem Tod lernen können, um zu leben, wird sich zeigen müssen. ›Die Wahrheit ist ein pfadloses Land‹ ist der Kernsatz von Krishnamurti. Du bist unter uns, während wir zwischen Himmel und Erde weitersuchen.

Ich verneige mich vor Dir und winke Dir zu, mit all meiner Liebe und Freundschaft, die ich für dich hatte.

Annelie«

Durch alle Lebensphasen und -stufen hindurch bleibt die menschliche Existenz eine Krisenexistenz. Sie ist von unterschiedlichen Risiko- und Gefährdungslagen umstellt, die einerseits das Potenzial der Lebensmöglichkeiten enthalten, aber andererseits auch die Möglichkeit bedrohen, zum Autor und Subjekt eines selbstbestimmten Lebens zu werden. Von Sicherheit und Planungsgarantie zwischen Geburt und Tod keine Spur. Leben ist keiner Vorsichtsmaßnahme und keinem präventiven Programm geschuldet. Bestimmend ist eher das Wagnis zur Selbstbestimmung und Selbstreflexion und der Versuch sowie der Bereitschaft geschuldet, das Experiment Leben zu wagen, auch Fehler zu machen, die Zeitlichkeit im Auge zu behalten und sich der Vergänglichkeit zu stellen. Das Leben ist zu wild, zu überraschend und zu sehr auf Kreativität angewiesen, um sich einem vorher festgelegten Programm und sicheren Abläufen zu beugen. Dieser unvorhersehbaren Krisenstruktur des Lebens setzen nun Menschen Planungen, Vorhersagen und Vorsichtsmaßnahmen entgegen, die sie für die Grundlagen von Selbstbestimmung halten. Wo

Unsicherheit herrscht, soll Sicherheit einkehren, und Versicherungspolicen sind vor allem für alte Menschen eine Art Garantie. Für viele lautet die Devise, eher auf vorgegebenen Routen, auch geistig und seelisch geordnet in Reih und Glied wandern, statt auf eigenen Wegen und selbstbestimmt voranschreiten. Selbstbestimmung kostet Zeit und Kraft, rettet aber auch die Freude am Leben. Denn es ist nicht nur die letzte, sondern auch die einzige Möglichkeit, die wir mit unserem Leben in der Hand haben.

Jenseits des medizinischen Blicks – das Erleben ganzheitlich wahrnehmen

Wer Medizin studiert, lernt vieles, aber wenig über die strukturelle Gebrechlichkeit und Sterblichkeit des Menschen, die seine Existenz bestimmt und dann am konkreten Lebensende, wenn die eigenen Kräfte nachlassen, eine besondere Bedeutung für den Einzelnen bekommt. Nun ist auch medizinisch über die Krankheitsbegleitung und -behandlung hinaus eine spezifische Aufmerksamkeit verlangt. Wer sich mit der menschlichen Anatomie, dem Panorama der menschlichen Krankheiten und den evidenzbasierten Methoden der Behandlungssysteme vertraut macht, lernt dennoch kaum etwas über die eigenwilligen Rhythmen, überraschenden Energien, nichtmedizinischen Einflussfaktoren und subjektiven Reaktionsmuster, in die der menschliche Organismus nicht nur gegen Ende des Lebens geraten kann. Er lernt wenig über das subjektive Leiberleben, das besondere Leiden, und kaum etwas über die Qualität und das Ausmaß von Autonomie oder Selbstbestimmung des Menschen, wenn es nicht nur um ein zunehmend hilfloses

Leben, sondern um sein »existenzielles Ableben« in einem umfassenden Sinn geht. Alter, Sterben, Gebrechlichkeit, Subjektivität des Krankheitsgeschehens bilden die Leerseiten in den medizinischen, psychologischen, pädagogischen und sozialen Lehrbüchern, weil es in diesen vorrangig immer um das Leben, seinen Erhalt und seine Förderung geht. Leben und Lebenwollen sind selbstverständlich und förderungswürdig. Sterben und Tod erscheinen eher als böse Überraschung am Ende, die niemand will. Dem Leben »freiwillig« ein Ende zu setzen, erscheint weniger selbstverständlich, eigentlich nicht normal und steht von vornherein unter »Krankheitsverdacht«. Ein Suizidversuch, der misslingt, ruft die Medizin zur kontrollierten Wachsamkeit über das Leben auf und hat meistens eine Einweisung in die Psychiatrie zur Folge. Eine spätere Entlassung setzt voraus, dass die Medizin den Lebenswillen des Menschen ausreichend überprüft und einigermaßen verlässlich gestärkt hat und keine Selbst- oder Fremdgefährdung voraussehbar ist. Menschen, die ihrem Leben ein Ende setzen wollen, stiften ganz offensichtlich Unruhe. Die Debatte über professionelle Sterbehilfe und »assistierte Selbsttötung« nicht nur für den Fall unheilbaren körperlichen Leidens hat im Angesicht schwerer seelischer Erkrankungen und Behinderungen, die den Lebenswillen von Menschen brechen können, längst wieder begonnen. Wer über Selbstbestimmung und Lebenswillen im Zusammenhang mit dem durch einen Arzt »assistierten Suizid« nachdenkt, fühlt den Horizont der Frage, was denn ein »lebenswertes Leben« sei und wer darüber bestimmen soll.

Nicht nur Ärzte, Pflegende, Angehörige, sondern wir alle wissen wenig darüber, wie Menschen das Ende ihres Lebens erfahren, annehmen, ablehnen oder den Prozess mitgestalten wollen. Welche Stationen und Krankheitsverläufe Patienten und Patientinnen, die medizinisch nicht mehr mit Heilung rechnen können, am Lebensende biografisch durchleben müssen, ist weder ihnen selbst noch ihren Angehörigen vorher bewusst. Dieses Erleben spielt sich jenseits der fachspezifischen Diagnosen und statistischen Durchschnittserwartungen ab, sondern notgedrungen alltagstauglich entlang ihres bisherigen Lebens, ihrer Gefühle und Gedanken. Diese konkreten Herausforderungen für die Patienten in der letzten Phase im Sinne eines ganzheitlich-psychosomatischen Blicks zu bedenken, ist nicht Zweck der normalen ärztlichen Ausbildung. Die soll sich wesentlich um die körperliche Erhaltung des Lebens, die Funktionen der Organe, die Verträglichkeit der Behandlungen kümmern und nicht um die soziale, seelisch-geistige und biografische Seite von Sterben und Tod. Ob und wie Palliativmedizin, Palliativpflege und nicht oder anders ausgebildete Helfer diesen umfassenden Blick auf die Erträglichkeit des Lebens des schwer kranken und sterbenden Menschen entwickeln können, bleibt eine offene Frage.

Geburt und Tod kennzeichnen nicht nur Anfang und Ende unseres Lebens, sondern durchdringen als Strukturprinzipien des Lebens die gesamte Lebensspanne des Menschen bis zum Lebensende und schlagen sich in den Biografien als Lebenserfahrung, Lebenswerte und Lebenshoffnungen nieder. Deshalb sammeln sich dort durchs Leben hindurch Bilder, Erlebnisse und Vorstellungen von Leben und Tod, Lebenswillen und Lebensangst, Hoffnung und Verzweiflung, Freundschaft und Liebe, Werden und Vergehen. Der Wunsch, selbstbestimmt zu leben, wächst auf diese Weise genauso wie der Verlust der Lebensfreude, der Lebenskraft oder am Ende der Wunsch, zu sterben. Von diesem Kampf, leben zu wollen, den Lebensmut nicht zu verlieren und die Hoffnung auf Hilfe nicht aufzugeben, berichtet das folgende Beispiel.

Farhan Hebbo (66) floh im Mai 2014 mit seiner Familie aus Syrien in die Türkei. Über die Balkanroute reiste er allein weiter nach Deutschland. Nun lebt er mit seiner Tochter in Bremen. Hebbo spricht Deutsch, da er als junger Mann eine Ausbildung in der DDR gemacht hatte. In der Schule seiner Tochter lädt die Lehrerin ihn ein, mit den Schülern ins Gespräch zu kommen. Die fragen Vater und Tochter, wie sie diese lange Reise, die Schrecken und gefährlichen Abenteuer überlebt haben. Sie konnten sich nicht vorstellen, wie die Flüchtlinge hergekommen waren, vor allem die Frauen und Kinder.

Die Antwort Hebbos: »Wenn ich in meinem Rücken nichts mehr habe, keine Heimat, und den Tod kommen sehe, habe ich nur eine Lösung: Ich packe den Tod und springe auf seinen Rücken wie auf ein Pferd und drehe ihn mit aller Kraft in die Richtung, in die ich gehen will. Entweder sterbe ich, oder ich verteidige mich. Weil ich weiterleben will. Diese Verbindung zum Leben ist die einzige Kraft, die ich habe. Dieser Wille hat uns hergebracht.« (Weser Kurier/Bremer Nachrichten, 7.3.2016, S. 8)

Körper, Geist und Seele sind bewusst wie unbewusst durch die Anreicherung mit Lebenserfahrungen letztlich auch auf das Lebensende vorbereitet. Der Mensch muss jenseits des körperlichen Leidens und zunehmender Gebrechlichkeit auch von dieser erlebten Fülle oder dem erfahrenen Mangel eines ganzen Lebens Abschied nehmen.

Abschied leben lernen heißt vor allem, aus der Erinnerung an das bisher Erlebte die Kraft zu sammeln, die der Mensch am Ende des Lebens zum Sterben braucht. Eine Kultur der Menschlichkeit am Lebensende braucht diesen individuellen wie gemeinschaftlichen Diskurs über das Gesamtgeschehen, das dem »Geheimnis des Welträtsels: der Geburt und des Sterbens« (W. Bergmann) zugrunde liegt und in jedem Sterbenden in Kurzfassung noch einmal erscheint. Wenn wir diesem Ausdrucksgeschehen unabhängig vom Status des Sterbenden an den Orten des Sterbens nicht Zeit und Raum geben, besteht die Gefahr, dass nicht nur die Ärzteschaft und die anderen Professionellen rund um den Tod, sondern wir alle gegenüber diesem Reichtum an Gedanken und Gefühlen auf Seiten der Lebenden wie der Sterbenden blind bleiben. Und zusätzlich würde diese Quelle vor allem für die Sterbenden selbst verloren gehen. Wir dürfen nicht außer Acht lassen, dass jenseits der operativen Alltagsroutinen alle Beteiligten in jedem Augenblick ihres Tuns der subtilen Verletzlichkeit des Menschen begegnen, den konkreten Leidensformen, aber auch der Lebenskunst, dem biografischen Reichtum des Leben und Sterbens jedes einzelnen Menschen.

Die Zerbrechlichkeit der Selbstbestimmung

In seiner Novelle »Der Tod des Iwan Iljitsch« beschreibt Leo Tolstoi das Dilemma und den Kummer, der durch die Tabuisierung des Todes im Verhältnis von Arzt und Patient entsteht: »Die Hauptqual für Iwan Iljitsch war die Lüge, jene aus irgendeinem Grunde von allen anerkannte Lüge, dass er nur krank sei, aber nicht sterbe, dass er nur ruhig sein und sich behandeln lassen müsse, damit alles wieder gut werde.« (zit. nach Gawande, Sterblich sein, S. 12) Viele Patienten erfahren diesen Wechsel zwischen Verzweiflung und Hoffnung, die solche ambivalenten Botschaften in ihnen auslösen. Je schwächer sie werden und je stärker sie den Tod in sich spüren, desto weniger fühlen sie sich wirklich begleitet, und die Angst vor dem Tod wird immer größer. Für die mitbestimmende Beteiligung am Prozess des »Ablebens« braucht der Sterbende Ehrlichkeit, Menschen, die als Ärzte, Freunde oder Angehörige den Tod als Thema dulden und das Mögliche tun, um dem Betroffenen zu helfen, seinen Weg zu gehen, in welcher Haltung und Stimmung auch immer. Unwahrheit, Unaufrichtigkeit, falsche Schonung, Verdrängung, Bevormundung, Verrechtlichung oder professionelle Besserwisserei untergraben jeden noch so vorsichtigen, aber relevanten Versuch der Selbstbestimmung, um den es auch für den hochbetagten oder sterbenden Menschen immer noch geht. Iwan Iljitsch litt unter der Lüge. Und die tiefste Ursache seines Kummers, dass nämlich Ärzte und Freunde das Thema Tod nicht dulden konnten, hatte Folgen, die nicht in der mangelnden Selbstbestimmung lagen. Niemand bemitleidete ihn so, wie er es sich wünschte. »In manchen Augenblicken«, schreibt Tolstoi, »nach langen heftigen Schmerzen, wünschte sich Iwan Iljitsch – obgleich er sich geschämt hätte, es einzugestehen – nichts so sehr, als dass jemand ihn so bedauert hätte, wie man ein krankes Kind bedauert. Er wollte, dass man ihn liebkose, küsse, über ihn weine, wie man Kinder liebkost und tröstet. Es wusste, dass er ein hoher Beamter war, dass sein Bart schon grau wurde und dass dies infolgedessen unmöglich war; er wünschte es aber doch.« (zit. nach Gawande, Sterblich sein, S. 12)

Mit der Entwicklung der Palliativmedizin, von Palliative Care und in Kooperation mit der Hospizbewegung wurde eine wichtige Wende eingeleitet, sich den ausschließlichen medizinischen Herrschaftsansprüchen und anderen Allmachtsphantasien über das »richtige Sterben« entgegenzustellen und das Unvermeidliche im richtigen Moment einfach zuzulassen. Inzwischen dürfen wir hoffen, dass wir lernen, den Abschied zu leben: zusammen mit den Menschen, die selbstreflektiert über das Sterben reden, und mit einer kritischen Bürgerbewegung, die dem Ruf nach dem Machbaren nicht zügellos folgen will, in der Professionelle und Ehrenamtliche zusammenfinden, auch in der medizinischen Versorgung mit entsprechenden stationären und ambulanten Begleitdiensten. Niemand entkommt der Tragödie des Lebens, die darin besteht, sterblich zu sein. Es zu wissen, ist das eine, damit umzugehen ist das andere. Wenn nichts mehr zu reparieren ist, bleibt vieles zu tun. Die letzte Spritze, die möglicherweise der Arzt auf Verlangen des Patienten verabreicht, kann nicht die Lösung sein. Sie beendet, was vielleicht noch nicht beendet ist. Sich selbst in diesen Abschied hineinzubegeben und sich der Grenze zum Leben auszusetzen, ist auch der Wunsch eines Menschen, der sich das Leben nehmen will, aber um aktive Hilfe durch einen Arzt bittet oder diese verlangt. Bis zu diesem letzten Punkt muss auch er den Abschied leben lernen.

»Zeige Deine Wunde« war ein großartiges Projekt des Künstlers Joseph Beuys, in dem er sich nicht nur fragte, was das Wesentliche in der gesundheitlichen Gefährdung und schwierigen Heilung des Menschen ist, sondern auch den Finger in die Wunde der vielen Enttäuschungen legte, unter denen nicht nur Tolstois Iwan Iljitsch litt: nicht wirklich ernst genommen zu werden, nicht mehr berührt und beteiligt zu werden, nicht mehr zu wissen, wie Selbstbestimmung im »Getümmel der bestimmenden Mächte« durchzusetzen ist. Beuys warf auch die Frage auf, woher die Willenskraft und Hoffnung auf ein befriedigendes Leben oder ein schlichtes Überleben sich speisen könne. Das Einzige, so die Einsicht von Beuys, was sich aufzurichten lohnt, ist die menschliche Seele in einem umfassenden Sinn. Es geht bei dieser Stärkung der Seele nicht nur um das Gefühlsmäßige. Es geht auch um die Erkenntniskräfte, die Fähigkeit des Denkens, der Intuition, der Inspiration, des Ichbewusstseins und vor allem um die Willenskraft, um die inneren Kräfte des Menschen in der Fähigkeit zur Selbstbestimmung.

Was den versöhnlichen Abschied schwer macht

Nicht nur Beuys hält diese Kräfte des Innenlebens, um deren Rettung es geht, für stark geschädigt. Die meisten Menschen fühlen sich den Verhältnissen, die sie umgeben, hilflos ausgeliefert. Ihre Lebendigkeit und Fähigkeit, auch mit schwierigen Lebenssituationen umzugehen, in Würde älter zu werden und sich auf das Lebensende vorzubereiten, erstickt in Alltäglichkeiten und Ablenkungsmanövern aller Art. Alle sind online, aber niemand ist mehr da oder wirklich vor Ort, wo das Leben seine Runden dreht und eben auch zu Ende geht. So wie das Herz und die Organe streiken und ihr Schweigen brechen und der Körper mit Symptomen um Hilfe ruft, so ist auch die Seele und die Innerlichkeit des Menschen schon lange in Gefahr, wenn die

Gewissheit wankt, dass es sich zu leben lohnt, auch wenn es so viel Mangel gibt. Die Spielräume, die Körper, Geist und Seele brauchen, um selbstbestimmt Entscheidungen zu treffen, werden enger und sind fast unsichtbar. Im undurchschaubaren Knäuel staatlicher und ökonomischer Macht, in den Ablenkungs- und Zerstreuungsmanövern der Vergnügungsindustrie, aber auch den professionellen Übergriffen auf das eigene Leben fällt es Menschen immer schwerer, Lebensräume zu erkennen, die sie selbst gestalten können, für die sie konkrete Verantwortung übernehmen, in denen sie aber auch selbstbestimmt und gleichzeitig von guten Kräften und Mächten begleitet in Ruhe und mit Zeit krank sein und sterben können. Besonders junge Menschen verfallen in wachsender Zahl dem Alkoholismus, der Drogensucht, begehen Selbstmord. Hunderttausende fallen religiös getarnten Fanatikern zum Opfer. Nicht Selbstbesinnung und Selbstbestimmung, sondern Weltflucht oder das Prinzip »Nach mir die Sintflut« haben Hochkonjunktur.

Und manchmal erscheint es einfach sinnlos, weitere Kraft in ein Leben zu stecken. Der Wunsch, ein selbstbestimmtes Leben zu führen, kann, wie die Geschichte von Luzius gezeigt hat, mit der Entscheidung enden, sich dieses Leben zu nehmen. Selbstbestimmung braucht ein Motiv, ist nicht statischer, sondern dynamischer Struktur, sie ist nicht einfach da, sondern verlangt einen Sinn für das Mögliche, also Einbildungskraft und Phantasie für irgendeine Zukunft in einem konkreten Leben. Und dies verlangt einen selbstkritischen Geist.

»Ist mir eigentlich wohl mit meinem Willen, der immer noch mehr Geld und Macht anstrebt? Möchte ich wirklich einer sein, der stets das Rampenlicht und den Lärm des Erfolgs sucht? Oder möchte ich lieber einer sein, der in der Stille von Klostergärten zu Hause ist?« fragt der Philosoph Peter Bieri in seinen Studien zur Selbstbestimmung. Jeder mag sich zu vielen Gelegenheit fragen: Bin ich eigentlich in der Vorbereitung auf mein Lebensende heute noch mit meiner gewohnten gedanklichen Sicht der Dinge zufrieden, überzeugen mich meine eigenen Gefühle, finde ich meinen Neid, meinen Ekel, meinen Stolz angemessen? Möchte ich wirklich diesen oder jenen Standpunkt weiter vertreten, oder hat sich vielleicht mein Standort verändert? Kann ich endlich lassen, was ich immer schon lassen wollte? Will ich die Angst und den Hass meiner Eltern auf Krieg und Vertreibung weitertragen, wenn ich selbst im Altenheim neuen Flüchtlingen aus anderen Ländern begegne, die mich pflegen? Könnte ich mich im Abschied vom Leben eher als jemand verstehen, der zu Versöhnung, Geduld, Überschwang oder Gelassenheit fähig ist und das auch gelebt hat? Die Auseinandersetzung mit dem Drama der eigenen Innenwelt ist nicht leicht. Was Menschen für »selbstbestimmt« halten, kann Gewöhnung an jede Art von Fremdbestimmung oder Routine sein und wie im folgenden Beispiel zur Erstarrung mit Todesfolge führen.

Bruno Bürgel berichtet in seinem Büchlein »Vom täglichen Ärger« (Leipzig: Reclam 1968), das zuerst in den Vierzigerjahren erschien, von einem Engländer, der sich erhängte, weil es ihm zu dumm und zu langweilig geworden war, jeden Morgen wieder all das anzuziehen, was er am Abend vorher ausgezogen hatte. Während der letzten 45 Jahre seines Lebens, schrieb er in seinem Abschiedsbrief, habe er sich 6425 Mal an- und ausgezogen und könne keinen Sinn darin sehen, dies noch weiter fortzusetzen. Es lohne sich einfach nicht, diesen Film des Lebens weiter abzurollen, es erscheine ihm blödsinnig langweilig und sei nur noch zum Gähnen, das Leben sei auf jeden Fall ohne eine Perspektive, die den Aufwand des Aus- und Anziehens lohne. Sein Vermögen vermachte der Engländer einem Asyl für alte Pferde und herrenlose Hunde. Seine Nachbarin glaubte übrigens, dass sich der Engländer umgebracht habe, weil er Junggeselle war, niemand seine Strümpfe stopfte, die Knöpfe annähte oder kochte und er weder Frau noch Kinder hatte, über die er sich hätte ärgern können und die die Langeweile schon vertrieben hätten.

Dieser Engländer setzt seinem Leben »selbstbestimmt« ein Ende. Er will nicht mehr einfach nur funktionieren! Die Lust weiterzuleben ist ihm vergangen, die tägliche Routine hat die Freiheit, einen anderen Lebenswandel einzuleiten oder wieder zum Gestalter seines Lebens zu werden, erstickt. Tödliche Stagnation im Zoo der Gewohnheiten, erlaubte Freiheitsberaubung auf eigenes Risiko. Unterwerfungs- und Anpassungsrituale unter die eigene Lebensgeschichte machen das Leben nicht nur vieler alter Menschen zur Hölle. Wie Eisengitter versperren Vorstellungen von Ordnung, Gerechtigkeit, Macht, Kindererziehung, Fremdenangst und vieles mehr einen freundlichen Zugang zum Lebensende. Gerade in Zeiten der Zerrissenheit, der Hilflosigkeit, im Gefühl der Ausgrenzung müssen Menschen den Quellen und Ursachen nachgehen, die zu den Brüchen und Umbrüchen im Leben geführt haben. Es sind gerade die vielen Selbsttäuschungen und falschen Maßstäbe, die Überhöhungen im Selbstbild wie die eigene Geringschätzung, die den versöhnlichen Abschluss des Lebens so schwer machen.

Wir kommen nicht freiwillig und selbstbestimmt zur Welt, sondern werden ungefragt als Geschenk der nackten Geburt unserem zukünftigen Leben in einer für uns noch unbekannten Welt übergeben. Das Ende ist ähnlich. Ungefragt müssen wir zu einem unbekannten Zeitpunkt unser Bündel schnallen und gehen, hinter uns lassen, was Bedeutung hatte und auch, was nicht gelungen oder Brachland geblieben ist. Anfangen und Abschiednehmen müssen wir lernen! Abhängigkeit, Hilflosigkeit und Wehrlosigkeit begleiten nicht nur die erste Zeit des Lebens, sondern schaffen oft bis zum Lebensende ganz unterschiedliche Lebensbedingungen, unter denen Selbstbestimmung fast unmöglich wird oder als Lebensinteresse gar nicht mehr zum Zuge kommt. Wer sich umschaut, nimmt nicht nur den klaren Wunsch wahr, selbstbestimmt sein Leben zu führen, eigene Entscheidungen zu treffen und sich mit den Widerständen auseinanderzusetzen, die sich dem Eigenwilligen entgegenstellen und Anpassung fordern. Vielmehr entsteht zunehmend bei vielen Menschen der Wunsch, geführt zu werden, sich an- und einzupassen, dem Gefühl der Desorientierung zu entkommen. Sicherheitsversprechen haben Hochkonjunktur!

Mauern, Zäune, Gräben werden zunehmend zu bevorzugten Grenzziehungen, und das gilt auch und besonders für viele alte Menschen, wenn der Kampf um das Bleiberecht auf natürliche Weise zu Ende geht. Sterben heißt auch Platz schaffen für die nächste Generation und ihr unsere Erfahrungen und unser Wissen zu hinterlassen, die sie vielleicht brauchen können.

Lebenssinn, Lebenswille und Lebenskraft scheinen in der Erfahrung der existenziellen, fremdbestimmten Ausgesetztheit die wichtigste Quelle zu sein, Antriebskraft und Energie zu enthalten. Die geben als Herausforderung dem Menschen das Lebensmotiv, sich nicht nur einzumischen, mitzumachen, sondern das Leben auch selbstbestimmt und richtungsweisend Schritt für Schritt in die eigenen Hände zu nehmen. Aus dem Fremdsinn muss ein Eigensinn werden, der ein Leben trägt und gegen Fremdbestimmung Widerstand zu leisten vermag, wenn die Eigeninteressen verletzt werden. Selbstbestimmung ist kein Reflex und keine eingebaute Mechanik im menschlichen Leben, sondern bildet sich im Dialog mit der lebendigen Welt und ist immer wieder als tiefe Sehnsucht zu spüren. »Ich bin Leben, das leben will, inmitten von Leben, das leben will«, so formuliert Albert Schweitzer diesen unbändigen Wunsch, ein selbstbestimmtes Leben zu leben, den Stier bei den Hörnern zu packen und dafür einzutreten und zu kämpfen, dass der Mensch ein Recht auf ein eigenes Leben in Würde hat. Im offenen Dialog zwischen Innen und Außen, dem mühsamen Unterfangen und Abwägen zwischen Fremd- und Selbsterkenntnis ist Selbstbestimmung immer eine Leihgabe der Freiheit. Die Lust zu leben, zu gestalten, und die Sehnsucht, dies auch selbstbestimmt bis zuletzt zu tun, sind notwendigerweise auf Begegnungen, Austausch, Verhandlungen und Gelegenheiten angewiesen. Wir kennen den Preis nicht, den es kostet, ein selbstbestimmtes Leben zu führen, aber wir sollten keine Kosten scheuen, weil es kein zweites Leben gibt und die Ersatzleben noch schneller enden. Wir kennen auch den Preis nicht, den es kostet, selbstbestimmt zu sterben, aber wir sollten gemeinsam dafür sorgen, dass es für jeden Menschen die Zeit, den Raum und die Formen der gemeinschaftlichen Sorge gibt, die es braucht, in Würde und selbstbestimmt zu sterben, statt einsam irgendwo auf die Wirkung einer Spritze zu warten, weil niemand mit seinem konkreten Sterben in den letzten Stunden in Berührung sein will oder darf. Leben wird auf den Märkten der Welt zu Schleuderpreisen angeboten, Ersatzleben samt Ersatzteilen sind bis zum Lebensende zu haben. Solches Leben ist zum Schnäppchen verkommen. Das könnte auch dem Sterben passieren, wenn wir uns nicht gemeinsam und politisch entscheiden, was uns eine Kultur der Menschlichkeit am Lebensende und ein Sterben in Würde und mit Zeit wert ist. Inzwischen sind professionelle Entwicklungsstrategen aller Art mit pädagogischen, medizinischen oder religiösen Konzepten vom richtigen Leben und Sterben unterwegs, um uns die Unkosten, Mühen und Umwege eines eigenständigen Weges zu ersparen. Den konkreten Sinnverlust vieler Menschen und ihr Ringen um konkrete Selbstbestimmung haben sie nicht im Blick.

Was am Ende zählt, ist Empathie

Wir sollten uns nicht irritieren lassen. Man muss dem Leben auch noch in seinem Sterben begegnen, um neugierig zu entdecken, zu erleben, zu erfahren und zu erkennen, welche Reichtümer es bis zuletzt bietet und welche Gefahren dem Menschen, der sucht, drohen können. Leistung, Stärke, Erfolg sind tragende Säulen im Leben. Was am Ende zählt, ist Empathie, die Fähigkeit zum Mitgefühl und die Möglichkeit, sich auszusprechen und jemandem sein Innerstes anzuvertrauen. Niemand will oder kann ganz allein leben, ohne dabei Gefahr zu laufen, verrückt zu werden. Dazu bedarf es nicht mehr und nicht weniger als »natürliche Sozialität« (Wilhelm Reich), die wir als Erfahrung im Mutterleib mit auf die Welt bringen.

Der Mensch ist immer auf dem Sprung, ist nie nur bei sich, sondern muss ständig über sich hinausgehen, um leben zu können: auf dem Weg zur Welt und im Stoffwechsel mit ihr, auf dem Weg zum Du, das er braucht, zur Zeitgeschichte, in der er lebt, zu Gott und seinem Glauben, wenn er einen hat. Sich zu töten oder töten zu wollen, ist die letzte Gelegenheit, Ausweglosigkeit auszudrücken und ein Lebensproblem nicht zu lösen, sondern zu beenden, wie immer andere Menschen auch dazu stehen. Für den Handelnden ist der Suizid seine Lösungsmöglichkeit in der Krise und ein Akt der Selbstbestimmung. Der Entscheidung zur Selbsttötung geht in der Regel ein langer Prozess voraus. Von Verzweiflung umstellt, verlangt diese Entscheidung letztlich Mut und Entschlossenheit. Sie erzählt auch dann eine Geschichte vom beschädigten Leben, wenn diese für die Zurückbleibenden verschlossen ist. Die Würde des Menschen bleibt auch dann unantastbar, wenn er sich gegen das Kostbarste, das wir Lebenden haben, das Leben selbst, entscheidet. Der Verlust von Sinn, Lebenswillen und Lebenskraft geschieht nicht von heute auf morgen. Er hat seinen Hintergrund im Gestern. Und er ist mit unterschiedlichen Hilferufen des Lebens verbunden, die gehört, überhört, nicht gehört wurden und vor allem in die Ohnmacht und Hilflosigkeit münden, die Menschen spüren, wenn das eigene Leben oder das Leben eines anderen Menschen so an die Grenzen der Existenz gerät, dass ihm nur noch schwer auf die üblichen Sprünge zu helfen ist.

Im Schmerz des Sterbens da zu sein, ist unsere Aufgabe. Die umfassende Assistenz, die ich mir wünsche, ist ein breites System der palliativen Sorge und Hilfe, eine Kultur der Menschlichkeit am Lebensende, die mit viel Professionalität, Phantasie, Eigensinn und persönlicher Zuwendung das leistet, was kein einzelner noch so verantwortlicher Arzt mit einem Medikament erreichen kann, um einem Menschen den würdigen Tod und ein erträgliches Sterben zu ermöglichen.

9 Trauern und Bewältigen

Henning Scherf

Der Tod ist persönlich

Eine enge Freundin von uns, Mariví, hat jahrelang um ihren erschossenen Mann, Commandante Enrique Schmidt, getrauert. Weil ihr Schmerz über all die Jahre so groß war, habe ich mich erst jetzt, bei unserem letzten Besuch in Nicaragua, getraut, mit ihr über den Tod ihres Mannes zu sprechen. Um Enriques Leben und Tod kursieren in der Linken Legenden. Er war Stipendiat der Friedrich-Ebert-Stiftung und hatte in Bremen promoviert – ein völlig untypischer Guerillero. In Nicaragua schloss er sich einer trotzkistischen Gruppe an und wurde als Commandante eine der führenden Figuren der Befreiungsbewegung in seinem Land. Er war Polizeipräsident in Managua, Geheimdienstchef und Chef der staatlichen Telefongesellschaft Telcor. Nachts kämpfte er als Commandante gegen die Contras.

Über Enrique heißt es, er sei von den eigenen Leuten erschossen worden. In unserem Gespräch hat Mariví mir berichtet, dass er ihr kurz vor seinem Tod zum ersten Mal Bilder von einem Einsatz gezeigt habe, Fotos von dem Gelände, in dem er mit seiner Einheit gegen die Contras kämpfte. So etwas hatte er zuvor noch nie getan, um sie nicht zu ängstigen. In der Nacht sei er dann mit seiner Einheit in diese Gegend gefahren und als Chef wie immer vorangegangen, im Gänsemarsch auf die Contras zu. Der Gerichtsmediziner, der Enriques Leiche untersucht hatte, sagte ihr später, er sei an einem Kopfschuss gestorben. Mariví bewahrt bis heute die Kugel, die ihn getötet hatte. Nach Rekonstruktion der Schusslinie durch den Gerichtsmediziner muss Enrique durch einen Scharfschützen von der gegenüberliegenden Seite, also von den Contras getroffen worden sein. Mariví hat sich vorgenommen, über ihren Mann ein Buch zu schreiben – auch um ihren Kindern zu erklären, wie das damals alles war. Enriques Tod ist nun fast vierzig Jahre her. Und doch beschäftigt sich die Witwe so mit seinem Leben und Sterben, dass man spürt: Dieser Mensch ist für sie nicht gestorben. Sie ist längst wieder verheiratet, aber ihren Enrique will sie lebendig halten. Sie will verstehen, was damals passiert ist, sie will das für ihr eigenes Leben erreichen, aber auch für ihre Kinder und Enkelkinder. Und sie will sein Leben präsent halten: Es soll nicht vergessen, aber auch nicht mit Heldengeschichten überdeckt werden. Inzwischen wird Enrique Schmidt als Märtyrer gefeiert. Es gibt einen Orden, der nach ihm benannt ist, Schulen und Straßen, sogar in Deutschland, tragen seinen Namen. Seine Frau aber will ihn in ihrer Erinnerung authentisch erhalten. Die akute Trauer, den Schock und den Schmerz hat Mariví überwunden, aber der Verlust des geliebten Mannes ist geblieben.

Wir brauchen Zeit für die Trauer

Mein Bruder, ein Psychoanalytiker, sagt, man müsse Zeit für die Trauer haben. Jeder, der schon einmal um einen Menschen getrauert hat, weiß, dass es mit dem traditionellen Trauerjahr etwas auf sich hat. Man braucht Zeit, um sich mit dem Verlust einzurichten. Das geht nicht auf Knopfdruck – der eine braucht länger, der andere kürzer. Wesentlich bei der Bewältigung von Trauer ist sicher, wie stark jemand in ein Netz von Freunden, Familie und Alltagspflichten eingebunden ist. Um die Trauer leben, aber auch überwinden zu können, brauche ich Zeit und die Hilfe anderer Menschen. Ich brauche beides – neue Perspektiven und tägliche Aufgaben. Gerade letzteres dürfen wir nicht unterschätzen. Nicht umsonst heißt das ergreifende Tagebuch von Wolfgang Herrndorf, in dem er sein Leben nach seiner fatalen Krebsdiagnose beschreibt, »Arbeit und Struktur«. Dies ist es, das ihn nicht hat verzweifeln lassen. Eine Aufgabe, die mich fordert, mich beschäftigt, gibt mir zunächst Halt im Leben und später, mit etwas Abstand zur Trauer, auch die Möglichkeit, daraus eine neue Identität und eine neue Stärkung zu entwickeln.

Ich habe vor Kurzem mit einer alten Bekannten gesprochen, die in dem Altersheim lebt, in dem auch meine Schwester untergebracht ist. Ihr schon seit Langem verstorbener Mann war ein Kollege von mir. Diese 95-Jährige lebt nun seit 14 Jahren als Witwe, und sie sagte zu mir, sie habe eigentlich nur noch den Wunsch, zu ihm auf den Friedhof zu kommen. Wir haben dann lange über diesen vermeintlichen Sterbewunsch gesprochen. Dabei wurde mir klar, dass sie sehr wohl leben will. Aber zu ihrem Leben gehört eben auch dieses ständige Gegenwärtighalten ihres Mannes. Sie will sich nicht abwenden von ihrem Mann, sie will ihm auf diese Weise die Treue halten. So habe ich mir ihre Situation erklärt, denn sie machte ganz und gar nicht den Eindruck einer am Leben verzweifelten Frau. Sie isst gerne, sie redet gerne, sie ist beweglich, sie nimmt alle Termine wahr, die das Haus anbietet. Und ich spüre, dass diese Frau auch noch hundert Jahre alt werden kann, so fit, so rege wie sie ist und so lebensklug in dem Maß, wie sie sich fordert und schont. Wenn sie sagt, sie wolle zu ihrem Mann, zeigt das, dass sie ihre Trauer kultiviert und in ihr Leben integriert hat. Dies ist kein Ausdruck von behandlungsbedürftiger Trauerpsychose. Nein, diese Witwe hat sich eingerichtet in ihrem Erinnern.

Wie würde es wohl mir ergehen, wenn ich meine Luise überleben würde? Ich wünsche mir etwas anderes: dass wir beide zur gleichen Zeit sterben – wie viele Paare, die so lange verheiratet sind. Doch in der Regel bleibt einer übrig. Diese Vorstellung, dass ich vielleicht allein weiterleben muss, fällt mir sehr schwer, das ist für mich eine große Belastung. Es gab Jahrzehnte, da wollte ich an unser Sterben überhaupt nicht denken. Ich habe mich damit beruhigt, dass wir Männer ohnehin nicht so alt werden. Doch je älter ich werde, umso vertrauter werde ich mit dem Gedanken, dass ich übrig bleiben könnte. Ich tröste mich dann mit unserem gemeinsamen Schatz an Erfahrungen und Erinnerungen. Ich möchte unsere Erfahrungen lebendig halten. Darum schreiben wir beide auch vieles auf, das wir erleben. Wir führen beide Tagebuch und schreiben über unsere Kinder und Enkelkinder. Das sind Lebensschätze. Durch unser langes Zusammensein, 55 Jahre sind es nun schon, haben wir einen richtigen Lebenssockel zusammengetragen. Ich verlasse mich darauf, dass dieser Sockel mich trägt und stützt, auch wenn ich eines Tages allein sein sollte.

Wenn man so will, machen wir uns schon jetzt mit der kommenden Trauer vertraut. Wir arbeiten vor, indem wir unsere Erinnerungen festhalten, damit sie dem anderen ein Trost sein mögen, wenn einer von uns nicht mehr ist. Ich erlebe dieses Nachdenken über mein Alter, dieses Nachdenken über das, was mir verblieben ist und das, was noch kommen wird, als ein Abschiednehmen – ein Abschiedleben. Und das macht mir keine Angst. Es macht mich gelassen, sogar zuversichtlich.

Mit dem Sterben ist es wie mit dem Altern – man kann es auf sich zukommen lassen und den Gedanken daran wegschieben, aber ausweichen kann man ihm nicht. Und da ist es aus meiner Sicht besser, vorbereitet zu sein und nicht kalt erwischt zu werden – von der Gebrechlichkeit, von der Sterbephase. Vorsorge bedeutet auch, für sich zu sorgen. Damit meine ich nicht eine Bestattungsversicherung, sondern dass man sich bewusst damit auseinandersetzen sollte, wie es sein wird, wenn wir alt und gebrechlich sind und wenn es für uns ans Sterben geht. Wer soll dann für uns sorgen, wo wollen wir dann sein, und wie schaffen wir es, dass diese Wünsche in Erfüllung gehen?

Natürlich ist mir bewusst, dass ich jetzt aus der Perspektive des alten Mannes über die Trauer schreibe, eines Mannes, der sein Leben leben durfte. Es ist ein großer Unterschied, ob man ein langes erfülltes Leben gelebt hat oder ob man als Mittvierziger von seiner Frau und seinen kleinen Kindern fortgerissen wird. Dann kommt zu der Trauer die Bitterkeit hinzu.

Trauer kann man nicht generalisieren. Trauer gewinnt an Schärfe, je nachdem, an welchem Punkt im Leben der Verstorbene stand und wo die Hinterbliebenen stehen. Trauere ich um meine verstorbenen Eltern, die vielleicht über siebzig, über achtzig Jahre alt geworden sind, oder trauere ich womöglich um mein Kind? Der Schriftsteller Berthold Auerbach hat geschrieben, für einen Vater, dessen Kind stirbt, stirbt die Zukunft, und für ein Kind, dessen Eltern sterben, stirbt die Vergangenheit.

Auch meine Familie ist durch den Verlust von Kindern belastet. Bei der Geburt meines älteren Bruders sind sein Zwilling und seine Mutter gestorben. Mein Vater hat dann erneut geheiratet – meine Mutter. Und auch sie hat ein Kind bei der Geburt verloren. Das war für meine Eltern ein Alptraum. Mein Vater hat für seine drei großen Kinder, seine Halbwaisen, Tagebuch geführt. Es war berührend für mich zu lesen, wie er seinen Kindern verspricht, mit ihnen zusammenzubleiben und die verstorbene Mutter in seinem Herzen zu behalten. Meine Mutter konnte über ihr gestorbenes Kind gar nicht reden. Der Bruder meines Schwiegervaters ist als 50-jähriger Mann gestorben. Er hatte die Pferde seines Vaters vorgeführt und wurde von einem Hengst derart getreten, dass er an einer von diesem Tritt ausgelösten Embolie starb. Seine Mutter konnte seinen Tod nie verwinden, sie konnte bis ans Ende ihres Lebens nicht akzeptieren, dass sie den heißgeliebten Sohn verloren hatte. Das ist doch die falsche Reihenfolge, hat sie immer gesagt, das geht doch nicht. Wenn die Kinder vor den Eltern sterben, ist es ungleich schwerer, über einen solchen Verlust hinwegzukommen, als wenn es einen alten Menschen trifft, dessen Zeit gekommen war. Jedes Jahr sterben in Deutschland zwischen 16 000 und 20 000 Kinder und Jugendliche, hat der Verein »Verwaiste Eltern und Geschwister« herausgefunden. Der Tod kann unendlich bitter und unversöhnlich sein.

Umso wichtiger ist es, die betroffenen Familien nicht alleinzulassen. Im Kinderhospiz Löwenherz in Syke erlebe ich, dass Kinder völlig anders mit ihrem Sterben umgehen als ihre Angehörigen. Alle dort bemühen sich, diese sterbenden Kinder nicht noch trauriger zu machen, und alle bemühen sich, die Eltern dafür zu gewinnen, ihrem sterbenden Kind nicht nur ihre Trauer anzubieten, sondern jeden Tag, jede Stunde, die sie noch haben, als ein Geschenk anzunehmen. Ich habe im Kinderhospiz Löwenherz mit Kindern gelacht und gespielt, die eine Woche später tot waren. Bei den Eltern und Geschwistern beobachte ich, dass sie besonders lange für die Trauerarbeit brauchen. »Trauerarbeit« klingt so bürokratisch, aber es ist tatsächlich harte und schmerzvolle Arbeit, sich von seinem Kind und dessen nicht gelebtem Leben zu verabschieden – weil dieses Leben so schnell zu Ende ging, und weil dieser Tod so empörend und so bitter ist. In Syke habe ich gelernt, dass das Bittere des Todes nur bearbeitet werden kann, indem man sehr geduldig mit anderen darüber nachdenkt und spricht. Inzwischen wissen wir aus Studien des New Yorker Trauerforschers George A. Bonanno, dass die Trauer nicht nach Schema F abläuft. Sie lässt sich nicht in ein Phasenmodell pressen, sondern verläuft eher in Wellen und bei jedem anders – je nachdem, wie sein persönliches Umfeld beschaffen ist, wie eng die Bindung an den Toten war und wie stark seine seelische Widerstandskraft, seine Resilienz ist.

Umgekehrte Beziehungsarbeit – die Bindung lösen

Viele, die den Verlust frisch erleben, können sich nicht vorstellen, jemals wieder ein neues Leben anzufangen oder sich dem Leben wieder zuzuwenden. So war es auch bei der Lebenspartnerin unseres Freundes Klaus, der bei uns im Haus so jung an Krebs starb. Nanette ist eine wunderbare Frau, die wir wie eine Tochter geliebt haben. Bis zu seinem Tod hat sie ohne Wenn und Aber zu Klaus gehalten. Nach seinem Tod hat sie sechs weitere Jahre bei uns gewohnt. Danach ist sie nach Berlin umgezogen, hat sich dort neu verliebt, geheiratet, zwei Kinder bekommen und ein neues Leben angefangen. Dazu brauchte sie Distanz. Ihr Klaus wird sicher bis an ihr Lebensende einen Platz in ihrem Herzen haben. Aber es ist eben auch noch mehr Platz da: für den neuen Mann, für die Kinder, für ein neues Leben.

Die Trauer muss irgendwann ein Ende haben, bei jungen Menschen allemal. Das ist keine Pietätlosigkeit, keine Lieblosigkeit dem Verstorbenen gegenüber, sondern hier geht es um das Überleben des Hinterbliebenen. Die Trauerpsychologin Verena Kast schreibt, dass Trauer im Grunde umgekehrte Beziehungsarbeit ist. Man muss sich aus der Bindung wieder herausarbeiten. Das Trauern verwickelt uns in die Aufgabe, uns neu zu organisieren, aus einem Beziehungsselbst wieder zu einem individuellen Selbst zu werden. Ich bin mit dem, der gestorben ist, so stark verbunden, so eng und vertraut, dass ich mein Leben über ihn definiere und mir nichts wichtiger ist, als dass ich in seinem Sinne und mit ihm zusammen und in seiner Nähe weiterlebe. Sich daraus zu befreien, ist eine große Aufgabe. Diesen Zustand der Verzweiflung – nach dem Motto: »Es hat ohnehin alles keinen Sinn mehr« – muss ich überwinden. Wenn ich wieder auf die Erde zurückgekommen bin, wenn ich meinen Alltag zulassen kann, dann gibt es auch wieder eine Chance auf ein neues Leben. Erst, wenn man wieder zu sich selbst gefunden hat, kann man weiterleben.

Dass es ein langer, harter Weg aus der Trauer ist, und dass man ein Leben lang dafür brauchen kann, ist die bleischwere Aufgabe für die Überlebenden. Doch was ist die Alternative? Mein Urgroßvater Mellon, ein Lehrer, hat sich umgebracht, als seine Frau an Schwindsucht starb. Vier kleine Kinder ließ er hilflos zurück. Er war mit seiner Verzweiflung allein, und hat seine Kinder mit ihrem Leben alleingelassen. Sein Leid hat nur neues Leid erzeugt.

Öffentliche Trauer

Öffentliche Trauer – das war lange Zeit das offizielle Staatsbegräbnis oder der öffentliche Gedenkgottesdienst für die Gefallenen eines Krieges. Nicht umsonst wurden (und werden manchmal immer noch) Herrscher und Helden mit Prunkbegräbnissen bestattet, mit denen Macht zelebriert und zementiert wird. Doch die Trauer im öffentlichen Raum hat sich bei uns in den vergangenen Jahrzehnten stark gewandelt. Sie wird nicht mehr nur dazu genutzt, Macht zu demonstrieren, sondern auch, um Ohnmacht aufzuzeigen. Dazu beigetragen haben etwa die Mahnwachen der Mütter der Plaza de Mayo, einer Gruppe argentinischer Mütter, die seit 1977 an ihre während der Militärdiktatur verschwundenen Kinder erinnerten und mit ihrer öffentlichen Trauer Rechenschaft von den Verantwortlichen forderten.

Öffentliche Trauer ist eine politische Aussage. Wem wir als Gesellschaft die letzte Ehre erweisen und wessen wir gedenken, den erkennen wir öffentlich an. Wenn der Bundespräsident ganz offiziell dem Witwer des verstorbenen Außenministers Guido Westerwelle kondoliert, dann ist das ein Statement: Wir als Gesellschaft erkennen die Lebenspartnerschaft von homosexuellen Paaren an. Das ist für viele immer noch gewöhnungsbedürftig. Aber Joachim Gauck hat in diesem Moment gezeigt: Die deutsche Gesellschaft hält in der Trauer zu den Hinterbliebenen, unabhängig von sexuellen Orientierungen.

Wenn des einstigen Torwarts von Hannover '96, Robert Enke, mit einem öffentlichen Trauergottesdienst im Stadion gedacht wird, dann ist das ein Statement: Wir verschweigen nicht, dass dieser Mann nicht mehr leben wollte, und wir zeigen unsere Trauer um diesen lebensmüden Fußballer ganz offen. Früher durften Selbstmörder nicht einmal auf dem Friedhof bestattet werden. Und noch immer wirkt dieses jahrhundertealte christliche Verdikt nach – Suizid gilt immer noch als Tabu.

Ob Schweigeminuten im Gedenken an Opfer des Terrors in Paris, Brüssel und anderswo, ob Mahnwachen für Frauen, die Opfer von Ehrenmorden wurden, ob Gedenkgottesdienste für verstorbene Obdachlose – Trauer im öffentlichen Raum ist eine Stellungnahme einer Gesellschaft. Es hat lange gedauert, bis Deutschland sich zu einem öffentlichen Gedenken an die Opfer des Holocausts durchringen konnte. Als »Unfähigkeit zu trauern« bezeichneten es die Psychoanalytiker Alexander und Margarete Mitscherlich, dass die deutsche Gesellschaft sich lange Jahre nicht ihrer Schuld an der Vernichtung der europäischen Juden stellen konnte. Öffentliche Trauer kann auch viel mit Reue zu tun haben. Das musste ich als verantwortlich handelnder Politiker selbst erleben ...

Der Tod Alama Condés

Es geschah während meiner Zeit als Regierungschef in Bremen. Wir hatten große Mühe, die Drogenszene in der Stadt einzugrenzen. Wöchentlich gab es Drogentote. Die Dealer wurden immer dreister, hielten sich vor Schulgebäuden und besonders am Hauptbahnhof auf. Besonders beschäftigte es die Strafverfolgungsbehörden, dass die Dealer ihre Drogenpäckchen bei der Verhaftung verschluckten. Nach Abstimmungen mit dem Bund und den Bundesländern und nach einer Parlamentsberatung in der Bremischen Bürgerschaft begann die Polizei, mit Hilfe des Polizeiarztes und nach Zustimmung durch Staatsanwaltschaft und Strafgericht, die Beschuldigten zum Erbrechen der verschluckten Drogenpäckchen zu bringen. Das passierte mehrere Jahre fast täglich. Selbst durch das Bundesverfassungsgericht wurde diese Praxis gebilligt. Die Ärztekammer hatte sich zunächst gegen dieses Verfahren ausgesprochen, dann aber doch zugestimmt. Dass diese Prozedur eine Zwangsmaßnahme war, war uns bewusst. Aber wir fühlten uns auf der juristisch sicheren Seite.

Am 7. Januar 2005 verstarb der von der Polizei aufgegriffene Drogendealer Laye-Alama Condé aus Sierra Leone im Polizeigewahrsam – bei dem durch den Polizeiarzt herbeigeführten Erbrechen. Dieser Tod hat die Bremer Öffentlichkeit, die Bürgerschaft, den Senat und auch die Gerichte jahrelang beschäftigt. Zweimal hob der Bundesgerichtshof eine Entscheidung des Bremer Landgerichts auf, nach der den Polizeiarzt kein Schuldvorwurf traf. Ein drittes Verfahren wurde eingestellt, weil der Polizeiarzt krankheitsbedingt nicht mehr verhandlungsfähig war. Seitdem wird immer wieder die Forderung nach einem Denkmal für den im Polizeigewahrsam verstorbenen Drogendealer erhoben.

Ich selbst habe mich als Regierungschef und als mitverantwortlicher Justizsenator während der Verfahren stets vor die handelnden Personen gestellt und auch bei meiner Vernehmung im dritten Verfahren es nicht für richtig gehalten, die Verantwortung für diesen Tod zu übernehmen. Ich wollte den mühseligen Kampf gegen Drogenmissbrauch und den unzureichenden Schutz bedrohter Jugendlicher vor Drogendealern nicht relativieren.

Das war falsch.

Es gibt keine Rechtfertigung für diesen Tod. Auch Dealer sind schutzwürdig. Auch Dealer, ihre Angehörigen und Freunde müssen betrauert werden – selbst wenn es eine von Gerichten damals gerechtfertigte Praxis war, die zum Tod von einem von ihnen geführt hat. Die Bremer Polizei hat diesen tragischen Tod in einer bewundernswerten Initiative für die Aus- und Fortbildung der Polizei aufgearbeitet. Die Aufarbeitung und das Eingeständnis eigener Fehler sollen dazu dienen, dass sie sich in Zukunft nicht wiederholen.

In den 28 Jahren Regierungsmitgliedschaft ist mir in meinem Verantwortungsbereich nichts Vergleichbares passiert. Erst das Erschrecken über die gegenseitigen Schuldzuweisungen, über den hartnäckigen öffentlichen Widerspruch und über meine eigene Unfähigkeit, selbstkritisch zu sein und zu trauern, haben mich 10 Jahre nach dem Tod Condés zu einem Umdenken gebracht.

Damals habe ich, haben wir die Frage, was höherwertig ist – das Schutzbedürfnis der Allgemeinheit vor Drogen oder das Schutzbedürfnis des Einzelnen –, eindeutig beantwortet. Dass dabei jemand zu Tode gekommen ist, das habe ich, das haben wir alle nicht gewollt. Wir glaubten das Recht auf unserer Seite, und wir verstrickten uns in einem System der Handlungsanweisungen. Ich, der ich in diesem System weit oben stand, hätte damals sofort Verantwortung übernehmen müssen. Dass ich es nicht geschafft habe, Reue zu zeigen, macht mir heute zu schaffen. Nein zu Drogen – das immer. Aber der Zweck heiligt eben nicht die Mittel. Ein Jahr nach dem Tod Condés wurde die zwangsweise Verabreichung eines Brechmittels durch eine Magensonde in Europa verboten. Sie verstößt gegen das Verbot unmenschlicher und erniedrigender Behandlung nach Artikel 3 der Europäischen Menschenrechtskonvention. Ich wünschte, die Rechtslage wäre vorher schon so eindeutig gewesen. Ich wünschte, sie hätte mich und uns damals vor dieser Schuld bewahrt.

Wenn ich an Laye-Alama Condé denke, muss ich zugleich an meinen väterlichen Freund Heinrich Albertz denken. Er hatte sich nach dem Tod von Benno Ohnesorg am 2. Juni 1967 nach monatelangen Rechtfertigungen zum Rücktritt als Regierender Bürgermeister von Berlin entschlossen. Ohnesorg war auf einer Demonstration gegen den persischen Schah von einem Polizisten in einem politisch aufgeheizten Klima hinterrücks erschossen worden. Heinrich Albertz hat sein politisches Fehlverhalten im Fall Ohnesorg bis zu seinem Tod 1993 in Bremen bereut. Diese Reue hat ihn auch bewogen, sich bei der Geiselnahme von Peter Lorenz durch die Terroristengruppe der »Bewegung 2. Juni« als Ersatzgeisel zu stellen. Mit dieser Reue ist er – in einem schmerzhaften Klärungsprozess – für eine ganze Generation, die gegen Autoritäten revoltiert hatte, zum glaubwürdigen Gesprächspartner geworden. Für mich hat er ein Tor zum Nachdenken über Opposition aufgestoßen, zum Miteinanderarbeiten statt autoritärer Abgrenzung und Disziplinierung.

Der Tod, das weiß ich heute, beendet alle Rechtfertigungskonstrukte. Er darf uns nicht willkürlich geschehen. Wir müssen alles unternehmen, um ihn zu verhindern. Einsicht und Schuldeingeständnis sind die Voraussetzung dafür. Die Bremer Polizei hat diesen Schritt getan. Und ich will diesen Schritt nun auch tun. Zehn Jahre nach meinen Rechtfertigungsversuchen versuche ich endlich, diese immer wieder verdrängte Schuld anzunehmen. Die gegenwärtige Flüchtlingswelle sehe ich, das Schicksal Laye-Alama Condés im Hinterkopf, noch mehr als ich es früher getan hätte, als Auftrag, offen auf die neuen Mitbürger zuzugehen. Wir haben jetzt in unmittelbarer Nachbarschaft ein Flüchtlingshaus, und wir lernen voneinander, die neue Lage anzunehmen.

Dass meine Reue so spät kommt, hat sicher Gründe. Ich will nichts rechtfertigen, ich versuche nur, zu erklären. Als aktiver Politiker hatte ich Verantwortung für viele und für vieles. Ich stand einem großen Apparat vor, der zu funktionieren hatte. Da wird man ergebnisorientiert. Und wenn nicht das gewünschte Ergebnis eintritt, dann schiebt man das beiseite und handelt weiter. So war das auch beim Tod von Condé. Ich habe nur die Perspektive meines Apparates gesehen, den ich meinte, verteidigen zu müssen. Ich war gar nicht in der Lage, den Tod Condés an mich heranzulassen. Es hat zehn Jahre Auszeit aus dem Amt, zehn Jahre Nachdenken über mein Leben gebraucht, bis ich in der Lage war, meine Perspektive zu wechseln. Es ist die Beschäftigung mit meinem eigenen Tod, jetzt, als alter Mann, die diesen Tod an mich heranlassen konnte. Den Tod kann man nicht verdrängen.

Trauer um tote Flüchtlinge

Wessen gedenken wir in unserer Gesellschaft, welche Verstorbenen erkennen wir öffentlich an, durch wessen Tod lassen wir uns rühren, und für wessen Tod fühlen wir uns vielleicht sogar verantwortlich? Annelie hat im April 2015 eine Traueranzeige im Weser Kurier aufgegeben:

»Draußen vor unserer Tür
ums Leben gekommen
Wir trauern und verneigen uns
vor den Menschen,
die auf Flucht vor Krieg, Terror und Hunger
einen Ort zum Leben suchten
und an den Grenzen Europas spurlos im Mittelmeer
ertranken.
In einer Gedenkfeier wollen wir unsere Kerzen
anzünden
und innehalten. Dazu laden wir ein.«

»Jeder flüchtende Mensch, der so sterben muss, mahnt uns an die politische Verantwortung, die Würde des Menschen zu achten und jener verschollenen Toten zu gedenken, deren Angehörige nicht einmal einen Ort der Trauer haben«, sagt Annelie. Ich habe ihren Impuls verstanden, dieser unzähligen Opfer der Flucht über das Mittelmeer zu gedenken. Die Anzeige hat sie gemeinsam mit der Pastorin Diemut Meyer von der Kulturkirche St. Stephani in Bremen als Einladung zu einem Trauergottesdienst formuliert. Wie viele Tausende ertrinken im Mittelmeer bei der Flucht, wie viele Kinder, Frauen, Männer, Familien? Wir haben nur das Bild dieses vierjährigen Flüchtlings-Jungen im Kopf, der im September 2015 ertrunken an einen türkischen Strand angespült wurde. Aber es sind unendlich viele. Und wie reagieren wir? Die Anständigen sitzen zu Hause vor dem Fernseher, sehen sich fassungslos diese schrecklichen Meldungen an und überlassen es Leuten wie denen von Pegida, auf die Straße zu gehen. Allerdings verbreiten die nur menschenfeindliche Parolen. Ist das unsere Antwort auf diesen Hilfeschrei, der uns da über das Mittelmeer entgegenschallt?

In diesem Zusammenhang fand ich diese Initiative von Annelie sehr gut, den Tod der vielen Flüchtlinge als unsere persönliche Trauer anzunehmen. Wir trauern mit denen, die die Flucht überlebt haben, die ihre Angehörigen verloren haben. Annelie sagt, wir Europäer brauchen Orte und Formen auch für unsere Trauer über die vielen Toten, die auf der Flucht zu uns zu Tode gekommen sind.

Ohne ihre eigenen Bedrohungserfahrungen und Todesbegegnungen im Krieg, ohne die Erfahrung von Ausgrenzung und Armut, ohne ihr Engagement in der Hospizbewegung und Flüchtlingsarbeit hätte sie die Anzeige vielleicht nicht aufgegeben. Mehr als tausend Tote in einer Woche, kaum ein Innehalten, kein Gedenken, keine Totenfeier: Da wollte sie ihrem Herzen Luft machen.

Das ist keine Provokation wie die Exhumierung von Flüchtlingen und deren demonstrative Bestattung in Berlin, wie sie das »Zentrum für politische Schönheit« im Juni 2015 vorgenommen hatte, um die deutsche Politik aufzurütteln. Annelie wollte keine Provokation, keine politische Aktion, um mit der brutalen Flüchtlingspolitik abzurechnen. Annelie wollte eine Form finden, mit der wir unser Entsetzen, unsere Verzweiflung und unsere Hilflosigkeit über dieses tägliche Sterben im Mittelmeer artikulieren können. Hier ging es nicht darum, Fronten aufzubauen, sondern darum, der Zivilgesellschaft einen Raum zu geben, mit diesem tausendfachen Sterben umzugehen. Öffentliche Trauer besitzt eine Strahlkraft im gesellschaftlichen Raum – sie lässt niemanden kalt.

Die Endlichkeit aushalten

Was trägt uns über die Trauer hinaus? Was für einen Sinn hat ein Leben, da es doch enden muss? Wir leben in einer unübersichtlichen Zeit, im Umbruch. Hier prinzipiell säkularisierte, dort fundamental religiöse Gesellschaften. Hier maximale Freiheiten, dort verriegelte Regime. Hier überbordender Reichtum, dort elende Armut. Hier gesellschaftliche Auflösungstendenzen, dort verkrustete Rituale.

Bei aller Unübersichtlichkeit bleibt nur eine Konstante – die Gewissheit, dass wir alle endlich sind. Aus der Gewissheit der Endlichkeit des eigenen Lebens heraus sich aufzurichten und zu sagen: Ich mache aus diesem Leben etwas, ich lasse es nicht einfach laufen – das sehe ich als Auftrag. Mehr noch, ich habe die Hoffnung, dass das Bewusstsein für die Endlichkeit unseres Lebens die Basis für ein humanes Miteinander, für eine Zivilgesellschaft sein kann. Weil wir endlich sind, gibt es eine starke Begründung, mehr aus unserem Leben zu machen, als wir es täten, wenn wir die Endlichkeit wegretuschierten und verdrängten. Unsere Gesellschaft mit ihrer Individualisierung und ihrem Jugendwahn versucht, das Sterben und den Tod auszublenden. Nur deshalb sterben bei uns Menschen unter Qualen, die sie bei einer guten palliativmedizinischen Betreuung nicht zu erleiden hätten. Nur deshalb meiden wir Trauernde und lassen sie mit ihrem Schmerz allein. Wenn wir das aber nicht wollen, müssen wir uns dem Sterben und der Trauer zuwenden.

Abschiedlichkeit und Verantwortungsethik

Ich habe in den späten Fünfzigerjahren an der Freien Universität in Berlin bei dem Philosophen Wilhelm Weischedel studiert. Philosophie hat mich immer interessiert; auch als Jurastudent habe ich Vorlesungen zu diesem Thema besucht. An Weischedel erinnere ich mich mit großer Bewunderung. Er, entschiedener Gegner der Nazis, Mitglied des Widerstands, suchte nach der Erfahrung des Nationalsozialismus, angesichts dessen auch die christlichen Kirchen in weiten Teilen moralisch gescheitert waren, eine neue Ethik, frei von religiösen Einflüssen. Es ging ihm um die Frage, woher wir unsere Werte nehmen, woran wir uns orientieren, was uns wichtig ist im Leben, was uns Struktur und Halt gibt. Vor diesem Hintergrund ist der zentrale Begriff seiner Ethik die Abschiedlichkeit. Das Leben vom Ende her denken: Das war seine Antwort auf die Frage, was unserem Leben Sinn gibt. Aus der Fähigkeit, sich auf die Endlichkeit einzulassen, hat Wilhelm Weischedel eine Handlungsanleitung für ein gelingendes Leben abgeleitet. Abschiedlichkeit ist paradoxerweise kein melancholisches Lebenskonzept, es ist der Appell, etwas aus diesem endlichen Leben zu machen. Weischedel hat uns Studenten geradezu ermutigt, uns gesellschaftlich zu engagieren. Seine Überzeugung war: Dadurch, dass ich mich nicht nur für mich selbst, sondern auch für andere einsetze, hole ich mir eine Sinnbegründung für mein Leben. Seine Assistentin Margherita von Brentano, die bei ihm habilitiert hatte und seine Nachfolgerin wurde, ist eine streitbare Kämpferin für Gleichberechtigung und Abrüstung geworden. Diese Haltung hat Weischedel mitgeprägt: Das Leben ist endlich, mach' was daraus!

Existenzphilosophen wie Weischedel ging es nicht um das Vorankommen der Wirtschaft, wie den meisten in der Nachkriegszeit, ihnen ging es darum, dieser moralisch zerrütteten Gesellschaft neue Fundamente zu geben. Ich empfinde es bis heute als eine große Leistung, dass Philosophen wie Wilhelm Weischedel und Theologen wie Helmut Gollwitzer in der »Null-Situation« der Nachkriegszeit, inmitten all der Verwüstungen, die die Nationalsozialisten im Land und in den Köpfen angerichtet hatten, für eine Haltung der Verantwortlichkeit eingetreten sind. Und es ist diesen großen Männern gelungen, neue Werte für unsere Gesellschaft zu definieren. Dass diese Ethik nicht vergessen wird, dass sie lebendig bleibt, ist mir wichtig.

Wenn es jemanden gibt, der in diesem Sinne abschiedlich gelebt hat, dann ist das Nelson Mandela. Man kann diesen Politiker gar nicht genug achten: für seine Lebensleistung, dass er in Südafrika die Demokratie erkämpft hat, und für sein Sterben, mit dem er ebenso behutsam und vorbildlich umgegangen ist. Was hat dieser Mann gelitten: 23 Jahre Gefängnis auf Robben Island, 23 Jahre in einer Zelle. Ich habe diesen Ort einmal gesehen. Kein Bett, nur eine Matte auf dem Boden, ein Hocker und ein paar Nägel an der Wand – das war alles. Und dennoch hat er diesen Ort nicht nur überstanden, sondern ist auch geistig gestärkt aus ihm hervorgegangen. Da ich mehrere kenne, die dabei waren, weiß ich, dass er auf Robben Island mit seinen Mitinsassen gelernt und politische Pläne diskutiert hat. Diese Menschen sind es heute, die die Zukunft des Landes tragen. Auch, indem sie den Jüngeren ein Vorbild sind: Sie haben gelitten, aber sie haben sich nicht aufgegeben. Dass Nelson Mandela die ganze Härte der Apartheid-Politik erfahren hat und nicht als Rächer aus seinem Gefängnis hervorgegangen ist, grenzt an ein Wunder. Er hat die alten Racheschwüre begraben und alle eingeladen, an einem demokratischen Südafrika teilzuhaben.

Und was tut dieser berühmte Mann am Ende seines Lebens? Er, der in jedem noch so komfortablen Sanatorium dieser Welt hätte unterkommen können? Er zieht sich in sein Heimatdorf zurück und lässt sich dort seine alte Zelle nachbauen, um in ihr auf sein Ende zu warten. Er wollte dort leben und sterben, wo er die ganzen Jahre überlebt und durchgehalten und anderen Mut gemacht hatte. Dieses Leben ist abschiedlich gelebt.

Neben der Abschiedlichkeit ist es die Verantwortungsethik, die mir Trost gibt, wenn ich an der Trauer über den Tod von Freunden oder Verwandten verzweifeln will. Hans Jonas, der vor den Nationalsozialismus aus Deutschland flüchten musste und in den USA als Philosoph an der Seite von Hannah Arendt weltberühmt geworden ist, hat Verantwortung zur Grundlage seiner Philosophie gemacht. »Das Prinzip Verantwortung«, seine Hauptschrift, beschäftigt sich mit einer Welt unübersehbarer Risiken, die eine behutsame und selbstkritische Ethik erfordert. Eine Ethik, die nicht schnell und ohne Rücksicht auf Verluste Entscheidungen, sondern eine sorgfältige Folgenabwägung unseres Handelns fordert. Hieraus hat er dann seinen ökologischen Imperativ entwickelt: »Handle so, dass die Wirkungen deiner Handlungen verträglich sind mit der Permanenz echten menschlichen Lebens auf Erden.«

Dass wir heute wieder über Abschiedlichkeit und Verantwortungsethik nachdenken, liegt meiner Meinung nach im Konsumterror unserer Zeit begründet, diesem absolut maßstablosen Habenwollen. 85 Menschen besitzen so viel wie die Hälfte der Weltbevölkerung – das sind 3,5 Milliarden Menschen. Das ist eine gesellschaftliche Spaltung, die nicht zu ertragen ist. Letztlich ist die Geisteshaltung des Raffens auch nur eine Art Todesverdrängung. Ein »Carpe diem« in seiner unangenehmsten Form. Es kann nicht sein, dass wir unser Leben so achtlos gegenüber anderen und letztlich auch uns selbst leben. Am Ende unseres Lebens kommen die Fragen: Was haben wir aus unserem Leben gemacht? Was nehmen wir mit? Wenn man sich solchen Überlegungen aussetzt, kann man für sein eigenes Leben lernen: Sehe ich mich selbstkritisch? Oder hänge ich nur Phantasien von Macht, Eitelkeit und Selbstdarstellung an, die vom Ende her gesehen dürftig sind? Immer prächtiger, immer exotischer macht nicht glücklich. In den USA und in Südamerika ziehen sich die Superreichen in regelrechte Festungen zurück, weil sie sich nicht mehr auf die Straße trauen. Und am Ende sind sie isoliert und einsam. Das hat nichts mit dem zu tun, was dem Leben einen Sinn gibt: dass wir uns verständigen und austauschen und uns gegenseitig helfen, unser Leben zu leben.

Was heißt das für das Sterben und die Trauer? Ich wünsche mir eine Gesellschaft, in der das Sterben und der Tod einen Platz finden. Also stellen wir uns um jene, die jetzt an der Reihe sind, diesen schweren Gang zu gehen, und um jene, die schmerzerfüllt zurückbleiben. Verantwortlich, abschiedlich. Denn wir werden die Nächsten sein. So lässt sich dieser leere Platz, den das Paradies hinterlassen hat, füllen. Von uns, gemeinsam.

Dank

Ich danke meiner Koautorin Uta von Schrenk für ihre Recherche, Diskussionen und Formulierungen und meiner Frau Luise für die unterschiedlichen Formen der Unterstützung.

Henning Scherf

Beide Autoren danken Dr. Rudolf Walter vom Verlag Herder für seine sorgfältige, erfahrene und einfühlsame Wegbegleitung.

Annelie Keil und Henning Scherf

Positiv und zupackend

ISBN 978-3-451-30443-9

Wie wollen wir alt sein? Und vor allem: Wie können wir würdig altern? Nicht weggesperrt in Altensilos, sondern gemeinsam mit anderen, mitten in der Gesellschaft? Der Autor gibt konkrete und positive Antworten: Altsein ist eine Herausforderung. Aber sie ist zu bewältigen.

In jeder Buchhandlung

HERDER

www.herder.de

Der Ertrag eines spannenden farbigen Lebens

ISBN 978-3-451-33257-9

Sein Leben aktiv in die Hand nehmen. Die Nähe anderer suchen. Sich einmischen. Nie die Hoffnung aufgeben: Jeder kann selbst etwas tun für sein Glück, davon ist Henning Scherf überzeugt. Ein Buch mitten aus dem Leben. Kämpferisch, deutlich, authentisch. Und voller Optimismus.

In jeder Buchhandlung

HERDER

Lesen ist Leben

www.herder.de